새 近園隨筆

우리 문화예술론의 선구자들
近園 金瑢俊 全集 1

새 近園隨筆

金瑢俊 著

열화당

『새 近園隨筆』 발간에 부쳐
'우리 문화예술론의 선구자들'을 기획하면서

『새 근원수필』은 '우리 문화예술론의 선구자들' 시리즈 중, 전5권으로 기획된 '근원 김용준 전집'의 첫째권이다. 이 시리즈는 우리 문화 예술을 바라보는 시각의 준거를 마련했던 선학들의 학문적 성과와 그것이 지니고 있는 사료적 가치를 온전히 오늘에 되살리고, 그 속에 깃들인, 제대로 사고하고 제대로 쓸 줄 알았으며 바르게 학문했던 인문정신을 오늘을 살아가는 우리의 학문적 문화적 사표(師表)로 삼고자 기획되었다.

오늘 우리는 아무런 여과 없이 횡행하는 수많은 매체에 길들여져 난삽한 글쓰기와 글읽기를 하고 있으며, 따라서 우리 문화전통의 실질적 토대가 되는 우리의 언어와 표현 그리고 학문탐구의 방법은 날로 부박해지고 있다. 이렇듯 문화적으로 혼란한 때에 뛰어난 선학의 글을 읽고 배우는 것은 그 자체만으로도 즐겁고 풍요로운 일일 뿐 아니라, 간결 담백 호방한 우리 언어의 참맛과 풍부한 교양 그리고 격조 높은 인문정신을 체득하게 한다.

이와 같이 존경스러운 선학의 글을 통해 단절되어 가는 우리 문화의 줄기를 다시 잇고, 가벼워져 가는 인문학의 행태를 각성시켜 우리 본연의 문화전통을 되찾으려는 데에 이 총서 발간의 의의가 있다.

시리즈의 첫 인물로 미술사학자 근원 김용준을 선정했고, 그의 글 대부분을 모아 '근원 김용준 전집'을 다섯 권으로 구성했다. 이는 제1권 『새 근원수필』, 제2권 『조선미술대요(朝鮮美術大要)』, 제3권 『조선시대 회화와 화가들』, 제4권 『고구려 고분벽화 연구』, 제5권 『민족미술론』으로 이루어진다.

『새 근원수필』은 1948년 을유문화사에서 처음 출판된 『근원수필』에 당시 실리지 못했거나 그 후 발표된 글 스물세 편을 더해 모두 쉰세 편을 엮은 김용준 수필의 완결판이다. 초판본의 형식대로 1부는 짧고 가벼운 글, 2부는 화인전(畵人傳)을 비롯한 미술관련 글로 구분하여 구성했다. 2부에는 미술사가로서의 관점에서 쓰인 다소 무게있는 글들이 있지만, 기본적으로 근원의 독특한 문체가 곳곳에 살아있기에 1부에 이어 함께 읽어 내려가면 김용준 수필 세계로의 깊숙한 여정의 길을 찾게 되리라 믿는다.

편집에 있어 가능한 원문을 존중함을 원칙으로 했으나, 중국을 제외한 외국 인명과 지명은 현행 외래어 표기법에 맞게 바꾸고, '이조' '이씨조' '이조시대'는 문맥에 따라 '조선조' '조선시대' '조선왕조'로 고쳐 표기했다. 또 가독성을 고려하여 '생(生)했다'는 '출생했다'로, '인조시인(仁祖時人)' '순조시인(純祖時人)'은 '인조 때 사람' '순조 때 사람'으로, '제삼자(第三子)' '제이녀(第二女)'는 '셋째아들' '둘째딸'로 각각 바꾸었다.

1936년부터 1950년 사이에 발표된 이 글들은 비록 '수필'이지만 오십 년 후를 사는 지금 세대에게는 낯선 표현이 있음을 고려하여 '이 책을 읽는 사전' 식의 풀이를 필요한 페이지마다 달았고, 인용된 한문 구절이나 한시는 번역하여 작은 활자로 본문에 병기했다. 또한 근원이 남긴 그림과 삽화, 참고 사진과 작품을 적절히 배치해 시각적인 이해를 도왔으며, 책 끝에는 김용준의 연보와 새로 추가된 글의 출처를 실었다. 인명·작품명·지명·회화용어 등의 일반적인 찾아보기와 별도로 편자주를 단 것 중 어려운 한자어·일본어 등의 항목을 따로 모은 '어휘풀이 찾아보기'를 두어, 근원이 살던 시대에 쓰이던 말들을 한눈에 살피도록 했다. 일반 찾아보기에서도 편자주가 있는 항목의 페이지는 굵은 활자로 표시해 풀이를 찾는 데 용이하도록 도왔다. 다만 편집자로서 행한 이러한 노력들이 혹여 글의 순수함을 방해하거나 오전(誤傳)하지 않기를 바랄 뿐이다.

책을 내면서 도움을 주신 분이 많았다. 이 시리즈의 기획과 진행 과정에 깊이 참여하고 근원에 대한 각별한 애정이 담긴 해설을 써 주신 미술평론가 최열 선생님, 회화용어나 도판에 대한 조언을 주신 국립중앙박물관 이원복 미술부장님, 한시 번역을 맡아 주신 안대회 선생님, 도판 협조를 해주신 웅진출판사 윤석금 회장님께 깊이 감사드린다.

올해는 근원 김용준 선생이 돌아가신 지 33년, 남과 북이 갈라져 살아온 지 55년째 되는 해이다. 근원 선생은 돌아가셨고 선생의 유가족을 찾을 길이 없으니, '전집' 출간을 눈앞에 두고 안타까운 심정 금할 길 없다. 남북관계가 호전되어 선생이 살아온 발자취가 선명하게 드러날 날을 기대한다.

2000년 10월
편집자

근원을 담은 그릇
解題로 읽는 김용준의 수필

나를 쏙 빼닮은 글이 있다. 그런 글을 썼을 때 얼마나 기쁜지. 되풀이해 읽어도 막힘 없이 시원하고, 거짓 없어 맑은 기운 한줄기 가슴을 뚫어 주곤 한다. 문득 누군가의 글을 읽을 때 그런 느낌을 받곤 하거니와 19세기 묵장(墨場)의 영수(領袖) 조희룡(趙熙龍)의 글이 그렇다. 아! 빈 마음의 덧없음을 숨쉴 틈조차 없이 마구 뿌려대니 그 흔쾌함이란 달리 말할 길이 없을 지경이다.

나는 수필이란 그런 것이라고 생각한다. 글쓴이가 고스란히 담겨 있는 글. 읽다 보면 글쓴이를 내 안에 머물게 하고 있음을 어느샌가 깨우친다. 그런 글이 있다. 『근원수필』이다.

글은 무릇 사상을 담는 그릇이다. 개중 수필은 생각의 조각들을 새기는 그릇이니 어여쁘기 그지없다. 빗대자면 수필이란 도자기 가운데 접시나 종지 따위와도 같다. 그러하니 지성의 향기가 지나치지도 부족하지도 않다. 이슬처럼 맺혀 있기 마련이요, 삶의 지혜 또한 얼핏 스며 있어 아름답되, 그렇다고 장대한 규모를 자랑하거나 완벽한 형상을 뽐내는 것도 아니다.

때로는 시를 읊조리듯, 때론 날카로운 비평의 칼날에 마주치듯, 때론 잘 짜인 단편소설에 빠져들듯, 수필이란 너무 많은 얼굴을 하고 다니는 것이다. 서정과 서사를 넘나드는 탓일 게다.

근원 선생이 말씀하길 수필다운 수필이란 '다방면의 책을 읽고 인생으로서 쓴맛 단맛을 다 맛본 뒤에 저도 모르게 우러나오는 글'이라 했으니, 다름 아닌 선생의 말씀 그대로 '완성된 인격의 반영'임에 틀림이 없다. 하지만 그건 이상의 경지일 터, 선생은 덧붙여 '마음속에 부글부글 괴고만 있는 울분을 어디 호소할 길이 없어 가다오다 등잔 밑에서, 혹은 친구들과 떠들고 이야기하던 끝에 공연히 붓대에 맡겨 한두 장씩 끄적거리다 보니' 그게 그만 수필이었다고 했다.

나는 그걸 수필의 알맹이라고 믿는다. 『근원수필』을 읽다 보면 정말 그렇다. 풍속이 보이는가 싶으면 무슨 취미도 보이고, 어떤 사람도 보이다가 어느덧 예술가가 나서는가 싶더니 금세 고전의 향기가 코를 찌른다. 어디 그뿐인가. 근원 선생이 지닌 감성의 깊이는 물론 지성의 성찰까지, 아무튼 삶의 내음이 한결같다.

김용준은 1936년 『조광』 신년호에 「서울 사람 시골 사람」이란 글을 발표했는데, 이게 선생의 첫 수필이다. 이때부터 꾸준히 산문을 선보였는데 읽는 이마다 입맛을 다시곤 했다. 신기하게도 뒷맛이 포근하며 몸은 음탕한 도시의 그늘에 있으되 마음은 아득한 산골 숲 사이에 있는 듯 행복해지는 탓이다.

김용준은 민족의식이 짙은 청년으로 자랐다. 1904년에 태어나 삼일운동 바로 뒤인 1921년 서울 중앙고보에 입학했으므로, 그 무렵 한반도를 휩쓸던 새로운 이념의 세례를 받았을 터이다. 이를테면 「노시산방기(老柿山房記)」에 담긴 생활의 순수함이 그렇다. 이어지는 글 「육장후기(鬻莊後記)」에 선생은 다음처럼 썼다.

"인생이란 세상에 태어날 때 털올 하나 가지고 온 것이 없다. 우리가 세상을 떠날 때도 털올 하나 가지고 갈 수는 없다.
물욕(物慾)의 허망함이 이러하다."

마치 노자(老子)나 장자(莊子)의 마음과 같으니, 「쓰리꾼의 도덕」이란 글에서 그 도둑 이야기를 풀면서조차 장자의 『남화경(南華經)』으로 화두를 삼아 시작하는 선생의 태도가 그러하다.

자연의 이치와 본성을 따라 삶을 꾸려 나간다는 선생의 마음은 『근원수필』 곳곳에서 튀어나온다. 스스로 화도(畵道)를 걸어가는 것이 가장 행복되다고 여기는 선생의 삶은, 그래 늘 넘치지도 부족하지도 않은 자연의 이치와 본성 바로 그것이었던 것이다.

이번에 엮은 『새 근원수필』은 1948년 초판을 고스란히 살리고, 거기에 선생의 첫 수필인 「서울 사람 시골 사람」부터 월북 몇 달 전인 1950년 2월에 발표한 「십삼 급(級) 기인(碁人) 산필(散筆)」까지 모두 스물세 편을 더했다.

혹여 뭇사람들이 초판을 엮은 선생의 뜻을 어긴다고 꾸짖을지 모르나, 선생의 보석 같은 글들이 흩어져 있음을 못마땅하게 여겨 오던 터에 마침 열화당 이기웅 사장이 제대로 엮겠다 하니 이처럼 다행한 일이 아닐 수 없다는 생각이 들었다. 선생이 세상 떠난 지 서른세 해 만에 이처럼 제모습을 갖춘 수필집을 영전에 올릴 수 있다는 것도 설레이거니와, 수필문학사는 물론 미술정신사를 풍윤케 한다 생각하니 뿌듯하기까지 하다.

선생은 무정부주의에서 신비주의, 상고주의(尙古主義)와 같은 사상편력을 거쳐 민족주의자로 식민지와 분단을 견디며 서울대학교와 동국대학교에서 교육과 사학에 전념했다. 그러던 중 전쟁을 맞아 1950년 9월 월북해 평양미술대학 교수로 취임, 미술교육자, 미술사학자로 활동하면서 북한미술계의 복판에 섰다. 뿐만 아니라 뛰어난 창작 세계를 일구어 〈춤〉과 같은 작품은 조선화(朝鮮畵)의 고전으로 평가받고 있다. 그 세월은 선생에게 가장 분주하고 보람찬 나날의 연속이었을지 모르겠다. 남긴 열매들이 그러하거니와 국가미술전람회와 사회주의 국가들의 국제전인 세계청년학생축전에서 수상, 정부로부터 표창 수여, 게다가 중국에서 개인전을 가졌으며, 말년에는 평양미술대학 부교수 지위를 수여받으며 죽기 전까지 영광을 누렸으니 말이다.

영광을 누렸다면 그대로 좋은 일이라 달리 아쉬울 게 없다. 다만 고려시대의 명가(名家) 이제현(李齊賢)이 '한가한 가운데 가벼운 마음으로 닥치는 대로 쓰는 글' 『역옹패설(櫟翁稗說)』을 썼듯이, 선생이 그 시절에도 그런 글을 쓸 수 있었는지 나는 그게 무척 궁금하다.

2000년 10월

최열 미술평론가

차례

『새 近園隨筆』 발간에 부쳐 편집자 5
근원을 담은 그릇-解題 최열 7

1

매화(梅花) — 15
게(蟹) — 20
말과 소 — 24
검려지기(黔驢之技) — 30
선부(善夫) 자화상 — 36
조어삼매(釣魚三昧) — 39
구와꽃 — 44
두꺼비 연적(硯滴)을 산 이야기 — 46
『강희자전(康熙字典)』과 감투 — 50
털보 — 55
신세일가언(新歲一家言) — 61
한운야학(閑雲野鶴)의 연명(淵明)을 본받아 — 62
석분음재(惜分陰齋) — 64
고독 — 65
머리 — 69
표정(表情)과 의상(衣裳) — 73
모델과 여성의 미 — 76

답답할손 X선생	81
팔 년 된 조끼	84
안경	86
동해로 가던 날	89
추사(秋史) 글씨	92
김 니콜라이	96
은행이라는 곳	99
답답한 이야기	103
쓰리꾼의 도덕	106
신형 주택	109
이동 음식점	110
서울 사람 시골 사람	112
노시산방기(老柿山房記)	114
동일(冬日)에 제(題)하여	120
육장후기(鬻莊後記)	121
원수원(袁隨園)과 정판교(鄭板橋)와 빙허(憑虛)와 나와	129
생각나는 화우(畵友)들	132
화가와 괴벽(怪癖)	140
백치사(白痴舍)와 백귀제(白鬼祭)	143
화가의 눈	152
기도(碁道) 강의	158
십삼 급(級) 기인(碁人) 산필(散筆)	163

2

시(詩)와 화(畵) ─────────────── 173
미술 ──────────────────── 177
예술에 대한 소감 ─────────────── 181
회화적 고민과 예술적 양심 ─────────── 183
골동설(骨董說) ──────────────── 188
거속(去俗) ────────────────── 191
한묵여담(翰墨餘談) ──────────────── 195
조선조의 산수화가 ──────────────── 203
조선시대의 인물화 ──────────────── 216
최북(崔北)과 임희지(林熙之) ─────────── 229
오원(吾園) 일사(軼事) ─────────── 238
청전(靑田) 이상범(李象範)론 ─────────── 249
승가사(僧伽寺)의 두 고적(古蹟) ─────────── 255
광개토왕 호우(壺杅)에 대하여 ─────────── 266

발(跋) 276

수록문 출처 278
김용준 연보 279
찾아보기 282
어휘풀이 찾아보기 285

1

매화(梅花)

댁에 매화가 구름같이 피었더군요. 가난한 살림도 때로는 운치가 있는 것입니다. 그 수묵(水墨) 빛깔로 퇴색해 버린 장지(壯紙)¹ 도배에 스며드는 묵흔(墨痕)²처럼 어렴풋이 한두 개씩 살이 나타나는 완자창(卍字窓) 위로 어쩌면 그렇게도 소담스런, 희멀건 꽃송이들이 소복(素服)한 부인네처럼 그렇게도 고요하게 필 수가 있습니까.

실례의 말씀이오나 '하도 오래간만에 우리 저녁이나 같이 하자'고 청하신 선생의 말씀에 서슴지 않고 응한 것도 실은 선생을 대한다는 기쁨보다는 댁에 매화가 성개(盛開)하였다는 소식을 들은 때문이요, 십 리나 되는 비탈길을 얼음 빙판에 코방아를 찧어가면서 그 초라한 선생의 서재를 황혼 가까이 찾아갔다는 이유도 댁의 매화를 달과 함께 보려 함이었습니다.

매화에 달 이야기가 났으니 말이지 흔히 세상에서들 매화를 말하려 함에 으레 암향(暗香)³과 달과 황혼을 들더군요.

선생의 서재를 황혼에 달과 함께 찾았다는 나도 속물이거니와, 너무나 유명한 임포(林逋)⁴의 시가 때로는 매화를 좀더 신선하게 사랑하고 싶은 사람에게는 한 방해물이 되기도 하는 것입니다.

화초를 상완(賞玩)⁵하는 데도 매너리즘이 필요

---
1. 두껍고 질기며 질이 좋은 조선 종이의 한 가지.
2. 먹물이 묻은 흔적.
3. 그윽하게 풍기는 향기.
4. 967-1028. 중국 송대(宋代)의 시인으로, 자(字)는 군복(君復), 시호(諡號)는 화정선생(和靖先生)이다. 그는 부귀를 추구하지 않고 서호(西湖)의 고산(孤山)에서 매화와 학을 벗삼아 은둔 생활을 했다. 그는 매화 시인으로 불릴 만큼 매화를 노래한 작품을 많이 남겼다.

할 까닭이 있나요.

댁에 매화가 구름같이 자못 성관(盛觀)으로 피어 있는 그 앞에 토끼처럼 경이의 눈으로 쪼그리고 앉은 나에게 두보(杜甫)[6]의 시구(詩句)나 혹은 화정(和靖)[7]의 고사(故事)가 매화의 품위를 능히 좌우할 여유가 있겠습니까.

하고많은 화초 중에 하필 매화만이 좋으란 법이 어디 있나요. 정이 든다는 데는 아무런 조건이 필요하지 않는가 봅디다.

계모 밑에 자란 자식은 배불리 먹어도 살이 찌는 법이 없고, 남자가 심은 난초는 자라기는 하되 꽃다움이 없다는군요.

대개 정이 통하지 않은 소이(所以)라 합니다.

연래(年來)로 나는 하고많은 화초를 심었습니다. 봄에 진달래와 철쭉을 길렀고, 여름에 월계와 목련과 핏빛처럼 곱게 피는 달리아며, 가을엔 울 밑에 국화도 심어 보았고, 겨울이면 내 안두(案頭)[8]에 물결 같은 난초와 색시 같은 수선이며 단아한 선비처럼 매화분(梅花盆)을 놓고 살아온 사람입니다. 철 따라 어느 꽃 어느 풀이 아름답고 곱지 않은 것이 있으리오마는 한 해 두 해 지나는 동안 내 머리에서 모든 꽃이 다 사라져 버렸습니다. 그러나 오히려 내 기억에서 종시 사라지지 않는 꽃, 매화만이 유령처럼 내 신변을 휩싸고 떠날 줄을 모르는구려.

매화의 아름다움이 어디 있나뇨?

세인(世人)이 말하기를 매화는 늙어야 한다 합니다. 그 늙은 등걸이 용의 몸뚱어리처럼 뒤틀려 올라간 곳에 성긴 가지가 군데군데 뻗고 그 위에 띄엄띄엄 몇 개씩 꽃이 피는 데 품위가 있다 합니다.

매화는 어느 꽃보다 유덕(有德)한 그 암향이 좋다 합니다.

5. 좋아하여 보고 즐기는 것. 완상(玩賞). 와상(翫賞).
6. 712-770. 중국 당대(唐代)의 시인으로, 자는 자미(子美), 호는 소릉(少陵)이다.
7. 임포를 말한다.
8. 책상머리.

김용준 〈매화〉 1948. 개인소장.

백화(百花)가 없는 빙설리(氷雪裏)⁹에서 홀로 소리쳐 피는 꽃이 매화밖에 어디 있느냐 합니다.

혹은 이러한 조건들이 매화를 아름답게 꾸미는 점일는지도 모르겠습니다. 그러나 내가 매화를 사랑하는 마음은 실로 이러한 많은 조건이 멸시된 곳에 있습니다.

그를 대하매 아무런 조건 없이 내 마음이 황홀하여지는데야 어찌하리까.

매화는 그 둥치를 꾸미지 않아도 좋습니다. 제 자라고 싶은 대로 우뚝 뻗어서 제 피고 싶은 대로 피어 오르는 꽃들이 가다가 훌쩍 향기를 보내기도 하고, 또 어느 때는 제가 방 한구석에 있는 체도 않고 은사(隱士)¹⁰처럼 겸허하게 앉아 있는 품이 그럴듯합니다.

나는 구름같이 핀 매화 앞에 단정히 앉아 행여나 풍겨 오는 암향을 다칠세라 호흡도 가다듬어 쉬면서 격동하는 심장을 가라앉히기에 힘을 씁니다. 그는 앉은 자리에서 나에게 곧 무슨 이야긴지 속삭이는 것 같습니다.

매화를 대할 때의 이 경건해지는 마음이 위대한 예술을 감상할 때의 심경과 무엇이 다르겠습니까.

내 눈앞에 한 개의 대리석상이 떠오릅니다. 그리스에서도 유명한 페이디아스¹¹의 작품인가 보아요.

다음에 운강(雲崗)과 용문(龍門)의 거대한 석불들¹²이 아름다운 모든 조건을 구비하고서 내 눈앞에 황홀하게 나타납니다.

그러나 수유(須臾)에¹³ 이 여러 환영들은 사라지고 신라의 석불이 그 부드러운 곡선을 공중에 그리면서 아무런 조건도 없이 눈물겨웁도록 아름다운 자세로 내 눈을 현황(眩慌)¹⁴하게 합니다.

9. 얼음과 눈 속.
10. 벼슬하지 않고 숨어사는 선비.
11. Pheidias. 생몰년 미상. 고대 그리스의 조각가로서, 고전전기(古典前期, BC 5세기)의 숭고양식(崇高樣式)을 대표하는 거장이다.
12. 운강 석굴은 산서성(山西省) 대동(大同)의 서쪽에 있는 중국 최대의 불교 석굴 사원이며, 석불들은 중국양식과 중앙아시아 양식이 혼재해 있다. 용문 석굴은 중국 하남성(河南省) 낙양시(洛陽市) 남쪽에 있는 석굴 사원으로서, 서방적인 요소가 적고 중국 고유의 특징이 보이는 석불들이다.
13. 잠시에.
14. 어지럽고 황홀함.

그러다가 나는 다시 희멀건 조선조의 백사기(白砂器)를 봅니다. 희미한 보름달처럼 아름답게, 조금도 그의 존재를 자랑함이 없이 의젓이 제자리에 앉아 있습니다. 그 수줍어하는 품이 소리쳐 불러도 대답할 줄 모를 것 같구려. 고동(古銅)[15]의 빛이 제아무리 곱다 한들, 용천요(龍泉窯)[16]의 품이 제아무리 높다 한들 이렇게도 적막한 아름다움을 지닐 수 있겠습니까.

댁에 매화가 구름같이 핀 그 앞에서 나의 환상은 한없이 전개됩니다. 그러다가 다음 순간 나는 매화와 석불과 백사기의 존재를 모조리 잊어버립니다. 그리고 잔잔한 물결처럼 내 마음은 다시 고요해집니다. 있는 듯 만 듯 한 향기가 내 코를 스치는구려. 내 옆에 선생이 막 책장을 넘기시는 줄을 어찌 알았으리요.

요즈음은 턱없이 분주한 세상이올시다. 기실 나 남 할 것 없이 몸보다는 마음이 더 분주한 세상이올시다.

바로 일전(日前)이었던가요. 어느 친구와 대좌하였을 때 내가 "X선생 댁에 매화가 피었다니 구경이나 갈까?" 하였더니 내 말이 맺기도 전에 그는 "자네도 꽤 한가로운 사람일세" 하고 조소(嘲笑)를 하는 것이 아닙니까.

나는 먼산만 바라보았습니다.

어찌어찌하다가 우리는 이다지도 바빠졌는가. 물에 빠져 금시에 죽어 가는 사람을 보고 '그 친구 인사나 한 자였다면 건져 주었을 걸' 하는 영국풍의 침착성은 못 가졌다 치더라도, 이 커피는 맛이 좋으니 언짢으니, 이 그림은 잘 되었느니 못 되었느니 하는 터수에[17] 빙설을 누경(屢經)[18]하여 지루하게 피어난 애련한 매화를 완상(翫賞)할 여유조차 없는 이다지도 냉회(冷灰)[19]같이 식어 버린 우리네의 마음이리까?

— 정해(丁亥) 입춘 X선생댁의 노매(老梅)를 보다.

15. 고대의 구리. 동기(銅器).
16. 중국 절강성(浙江省) 용천현(龍泉縣) 일대에 있던, 중국 최대의 청자지(青磁地) 또는 그곳에서 난 청자를 말한다. 남송(南宋) 때 아름다운 청자를 많이 산출했다. 옥과 같은 분청색의 유조(釉凋)를 띠며 문양을 채색하지 않은 것이 많다.
17. 처지에.
18. 거듭 이겨냄. 누경(累經).
19. 불이 꺼져 차가워진 재.

게〔蟹〕

정소남(鄭所南)¹이란 사람이 난초를 그리는데 반드시 그 뿌리를 흙에 묻지 아니하니 타족(他族)에게 짓밟힌 땅에 개결(慨潔)한² 몸을 더럽히지 않으려 함이란다.

붓에 먹을 찍어 종이에다 환을 친다³는 것이 무엇이 그리 대단한 노릇이리요마는 사물의 형용을 방불하게 하는 것만으로 장기(長技)로 치는 데 그치지 않고, 자연을 빌어 작가의 청고(淸高)한 심경을 호소하는 한 방편으로 삼는다는 데서 비로소 환이 예술로 등장할 수 있고 예술을 위하여 일생을 바치기도 하는 것이다.

그런데 나란 사람이 일생을 거의 삼분의 이나 살아온 처지에 아직까지나 자신 환쟁이인지 예술가인지까지도 구별하지 못한다는 것은 딱하고도 슬픈 내 개인 사정이거니와, 되든 안 되든 그래도 예술가답게나 살아 보다가 죽자고 내 딴엔 굳은 결심을 한 지도 이미 오래다. 되도록 물욕과 영달에서 떠나자, 한묵(翰墨)⁴으로 유일한 벗을 삼아 일생을 담박(淡泊)하게 살다 가자 하는

---

1. 소남은 송말(宋末) 원초(元初)의 시인이자 화가인 정사초(鄭思肖, 1241-1318)의 자로서, 호는 삼외야인(三外野人), 일시거사(一是居士)이다. 묵란을 잘 쳐서 이름이 높았는데, 원(元)이 들어서자 모두 노근(露根)으로 그려 국토를 빼앗긴 울분을 상징적으로 표현하여 송(宋)에 절의를 지켰다.
2. 분노하며 홀로 깨끗함.
3. '그림을 그리다'를 낮추어 표현한 말.
4. 글을 짓거나 먹으로 쓰고 그리는 일.

것이 내 소원이라면 소원이라 할까.

이 오죽잖은 나한테도 아는 친구 모르는 친구한테로부터 시혹(時或)⁵ 그림 장이나 그려 달라는 부질없는 청을 받는 때가 많다. 내 변변치 못함을 모르는 내가 아닌지라 대개는 거절하고 마는 것이나, 그러나 경우에 따라서는 할 수 없이 청에 응하는 수도 있고, 또 가다가는 자진해서 도말(塗抹)⁶해 보내는 수도 없지 아니하니, 이러한 경우에 택하는 화제(畵題)란 대개가 두어 마리의 게를 그리는 것이다.

게란 놈은 첫째, 그리기가 수월하다. 긴 양호(羊毫)⁷에 수묵을 듬뿍 묻히고 호단(毫端)⁸에 초묵(焦墨)⁹을 약간 찍어 두어 붓 좌우로 휘두르면 앙버티고 엎드린 꼴에 여덟 개의 긴 발과 앙증스런 두 개의 집게발이 즉각에 하얀 화면에 나타난다. 내가 그려 놓고 보아도 붓장난이란 묘미가 있는 것이로구나 하고 스스로 기뻐할 때가 많다. 그리고는 화제를 쓴다.

滿庭寒雨滿汀秋	뜰에 가득 차가운 비 내려 물가에 온통 가을인데
得地縱橫任自由	제 땅 얻어 종횡으로 마음껏 다니누나.
公子無腸眞可羨	창자 없는 게가 참으로 부럽도다.
平生不識斷腸愁	한평생 창자 끊는 시름을 모른다네.

---

5. 어쩌다가. 어떤 때에는.
6. 대충 그림.
7. 양털을 쪼개서 만든 붓으로 부드러운 선이 나온다. 양호필(羊毫筆).
8. 붓끝.
9. 진한 먹.
10. 우당은 조선 후기의 한학자인 윤희구(尹喜求, 1867-1926)의 호로서, 자는 주현(周玄)이다.
11. 1526-1590. 중국 명대(明代)의 문학자로서, 자는 원미(元美), 호는 봉주(鳳州), 엄주산인(弇州山人)이다.

역대로 게를 두고 지은 시가 이뿐이랴만 내가 쓰는 화제는 십중팔구 윤우당(尹于堂)¹⁰의 작(作)이라는 이 시구를 인용하는 것이 항례다.

왕세정(王世貞)¹¹의 "橫行能幾何 終當墮人口 마음껏 횡행하기를 얼마나 하겠는가. 결국에는 사람 입에 떨

김용준 〈문방부귀(文房富貴)〉 1943. 개인소장.

어질 신세인 것을' 하는 대문도 묘하기는 하나 무장공자(無腸公子)로서 단장(斷腸)의 비애를 모른다[12]는 대문이 더 내 심금을 울리기 때문이다.

이 비애의 주인공은 실로 나 자신이 아닌가. 단장의 비애를 모르는 놈, 약고 영리하게 처세할 줄 모르는 눈치 없는 미물(微物)! 아니 나 자신만이 아니라 우리 민족 중에는 또한 이러한 인사(人士)가 너무나 많지 않은가.

맑은 동해변 바위틈에서 미끼를 실에 매어 달고 이 해공(蟹公)을 낚아 본 사람은 대개 짐작하리라. 처음에는 제법 영리한 듯한 놈도 내다본 체 않다가 콩알만큼씩한 새끼 놈들이 먼저 덤비고 그 곁두리를 보아 가면서 차츰차츰 큰 놈들이 한꺼번에 몰려나와 미끼를 뺏느라고 수십 마리가 한 덩어리가 되어 동족상쟁을 하는 바람에 그때 실을 번쩍 치켜 올리면 모조리 잡혀서 어부의 이(利)가 되게 하고 마는 것이다.

어리석고 눈치 없고 꼴에 서로 싸우기 잘하는 놈!

귀엽게 보면 재미나고, 어리석게 보면 무척 동정이 가고, 밉살스레 보면 가증(可憎)하기 짝이 없는 놈!

게는 확실히 좋은 화제(畵題)다. 내가 즐겨 보내고 싶은 친구에게도 좋은 화제가 되거니와 또 뻔뻔스럽고 염치 없는 친구에게도 그려 보낼 수 있는 확실히 좋은 화제다.

---

[12] 무장공자는 창자가 없는 '게'를 일컫는데, 창자가 끊어지는 듯한 슬픔을 느끼지 못함이 부럽다는 말이다. '단장'이라는 말은 『세설신어(世說新語)』의 「출면(黜免)」편에 실린 고사에서 유래된 것으로, 중국 진(晋)나라의 장군 환온(桓溫)이 배를 타고 산협(山峽)을 건널 때 그의 하인이 원숭이 새끼를 잡아 배에 태우자 그 어미가 슬피 울며 기슭을 따라 내려오다가 끝내 배 안으로 뛰어내려 죽고 말았는데, 그 배를 갈라 보니 장(腸)이 조각조각 끊어져 있었다고 하는 이야기이다.

滿庭寒雨滿汀秋	뜰에 가득 차가운 비 내려 물가에 온통 가을인데
得地縱橫任自由	제 땅 얻어 종횡으로 마음껏 다니누나.
公子無腸眞可羨	창자 없는 게가 참으로 부럽도다.
平生不識斷腸愁	한평생 창자 끊는 시름을 모른다네.

말과 소

마차(馬車)가 앞을 서고 우차(牛車)가 뒤미처 따라간다. 말이란 놈은 허울 좋은 털을 푸르르 날리면서 그 길지막한 다리를 보기좋게 성큼성큼 떼어 놓는 양이 돈 관(貫)이나 좋이 없앤다는 외입쟁이다.

뒤에 따르는 소란 놈은 어떠냐.

이놈은 갈 데 없는 촌놈이다. 촌놈에도 상복(喪服) 입은 촌놈이다.

그 험상궂은 상판에 무지스런 뿔다귀하며, 여북하면 얼음에 자빠진 쇠눈깔이란 소리까지 듣는 번들번들한 눈깔딱지 하며, 게다가 걸음걸이조차 느레고자처럼 느릿느릿 걷는 양[1]이 저러고서야 '그놈 소 같은 놈'이란 욕설이 아니 생길 수 없으리만큼 그놈은 미련해 보인다.

나는 지금 이 좋은 대조로 걸어가고 있는 두 놈의 짐승을 번갈아 생각하고 있다.

말이란 놈은 그 윤기가 자르르 흐르는 미끈한 몸집이 '은안백마(銀鞍白馬)'[2]라든가, '다락같은[3] 말'이라든가 하는 미문여구(美文麗句)로써 과연 한번 불러 보고도 싶고 쓰다듬어 보고도 싶은 짐승이다. 말은 그보다도 잔월(殘月)이 서산에 기울어 풀 한 포기 없는 모래 언덕 위에 고독하게 세워 놓고 '말아, 다락같은 말아' 하고 시인이면 불러 보렴직도 한 짐승이다.

말은 이렇게 환상의 동물, 낭만의 동물로 귀염받기에 시인에게뿐만 아

장승업 〈삼준(三駿)〉 조선 19세기. 일본 개인소장.

니라 예나 이제나 많은 화가들도 흥미있는 소재로서 채관(彩管)⁴을 들은 이가 또한 많다.

조선 말기의 화가로 유명한 장승업(張承業) 같은 이도 말을 그리기 여간 흥미를 가진 이가 아니었고, 프랑스의 규수 화가 마리 로랑생⁵ 같은 이는 거의 말만을 상습적으로 그리다시피 한 분이다.

현대의 화가들도 말을 비애의 상징으로 혹은 초현실의 표징으로 재현하기에 힘쓰는 이가 많다. 어쩐 일인지 말은 동양 사람이나 서양 사람이나 혹은 시로 혹은 그림으로 각가지 표현 방법으로써 이 동물을 우려먹기에 인색하지 않았다. 그러나 말과 달라 소란 놈은 그렇지 않다. 소의 성격이 동적(動的)이라기보담은 차라리 정적(靜的)인 탓인가. 화려하기보담은 차라리 검소한 탓인가. 서양 사람으로서 소를 제재로 하고 소를 찬미한 작품은 그다지 찾아보지 못했다.

그림으로써도 소를 그린 화가는 공교롭게도 동양 사람에 많다. 허다한 서양화가들 중에서 소를 그린 화가란 별로 기억되는 작가가 없다.

그놈의 걸음걸이, 그놈의 말없는 양, 고요하게 참선하는 중과 같은 그놈의 성격이 동양 사람에게 맞음이런가. 예로부터 소를 노래한 시가(詩歌)가 동양에는 수없이 많다. 그림으로도 많다. 그 중에도 소 잘 그리기로 유명한 퇴촌(退村) 김식(金埴)⁶ 같은 이의 작품을 보면 그 어리석은 표정이 우리에게 무한한 자비를 던져 주는 것 같아서 저절로 소에게 경애하는 마음이 생기게 된다.

더구나 불교에서는 소를 진리 혹은 도(道)에다 비기었으니, 유명한 「심우가(尋牛歌)」⁷가 곧 그것이다.

1. 경상도 방언으로, 고자처럼 기운없이 느리게 걷는 모양을 말한다.
2. 은으로 꾸민 안장을 얹은 흰 말.
3. 값이 매우 비싼.
4. 그림 그리는 붓.
5. Marie Laurencin. 1885-1956. 입체파의 영향을 받아 형태와 색채를 단순화하여 꿈꾸는 듯한 환상적인 분위기의 작품을 남겼다.
6. 1579-1662. 조선 중기 가장 유명한 소 그림 전문의 문인화가로, 간일한 산수를 배경으로 하여 음영(陰影)으로 표현된 소의 통통한 몸이나 선량한 눈매, 그리고 따뜻한 그림의 분위기 등은 중국이나 일본의 소그림들과 구별되는 한국적 특색을 띠고 있다.

김식 〈소〉 조선 17세기. 국립중앙박물관.

이렇게 식자간(識者間)에는 유서가 깊은 소이언마는 세상 사람들은 이 소를 어떻게 생각하고 있는가.

미련한 사람을 가리켜 소 같다, 못생긴 놈을 가리켜 소 같은 놈—이렇게 천시하고 경멸하는 것이 우리가 소를 말하는 보통 상식이다.

그러나 이러한 모든 악평을 달게 받으면서도 아무런 말이 없는 그놈—세 살 난 어린이에게도 순(順)히 복종하는 짐승, 힘에 벅찬 짐을 아무리 실을지라도 눈 한번 꿈쩍하지 않는 놈, "이러—, 이러—" 주인의 모진 매가 소낙비처럼 내리는데도 소리 한번 지르지 않는 이 짐승, 천리 길을 걸을지언정 지속(遲速)[8]이 없는 그 걸음걸이. 위대한 교훈이다.

소는 인생에게 확실히 위대한 교훈을 던지고 있다.

"말아, 다락같은 말아" 하고 말에게서는 애수를 느낄 수 있으나 이 대지와 같이 말없는 성격의 소유자에게서 애수를 느낄 수는 없다.

"소야, 멍텅구리 같은 소야"라고나 해볼까. 소에게서는 애수를 느낄 수 없다. 그러나 소에게서는 말에서 얻지 못할 커다란 교훈을 얻고 있다.

세상은 소를 미련한 놈이라 한다.

미련하다고 욕을 하면서 그를 부려먹고, 그의 고기를 먹고, 그의 피를 빨고, 그의 가죽을 쓰고, 그의 내장을 쓰고, 그의 뿔을 쓰고, 그의 털을 쓰고, 그의 뼈를 쓰고, 그의 분(糞)을 쓰고, 그의 뇨(尿)를 쓰고, 그놈이 가진 구석에서 구석까지의 모든 것을 가장 긴요하게 써먹으면서, 그리고 그에게서 겸양의 덕을 배우고, 무위지위(無爲之爲)의 덕[9]을 배우고, 사색의 덕을 배우고 하여 모든 덕행의 근본을 또한 그에게서 찾으면서 오히려 세상은 그를 가리켜 미련한 놈이라 욕한다.

소가 미련한 놈일까!

---

7. 「심우가」는 신도들의 신앙심을 고취하는 데 알맞은 교훈을 담고 있는 포교 가사로, 소를 찾아 떠난 동자가 마침내 도를 깨닫게 된다는 이야기이다.
8. 더딤과 빠름.
9. '아무것도 하지 않음이 아무것도 하지 않음이 아니다(無爲而不無爲)'라는 노자 『도덕경(道德經)』의 가르침을 이른다.

과연 말은 영리하고 소는 미련하고 보잘것없는 짐승일까.

나는 소를 대할 때마다 어쩐지 그놈이 그 커다란 눈깔을 이리저리 굴리면서 무슨 말이나 할 듯 할 듯한 표정을 느끼곤 한다.

그리고 순직(純直)하기 이보다 더할 바 없고, 무겁기 이에서 더할 바 없는 소란 놈을 볼 때마다 말에게서 받는 것과는 정반대의 감정을 느끼는 것이 일쑤다.

검려지기(黔驢之技)

선가(禪家)의 애송하는 「심우송(尋牛頌)」¹이 하도 좋아서 호(號)를 짓되 우산(牛山)이라 하였다. 이 호는 꽤 오랫동안 행세를 하여서 지금도 거리에서 "우산!" 하고 부르는 사람이 있어 돌아다 보면 옛날 친구라 반가이 만나는 수가 많다.

아호(雅號)란 것은 이름 대신 부르는 것이어서 이것저것 여러 개를 가질 필요도 없거니와 더구나 현대에 사는 우리로서는 서화(書畵)나 하는 사람 외에는 구태여 가져야만 행세를 한다는 법도 없다.

호를 자주 간다든지 괜히 여러 가지를 쓴다든지 하는 사람은 중심이 약한 사람이란 평들도 있고 그보다도 우선 남 보기에 턱없이 요란스럽게 보일 것도 같아서, 추사(秋史) 같은 분이 여러 가지 운치스런 호를 쓴 것을 볼 때는 나도 좋은 호를 몇 개쯤 더 가져 보았으면 하다가도, 에라 그만두어라, 백(百) 모로 뜯어보아도 소란 놈이 오죽 좋으냐 싶어서 우산(牛山) 하나만으로 버티고 말려 하였다.

그랬던 것이 한때 이 국토 안에 이상도 하고 야릇도 한 전고(前古)에 못 듣던 괴소동(怪騷動)이 일어났다. 욕설이 많기로 유명한 이 조선 땅에서도 '변성명(變姓名)을 할 녀석' 하면 목숨을 내걸고 싸우려 드는, 욕설 중에도 해괴망측한 욕설이, 가자(假字) 아닌 진자(眞字)로 창씨(創氏)란 간판을 걸고 우리 겨레를 습격해 왔다.

 내가 창씨한 사람의 열에 끼이지 아니했다는 것쯤 그다지 자랑스러울 것도 못 되지만, 한번은 어떤 입버릇 험한 친구가 "우시야마 요시오(牛山善夫)" 하고 일본말로 웃으며 부른다. "에끼! 망할 친구" 하고 곧 배앝아 버렸으나 두고두고 불유쾌해 견딜 수 없다.

 선부(善夫)라는 것은 내 자(字)다. 고향이 선산(善山)임으로 해서 선부라 한 것이요, 또 한시에 '농어를 낚을 뿐 이름을 낚지 않네(只釣鱸魚不釣名)'라는 대문을 '농어를 낚지 않고 이름만을 낚는구나(不釣鱸魚只釣名)' 하고 보면 한층 격이 높은 셈으로, 불선부(不善夫)라, 혹은 악부(惡夫)라 하기보다 차라리 선부(善夫)라 하여 그 뜻을 반전시키는 것이 그럴듯하여 필명으로 한두 번 쓴 것인데, 이 친구가 호와 자를 맞붙이고 보니 그대로 일본명이 되는지라 '옳다 됐구나' 하고 놀려 댄 것이다.

 그 길로 나는 호를 갈기로 작정했고 그뒤로 지은 호는 마침내 한두 개가 아니었다. 매화를 사랑하여 매정(梅丁)이라고도 하고, 감나무 집에 살아서 노시산인(老柿山人)이라고도 했다. 또 평생 남의 흉내나 겨우 내다가 죽어 버릴 인간이라 근원(近猿)이라고도 했더니 같은 동물에 같은 글자이면서도 밉고 고운 놈이 있는지 아호에다 원(猿) 자만은 붙이기가 딱 싫어서 원(園) 자로 고치고 말았다.

 실은 청말(清末)에 나와 꼭같은 김근원(金近園)이란 사람의 호를 보고 무슨 인연으론지 근(近) 자 한 자가 두고두고 못 잊혀서 그 아랫자를 다른 자로 고르다 못해 종내 원(猿) 자가 되었다가 급기야엔 원(園)으로 돌아가고 만 것이다.

 요즈음 희떠운[2] 친구들이 "자네의 근원(近園)이란 호는 단원(檀園)이나 오원(吾園)[3]에 가깝다

---
1. 「심우송」은 「심우가」를 말한다.
2. 하는 말이나 짓이 거드럭거리며 건방진.

는 뜻인가?" 하고 조롱하는 친구가 있으나 내 취미가 진실로 그렇게까지 저급이 아닌 것만은 명백히 해둔다.

사람의 성질이란 한번 빗나가기만 하면 소지(素志)를 잊어버리기 쉬운 이상한 일면이 있는 것이라. 그래서 이 타락하기 쉬운 일면의 성질 때문에 흔히 소지를 굽힌 인사들이 처음에는 자기 일신의 호신책에서 출발하여 나중에는 조상을 팔아먹고 민족과 국가를 팔아먹게까지 되는지도 모르나, 호를 한 개만 가지리라 하고 고집하던 내가 나도 모르는 동안 요놈은 요러해서 좋고 저놈은 저러해서 좋아서 꽤 여러 개 호를 가지게 되었다. 위에 말한 몇 가지 외에도 벽루(碧樓)라 석우동인(石隅洞人)이라 혹은 득월루주인(得月樓主人)이라 혹은 심화애설지려(尋花愛雪之廬)라 또 혹은 식연자자실주인(食硯煮字室主人)이라 하는 등 아마 이 밖에도 좋아라고 한두 번 쓰고는 잊어버린 호가 몇 개가 되는지도 모른다.

같은 유명한 화가지만 정판교(鄭板橋)[4]나 팔대산인(八大山人)[5] 같은 이는 호가 많지 않은 관계로 당대에 성명(盛名)이 천하에 떨쳤고, 석도제(釋道濟)[6] 같은 이는 하도 행호(行號)가 많아서 당시에 그를 아는 인사가 변변치 못하였다 하니, 혹은 공리적으로 생각하여 헛된 이름이라도 필요한 사람이라면 모르거니와, 장자(莊子)의 말을 빌지 않더라도 '명자(名者)는 실지빈(實之賓)'이라, 빈(賓)을 위하여 실(實)을 희생시킬 연유가 어디 있나요.[7]

호를 짓는 장난도 일종 풍류라 내 하는 짓이 종

3. 단원과 오원은 각각 조선 후기의 화가 김홍도(金弘道)와 장승업(張承業)의 호이다.
4. 판교는 중국 청대(淸代)의 문인이자 화가인 정섭(鄭燮, 1693-1765)의 호로서, 자는 극유(克柔)이다. 시서화(詩書畵) 모두 특색이 있는 작품을 보였으며, 화훼목석(花卉木石)을 잘 그렸다.
5. 팔대산인은 중국 청대의 화가 주답(朱耷, 1626-1705)의 호이며, 자는 설개(雪個)이다. 화법형식을 무시한 파격적인 화풍을 특색으로 하였다.
6. 도제는 중국 청나라 초기의 화론가 석도(石濤, 1642?-1707?)의 법명으로, 화론집인 『석도화론(石濤畵論)』으로 유명하다. 본명은 확실히 알려진 바 없으며, 석도는 자이다. 대척자(大滌子), 청상노인(淸湘老人), 청상진인(淸湘陳人), 청상유인(淸湘遺人), 소승객(小乘客), 할존자(瞎尊者), 고과화상(苦瓜和尙) 등 많은 호가 있다. 법명 앞에 붙은 '석(釋)'은 승려임을 표시하는 말이다.
7. '명예란 실제 알맹이의 손님인 껍데기일 뿐(名者之賓也)'이므로, 오직 명예만을 숭상하고 실제 덕을 힘쓰지 않을 이유가 없다는 말이다. 이는 『장자』의 「소요유(逍遙遊)」편 중 요(堯)임금과 허유(許由)의 대화에 나오는 구절이다.

검려 김용준의 자화상. 1948.

시 풍류로 끝막고 말 바에야 구구하게 남이 내 이름 알고 모름에 개의할 바 있으랴.

한데 근간에 썩 좋은 호 하나를 또 얻었다. 가로되, '검려(黔驢)' 라.

어느 선배 한 분이 내 인상이 험하다 하여 꼭 검려라고 했으면 좋겠다는 것이다.

검주(黔州)라는 땅에는 나귀가 없었다.

장난꾼 한 녀석이 나귀 한 마리를 끌어다 산 밑에 매어 두었다.

호랑이란 놈이 하루는 내려와 보니까 생전 들도 보도 못하던 이상한 동물이 떡 버티고 섰는데 '방연대물야(尨然大物也)'[8]라, 거무뭉툴한[9] 놈이 커다란 눈깔을 껌벅거리며 섰는 꼴이 어마어마하게 무섭게 보였던지 이건 아마 산신령님인가 보다 하였지.

나귀란 놈이 소리를 냅다 지르는데 호랑이란 놈이 깜짝 놀라 걸음아 날 살려라 하고 도망을 갔것다.

그러나 그후 매일 듣고 나니 그까짓 소리쯤 무서울 것 없다. 한번은 바짝 덤벼들어 나귀를 못살게 굴었더니 나귀란 놈이 귀찮아서 뒷발로 냅다 걷어찼다. 호랑이가 보니까 기껏했자 나귀의 재주란 그뿐인 모양이라 그만 와락 달려들어 물어뜯고 발길로 차고 하여 죽여 버렸다.

유종원(柳宗元)[10]의 글 가운데 나오는 이야기다.

아마 나란 사람이 처음 대할 때 인상이 험하고 사귀기 어렵고 심사도 고약한 듯하다가 실상 알고 보면 하잘것없는 못난이요 바본데 공연히 속았구나. 나와 만나고 사귀고 하는 사람은 누구나 이렇게 생각되나 보다.

그래서 나를 검려라고 이분은 말한 것이었으나

---

8. 엄청나게 큰 놈이로구나.
9. 거무스름하고 두리뭉실한.
10. 773-819. 중국 중당기(中唐期)의 시인으로, 자는 자후(子厚)이다. 그의 산문은 풍부한 사상과 독특한 예술적 표현수법으로 중국 산문 발전에 큰 영향을 끼쳤다. 여기에 언급된 검주 이야기는 그의 우화(寓話)들 중 하나인 「검지려(黔之驢)」, 곧 '검주의 나귀'이다.
11. 어리석고 못남.
12. 자기의 단점을 덮어서 감추는.

나는 이 검주의 나귀에서 더 절실하게 나를 풍자하는 일면을 느낀다.

그놈은 어리석지 아니하냐. 자기의 우졸(愚拙)함[11]을 감추지 못하는 바보가 아니냐. 좀 영리하여 장졸(藏拙)하는[12] 지혜쯤 가졌어야 험한 세파를 헤치고 살아갈 수 있지 않으냐. 어쩌면 그렇게도 야단스런 차림새를 하고 어쩌면 그렇게도 시원찮은 발길질을 눈치도 없이 쉽사리 하여 금시에 남의 놀림감이 된단 말이냐. 고양이처럼 영리하든지 양처럼 선량하든지 사슴처럼 날래든지 그렇지 않으면 공작새처럼 화려나 하든지 그도저도 못 되는 허울 좋은 나귀!

게다가 또 못생긴 값에 재주까지 부리느라고 논다는 꼴이 남의 수치(羞恥)만 사는 짐승!

오호라! 나도 이 나귀처럼 못생긴 인간인가! 나도 이 나귀처럼 못생긴 재주밖에 못 부리는가.

선부(善夫) 자화상

원고를 써 달라는 족족 시치미를 딱 떼고 거절하는 판에 여성지에서 하필 왈, 자화상을 그려 달란다.

그 목적이 나변(那邊)에¹ 있는지를 족히 짐작하는지라 이번에 또 거절을 하는 날이면 제 얼굴이 '추남이 되어 저러는 게로구나' 할 테니 옜다 보아라 '추남이라고 자랑 못할 날까 보냐' 하고 튀어 나설 나인 줄을 알아차린 눈치 빠른 편집자 씨의 약은 꾀에 안 넘어가려다가 기어이 내가 또 넘어가는구나.

기왕 내친 걸음이니 내 얼굴 자랑이나 좀 해보자꾸나. 나는 원래 순후〔純厚(唇厚)〕하고 면장(面長)하고 안심(眼深)하고 비고(鼻高)한 분이니, 나쁘게 말하자면 톨스토이 같고, 좋게 말하자면 해중(海中)에서 솟아오른, 문인(文人)·묵객(墨客)이 애무(愛撫)하는 괴석(怪石)과 같다.

한때 유학생 시대에는 동경 일판에² 내 코는 몰리에르 코 같다³고 자못 평판이 자자하였던 코라 지금도 끔찍이 내가 사랑하는 코다. 남들은 어떻게 볼지 모르지만 나는 거울을 놓고 내 얼굴의 이모저모를 아무리 뜯어보아도 그저 좋기만 하다.

더구나 요즈음은 여름에 빨갛게 깎았던 머리가

---

1. 어디에.
2. 도쿄 일대에.
3. 그림 공부하는 이들이 데생용으로 쓰는 석고상 중에 프랑스의 극작가이자 배우인 몰리에르(Moliére)의 흉상이 있는데, 근원의 코가 그와 같이 크다 하여 화우(畫友)들 간에 그렇게 불렀다.
4. 글씨 또는 그림을 단숨에 줄기차게 써 내림.

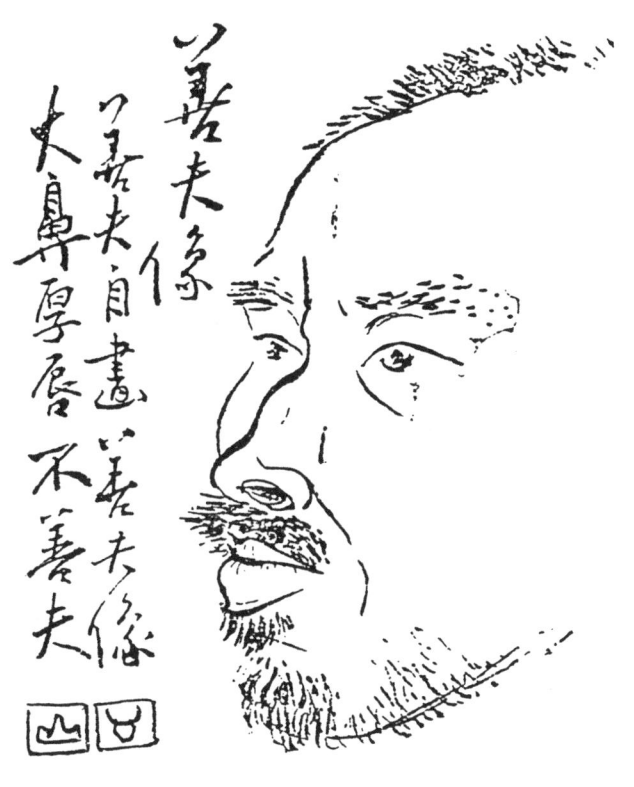

선부 김용준의 자화상. 1939.

수더분하게 길어 오르고 코밑 턱밑의 수염이 제법 고전풍으로 어울려서, 다른 분은 실례의 말씀으로 이 수염을 보시고 욕 꽤나 할는지 모르나 내 눈에는 이 수염처럼 내 적막한 심사를 위로해 주는 것은 없다.

내 얼굴에서 굳이 결점을 잡아내자면 양 미간이 좁고 찌부러져서 보는 이는 속이 빽빽하다 하겠으나 기실은 내 속이 빽빽한 것이 아니요 미간의 좁은 내 심저(心底)에 깊이 숨은 우울이 나타난 것이다.

그러나 나는 이 우울이 나로 하여금 그림을 그리게 하고 글을 읽게 하며 부단히 내 불량심을 바로잡아 주는 것이 아닌가 한다.

나는 어느 좌석에서 희한하게도 통쾌한 호(號) 하나를 얻었으니 왈 선부(善夫)라.

평생에 소원이 어찌하였으면 선량하게 살아 볼까 하는 것이었는데, 그러면서 늘 나는 양심에 거리끼는 일을 가끔 저지르고 그리고는 곧 참회하곤 하였다. 하다 못해 이름 하나만이라도 선(善) 자를 넣어 볼까 하던 차에 별안간 선부란 이름이 튀어나왔다.

그러나 막상 선부하고 부르고 보니 내가 과연 선 자를 놓을 만한 잽이가 되는가 싶어서 마음이 움츠러진다. 선부가 부당하면 불선부(不善夫)도 좋다. 어느 친구나 나를 불선부라 부른 것은 결코 섭섭히 생각지 않는다.

이제까지 꽤 내 자랑을 하기는 했으나 자화상을 보니 나도 그 추남임에는 정이 떨어진다.

아내가 늘 "저런 인 줄 알았으면 시집을 아니 올걸" 하는 고충을 내가 모르는 바 아니다.

그리고 편집자 씨가 내 얼굴을 장사하려는 현명(賢明)도 잘 알기 때문에 이제 일필휘지(一筆揮之)4 내 얼굴이 지상(紙上)에 재현된 것이다.

조어삼매(釣魚三昧)

烏紗擲去不爲官	오사모(烏紗帽)¹를 벗어 던져 벼슬자리 물러나니
囊橐蕭蕭兩袖寒	주머니는 텅텅 비고 양 소매는 차가웁네.
寫取一枝淸瘦竹	청수(淸瘦)한² 대나무 한 폭을 멋지게도 그려내어
秋風江上作漁竿³	바람부는 가을 강에 낚싯대나 만들어 볼까.

오십이 넘은 판교(板橋)는 마음에 맞지 않는 관직을 버리고 거리낌 없는 자유로운 심경에서 여생을 보냈다.

"청수한 한 폭 대를 그리어 추풍강상(秋風江上)에 낚대나 만들까 보다."

궁핍을 면할 양으로 본의 아닌 생활을 계속하느니보다 모든 속사(俗事)를 버리고 표연히 강상(江上)의 어객(漁客)이 되는 것이 운치있는 생활이기도 하려니와 얼마나 자유를 사랑하는 청고(淸高)한 마음이냐. 고기를 낚는 취미도 실로 삼매경(三昧境)에 몰입할 수 있는 좋은 놀음이다.

푸른 물이 그득히 담긴 못가에서 흐느적거리는 낚싯대를 척 휘어잡고 바늘에 미끼를 물린다.

가장자리에는 물이끼들이 꽉 엉겼을 뿐 아니라

---

1. 고려 말부터 조선 말기에 걸쳐 문무관이 상복(常服)에 착용하던 모자. 검은 사(紗)로 만들며, 뒤에 뿔이 두 개 있다. 지금은 흔히 전통 혼례식 때 신랑이 쓰며, 보통 사모(紗帽)라고 한다.
2. 고고하고 삐쩍 마른.
3. 판교는 1753년 산동(山東)에 큰 가뭄이 들었을 때 유현령(濰縣令)으로 있으면서 굶주리는 백성을 구제구휼하고자 윗사람과 지방 호족에게 죄를 지었다. 이 일로 벼슬을 버리고 고향으로 돌아가면서 대나무를 그리고 이 시를 제화시(題畫詩)로 지어 유현의 백성들과 이별했다. '고향으로 돌아가며 대나무를 그려 이별하노래(予告歸里畵竹別濰縣紳士民)'가 이 시의 제목이다.

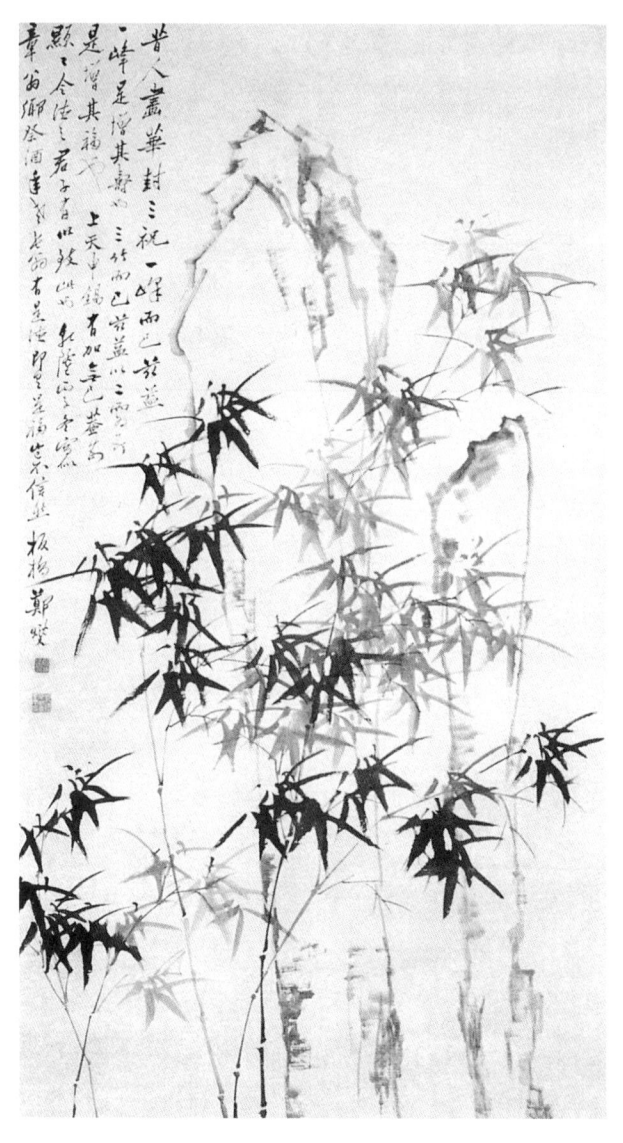

정섭 〈죽석도(竹石圖)〉 중국 청대 18세기. 천진(天津)시 예술박물관.

고기도 송사리떼밖에 오지 않는지라, 팔 힘 자라는 대로 낚싯줄이 허(許)하는 대로 되도록 멀리 낚시를 던져 조금이라도 큰 고기를 잡을 양으로 한껏 내던져도 본다. 풍당 물결이 여울처럼 흔들리고 나면 거울 같은 수면에 찌만이 외롭게 슬프게 곤추서 있다.

한 점 찌는 객이 되고 나는 주인이 되어 알력과 모략과 시기와 저주로 꽉 찬 이 풍진 세상을 등뒤로 두고 서로 무언의 우정을 교환한다.

내 모든 정열을 오로지 외로이 떠 있는 한 점 찌에 기울이고 있노라면, 가다가 별안간 이 한 점 찌는 술취한 놈처럼 까딱까딱 흔들리기 시작한다.

'고기가 왔구나!'

다음 순간, 찌는 물 속으로 자꾸 딸려 들어간다.

'옳다, 큰 놈이 물린 게로군.'

잡아당길 때 무거울 것을 생각하면서 배꼽에 힘을 잔뜩 주고 행여나 낚대를 놓칠세라 두 손으로 꽉 붙잡고 번쩍 치켜 올리면, 허허 이런 기막힌 일도 있을까. 큰 고기는커녕 어떤 때는 방게란 놈이 달려 나오고, 어떤 때는 개구리란 놈이 발버둥을 치는 수가 많다. 하면 되는 줄만 알았던 낚시질도 간대로[4] 우리 따위까지 단번에 되란 법은 없나 보다.

세상일이란 모조리 그러한 것이리랴마는 아무리 내 재주가 서툴다기로서니 개구리나 방게란 놈들도 염치가 있지, 속어(俗語)에 이르기를 숭어가 뛰니 망둥이도 뛴다는 셈으로 나는 나대로 제법 강상의 어객인 양 하고 나섰는 판에, 그래도 그럴듯 미끈한 잉어[鯉魚]까지야 못 물린다손 치더라도 고기도 체면은 알 법한지라, 하다 못해 붕어[鮒魚] 새끼쯤이야 안 물리랴 하는 판에, 얼토당토않은 구역질 나는 놈들이 제가 젠 체하고 가다듬은 내 마음을 더럽힐 줄 어찌 알았으랴.

세상이 하 뒤숭숭하니 고요히 서재나 지키어 한묵(翰墨)의 유희(遊戲)로

조어삼매 41

푹 박혀 있자는 것도 말처럼 쉽사리 되는 것은 아니라, 그렇다고 거리로 나가 성격파산자(性格破産者)처럼 공연스레 왔다갔다하기도 부질없고, 보이는 것 들리는 것이 모조리 심사 틀리는 소식밖엔 없어 그래도 죄 없는 곳은 내 서재니라 하여 며칠만 틀어박혀 있으면 그만 속에서 울화가 터져 나온다.

위진(魏晉)간에 심산벽촌(深山僻村)에 은거하여 청담(淸談)5이나 일삼던 그네의 심경을 한때는 욕을 한 적도 있었으나, 막상 나 자신이 그런 심경에 처해 있고 보니 고인(古人)의 불우한 그 심정을 넉넉히 동감하게 된다.

白髮漁樵江渚上	백발의 어부와 나무꾼이 강가에서
慣看秋月春風	가을달과 봄바람을 노상 즐기노니
一壺濁酒 喜相逢	막걸리 한 병 들고 반갑게 만나서
古今多少事	고금의 하고많은 일들을
都付笑談中	모두 소담(笑談)에나 부쳐 보세.

하자는 시기나 되었으면 또 좋으련마는 우리 눈앞에 깃들이고 있는 현실은 그렇게도 못 된다.

하도 답답하여 시혹(時或) 틈을 내어 강상(江上)의 어별(魚鼈)6로 벗이나 삼을까 하여 틀에 어울리지 않는 낚대를 둘러메고 나가는 날이면 기껏해야 이따위 봉욕(逢辱)7이나 당하고 돌아오기가 일쑤다.

고왕금래(古往今來)8에 세상이란 언제나 이러한 것인가? 개구리까지도 망둥이까지도 나를 멸시하는, 아니 그 더러운 멸시를 받고도 꼼짝달싹할 수 없는 세상이란 원래 이러한 것인가.

---

4. 그다지 쉽게. 함부로.
5. 명리(名利)를 떠난 맑고 고상한 이야기.
6. 물고기와 자라. 또는 해산(海産) 동물의 총칭.
7. 욕된 일을 당하는 것.
8. 옛날부터 지금까지.

아아!

잉어가 보고 싶다. 그 희멀건 눈을 번뜩거리며 끼끗한 신사의 체구를 가진 잉어가 연잎과 연잎 사이로 자유스럽게 유유히 왕래하는, 현명한 신사 잉어가 보고 싶다.

구와꽃

 가을 소식을 제일 먼저 전해 주는 꽃이 있다. 흐린 공기와 때묻은 나뭇잎들만이 어른거리는 서울의 거리를 거닐다 보면, 가다오다 좁다란 골목 속 행랑살이 문 앞에 혹은 쓰레기통 옆에 함부로 심어 컸을망정 난만(爛漫)하게[1] 피어 하늘거리는 꽃이 있다.

 희고 붉고 혹은 보랏빛으로 가느다란 화판(花瓣)[2]이 색술처럼 늘어지고, 씨 앉는 자리가 해바라기처럼 중심을 버티어서 한두 송이 간혹 서너 송이씩, 여름으로서는 바람이 제법 건들거리고 가을이라기에는 햇볕이 지나치게 따가운 요즈음 철기에 가련하게 피는 꽃이 있다.

 서울서는 이 꽃을 구와라 혹은 칠월국화라 하고, 지방에 따라서는 왜국화(倭菊花) 또는 당국화(唐菊花)라 부르는 곳도 있다.[3]

 꽃 모양, 잎새 모양, 줄기 뻗은 꼴까지 이렇다 할 화려함도 없고 그럴듯한 품위나 아취도 보이지 않는다. 그러나 다른 꽃에서 보기 드문 보랏빛이 있다는 탓인지, 꽃철이 아닌 이 계절에 유난스럽게 씩씩하게 피어나는 탓인지, 아무런 특색이 없는데도 불구하고 어딘지 모르게 버릴 수 없는 정취(情趣)가 있고 애착을 주는 것이 이 꽃의 특색이다.

 더군다나 훨훨 자유스럽게 넓은 화단에 피지도

---
1. 꽃이 만발하여 한창 흐드러지게.
2. 꽃잎.
3. 이 꽃은 보통 '과꽃'이라는 이름으로 알려져 있다.
4. 둥글넓적하고 아가리가 넓게 벌어진 질그릇.

못하고, 제법 값 높은 화분에나 좋은 흙에 담기지도 못했건만, 깡통 속에서 자배기⁴쪽 속에서 오히려 아무런 불평도 없이 낭만(浪漫)하게 자유스럽게 그 개성을 충분히 발휘하는 이 꽃을 나는 존경하지 않을 수 없다.

두꺼비 연적(硯滴)을 산 이야기

골동집 출입을 경원(敬遠)한 내가 근간에는 학교에 다니는 길 옆에 꽤 진실성 있는 상인 하나가 가게를 차리고 있기로 가다오다 심심하면 들러서 한참씩 한담(閑談)을 하고 오는 버릇이 생겼다.

하루는 집으로 돌아오는 길에 또 이 가게에를 들렀더니 주인이 누릇한 두꺼비 한 놈을 내놓으면서 "꽤 재미나게 됐지요" 한다.

황갈색으로 검누른 유약을 내려 씌운 두꺼비 연적(硯滴)인데 연적으로서는 희한한 놈이다.

사오십 년래로 만든 사기(砂器)로서 흔히 부엌에서 고추장, 간장, 기름 항아리로 쓰는 그릇 중에 이따위 검누른 약을 바른 사기를 보았을 뿐 연적으로서 만든 이 종류의 사기는 초대면이다.

두꺼비로 치고 만든 모양이나 완전한 두꺼비도 아니요, 또 개구리는 물론 아니다.

툭 튀어나온 눈깔과 떡 버티고 앉은 사지(四肢)며 아무런 굴곡이 없는 몸뚱어리—그리고 그 입은 바보처럼 '헤' 하는 표정으로 벌린데다가, 입 속에는 파리도 아니요 벌레도 아닌, 무언지 알지 못할 구멍 뚫린 물건을 물렸다.

콧구멍은 금방이라도 벌룸벌룸할 것처럼 못나게 뚫어졌고, 등어리는 꽁

무늬에 이르기까지 석 줄로 두드러기가 솟은 듯 쭉 내려 얽게 만들었다.

그리고 유약을 갖은 재주를 다 부려 가면서 얼룩얼룩하게 내려 부었는데, 그것도 가슴편에는 다소 희끔한 효과를 내게 해서 구석구석이 교(巧)하다느니보다 못난 놈의 재주를 부릴 대로 부린 것이 한층 더 사랑스럽다.

요즈음 골동가들이 본다면 거저 준 대도 안 가져갈 민속품이다. 그러나 나는 값을 물을 것도 없이 덮어 놓고 사기로 하여 가지고 돌아왔다. 이날 밤에 우리 내외간에는 한바탕 싸움이 벌어졌다.

쌀 한 되 살 돈이 없는 판에 그놈의 두꺼비가 우리를 먹여 살리느냐는 아내의 바가지다.

이런 종류의 말다툼이 우리집에는 한두 번이 아닌지라 종래는 내가 또 화를 벌컥 내면서 "두꺼비 산 돈은 이놈의 두꺼비가 갚아 줄 테니 걱정 말아"라고 소리를 쳤다. 그러한 연유로 나는 이 잡문을 또 쓰게 된 것이다.

잠꼬대 같은 이 한 편의 글 값이 행여 두꺼비 값이 될는지 모르겠으나, 내 책상머리에 두꺼비 너를 두고 이 글을 쓸 때 네가 감정을 가진 물건이라면 필시 너도 슬퍼할 것이다.

너는 어째 그리고 못생겼느냐. 눈알은 왜 저렇게 튀어나오고 콧구멍은 왜 그리 넓으며, 입은 무얼 하자고 그리도 컸느냐. 웃을 듯 울 듯한 네 표정! 곧 무슨 말이나 할 것 같아서 기다리고 있는 나에게 왜 아무런 말이 없느냐. 가장 호사스럽게 치레를 한다고 네 몸은 얼쑹덜쑹하다마는 조금도 화려해 보이지는 않는다. 흡사히 시골 색시가 능라주속(綾羅綢屬)[1]을 멋없이 감은 것처럼 어색해만 보인다.

앞으로 앉히고 보아도 어리석고 못나고 바보 같고….

모로 앉히고 보아도 그대로 못나고 어리석고

---

[1] 비단과 명주.

멍텅하기만 하구나.

　내 방에 전등이 휘황하면 할수록 너는 점점 더 못나게만 보이니, 누가 너를 일부러 심사를 부려서까지 이렇게 만들었단 말이냐.

　네 입에 문 것은 그게 또 무어냐.

　필시 장난꾼 아이 녀석들이 던져 준 것을 파리인 줄 속아서 받아 물었으리라.

　그러나 뱉아 버릴 줄도 모르고.

　준 대로 물린 대로 엉거주춤 앉아서 울 것처럼 웃을 것처럼 도무지 네 심정을 알 길이 없구나.

　너를 만들어서 무슨 인연으로 나에게 보내 주었는지 너의 주인이 보고 싶다.

　나는 너를 만든 너의 주인이 조선 사람이란 것을 잘 안다.

　네 눈과, 네 입과, 네 코와, 네 발과, 네 몸과, 이러한 모든 것이 그것을 증명한다.

　너를 만든 솜씨를 보아 너의 주인은 필시 너와 같이 어리석고 못나고 속기 잘하는 호인(好人)일 것이리라.

　그리고 너의 주인도 너처럼 웃어야 할지 울어야 할지 모르는 성격을 가진 사람일 것이리라.

　내가 너를 왜 사랑하는 줄 아느냐.

　그 못생긴 눈, 그 못생긴 코, 그리고 그 못생긴 입이며 다리며 몸뚱어리들을 보고 무슨 이유로 너를 사랑하는지를 아느냐.

거기에는 오직 하나의 커다란 이유가 있다.

나는 고독한 사람이기 때문이다!

나의 고독함은 너 같은 성격이 아니고서는 위로해 줄 수 없기 때문이다.

두꺼비는 밤마다 내 문갑 위에서 혼자서 잔다. 나는 가끔 자다 말고 버쩍 불을 켜고 나의 사랑하는 멍텅구리 같은 두꺼비가 그 큰 눈을 희멀건히 뜨고서 우두커니 앉아 있는가를 살핀 뒤에야 다시 눈을 붙이는 것이 일쑤다.

『강희자전(康熙字典)』과 감투

양반은 대추 세 개면 끼니를 잇는다는데 책장에 아직도 지저분하게 서책들이 꽂히고 두 달에 한 번씩은 이발도 할 수 있는 염치에 걸핏하면 궁조를 늘어놓는 걸 보면 적실히 양반의 손(孫)은 아닌 게 분명하다.

 양반의 손이 못 될까 봐 걱정이 아니라, 하고많은 사람이 대추 세 개도 못 먹을 신세가 될까 봐 걱정거리다.

 벌써 햇수로 이 년 전 이야기다.

 엉성드문하게 내 책장이 이가 빠지기 시작한 건 그날 처음이 아니언만 아무튼 그날도 내 책장은 흔들리기 시작했다.

 단권(單券)으로 된 『강희자전』¹이 한 권, 『단씨설문해자주(段氏說文解字注)』² 축쇄판이 한 갑. 그리고 이 밖에 또 무슨 책이던가 두어 가지를 합해서 끼고 나오면서, 큰 구실이나 하러 가는 것처럼 마누라더러,

 "내 곧 다녀올게. 잠깐만 기다리우" 하고는 쏜살같이 명동으로 향했다.

 내 속 요량으로는 '오늘 수입에서 적어도 쌀 한 주발과 고깃근은 살 수 있으려니' 싶어서 몇 달 만에 지글지글 고깃점이나 구워 먹을 행복을 머리에 그리면서 나선 판이었는데, 의외에도 내 공

---

1. 청나라 제4대 황제 강희제(康熙帝)의 칙명으로 서른 명의 학자가 오 년 만인 1716년에 완성한 중국의 대표적 자전으로, 전 42권이다. 오늘날의 한자 자전의 체재는 여기에서 정립되었다.
2. 한나라의 허신(許愼)이 지은 자서(字書) 『설문해자』를 청나라의 고증학자 단옥재(段玉裁, 1735-1815)가 쓴 주석서로, 본래 전 30권이다.
3. 서점(書店).
4. 풀을 담아 놓는 질그릇.

상은 공상대로 돌아가고 말았다.

"모두 백 원 드리지요. 『강희자전』만은 대접해서 오십 원을 쳤습니다. 그래도 이걸 칠십 원 받는다 쳐도 이십 원밖에 못 얻어먹는 폭입니다."

쌀 한 말에 팔백 원 하는 세상에 『강희자전』 값이 겨우 칠십 원밖에 안 된다는 것이 책을 사는 양반의 말씀이다.

나는 어이가 없어 눈만 떴다 감았다 할 뿐이었다.

그렇다고 다른 책사(册肆)[3]에를 가 본댔자 대동소이한 말만 들을 것 같고, 또 그걸 가지고 상판 광고나 시키는 것처럼 이 집 저 집 기웃거릴 맛도 없고, 더구나 그의 말이 어쨌든 '대접해서 오십 원 쳤다'는데 비록 천금 값어치가 된다손 치더라도 '여보, 당치 않은 소리요, 안 되오' 하고 빼앗아 가지고 돌아설 용기도 안 나서 그야말로 복잡미묘한 심리에서 "엣! 그러우" 하고서는 주는 대로 백 원 돈을 받아 가지고 나서면서 이를 꽉 물었다.

세상이 하도 살기가 어려워서 가다오다 말말끝에 "무어니 무어니 해도 장사가 제일이야. 그래도 서생이 할 수 있는 장사는 책 장사밖엔 없어" 하면 "책 장사? 흥, 그보다는 고리대금이 몇 배 낫지" 하는 친구가 있어, 저 사람이 무슨 말을 저렇게 하나 했더니, 하긴 당해 놓고 보니 그 친구가 역시 경험있는 소리를 했구나 싶었다.

그뒤로 나는 사흘이 멀다하고 내 『강희자전』이 팔리지나 않았나 싶어서 그 책사에를 풀방구리[4]에 쥐 드나들 듯 뻔질나게 드나들었다.

돈만 생기는 날에는 그가 말한 대로 칠십 원을 주고 다시 회수하리라는 생각으로 부리나케 드나들어 보았으나, 요행으로 내 『강희자전』은 열흘이 지나고 보름이 지나도 꽂아 둔 그 자리에 그대로 꽂혀 있었다.

꼭 한 달 만에야 겨우 돈 칠십 원을 마련해 가지고 갔다.

"여보, 이 책 나 삽니다" 하고 『강희자전』을 뽑아서 옆구리에 끼면서 돈

칠십 원을 주인 앞에 던졌다.

주인은 안색이 별안간 창백해지면서,

"그건 파는 책이 아닙니다" 하는 것이다.

"안 파는 책이 어디 있단 말이요. 당신이 오십 원에 사서 이십 원을 붙여서 칠십 원을 받는다고 그러지 않았소?"

"아닙니다, 그러지 맙쇼. 두고 보려고 합니다."

주인은 얼굴이 붉으락 푸르락하면서 내 옆구리에서 곧 『강희자전』을 도로 빼앗을 것같이 굴었으나, 나는 잠자코 문을 열고 길로 나서고 말았다. 길을 걸으면서 나는 또 이런 생각을 했다.

"저 친구가 내가 갔기에 망정이지, 다른 사람이 갔더라면 필시 한 오백 원쯤은 받았으렸다."

아무튼 생산력이 왕성한 세상임에는 틀림이 없어. 오십 원이란 놈이 열흘에 백오십 원씩 마구 새끼를 치는데. 이놈이 고작 한 달 만에 아홉 배 새끼를 치는 셈이다.

문명(文明)한 나라에서는 좁은 국토에 생식이 과다할 때는 산아제한을 국책으로 강행한다는데…. 위정자, 모름지기 일고(一考)를 촉(促)할 만한[5] 이야깃거리다.

지난 여름에 시골서 교장 노릇 하는 G군이 오래간만에 찾아왔다.

"자네 웬일인가?"

"나? 감투 하나 쓰러 왔네."

"정말인가?"

"그럼 거짓말로 아나?"

정계(政界)에 매일같이 감투 쌈이 벌어지고 장안 안 여관마다 감투 사러 온 친구들이 뒷간에 구더기 끓듯 한다는 소문이 신문마다 벅적거리는데,

난생 처음으로 교장 노릇도 해 보니 그깟 놈의 것 아무것도 아닐레, 나라고 감투 못 쓰란 법 있을라구, 에라 이 기회를 놓치면 안 되겠다. 그는 이러한 생각 끝에 전후불고(前後不顧)하고[6] 서울로 튀어 올라왔다는 것이다.

그러나 막상 올라와서 동정을 살펴보아 한즉, "그 감투란 것 좀체로 쓰기 어렵데. 하불실(下不失)[7] 십만 원은 있어야 겨우 술잔 값이나 될는지 모르겠데."

허나 이 기회에 꼭 감투는 쓰고 내려가야겠는데,

"자네는 광면(廣面)한[8] 친구이니까 혹 그럴듯한 곬[9]이 없겠느냐"는 것이다.

나는 웃을 수밖에 없었다.

이러한 현상은 G 한 사람에 한한 것이 아니요, 이렇기 때문에 세상은 썩을 대로 썩어 가는 것이지만, 우선 아쉬운 대로 나는 G에게만이라도 충고할 의무를 느끼고서 이렇게 권고해 돌려보냈다.

"실례일지 모르나 자네는 세상을 좀더 알아야 하네. 껍데기 세상만 보지 말고 속 껍질을 벗기고 그 속에 있는 세상을 보아야 하네. 감투란 원래 값이 비싼 것이 아닐세. 아니라기보다 한푼어치 값도 없는 것이요, 또 값이 있을 수도 없네. 감투가 돈으로 환산되는 날 세상은 망하는 날일세. 왜 그러냐 하면 감투를 밑천 들여서 사는 날 벌써 감투 밑천을 뽑아야 할 생각이 안 나겠나? 가령 책 장사가 『강희자전』 한 권을 오십 원이고 백 원이고 주고 샀다 치세. 학자 아닌 책 장사가 자기 신주덩어리가 아닐 바에야 그 책을 가보로 모셔 둘 리 없고, 팔게 될 경우에는 본전만 받고 팔겠나? 오백 원이고 육백 원이고 흠뻑 이(利)를 남겨야 팔 것 아닌가. 이를테면 자네는 책 장사요, 감투는

---

5. 깊이 한번 생각해 볼직한.
6. 앞뒤 가리지 않고.
7. 아무리 적어도.
8. 교제가 넓어 아는 사람이 많은.
9. 방도, 길.
10. 위정자가 교묘한 지혜로써 천하를 다스리자 백성들이 그를 이용해 간사한 짓을 하게 되었다는 이야기로, 노자 『도덕경』에 나오는 구절이다.

『강희자전』이란 말일세."

꽤 모욕적인 언사로 이렇게 말했는데도 G는 껄껄 웃기만 했고 그가 돌아가면서 종시 해결을 못 지운 것 같은 눈치로 가고 말았지만, 그를 돌려보내 놓고 나는 나대로 괜히 웃음이 터져 올라서 못 견디었다.

언젠가 오십 원에 팔아먹은 『강희자전』을 이자 이십 원을 붙여서 꼼짝달싹 못하게 찾아온 것도 우스운 일인데, 더군다나 밑천 한푼 없는 친구가 불알 두 쪽만 차고서 서울까지 감투 쓰러 온 것도 우습고, 게다가 오직 찾을 길이 없어 온다고 온 것이, 장사와는 담을 싼 나를 찾아온 것 하며, 동분서주로 허덕거려 보았자 배성관(裵聖寬)이 백물상(百物商)에서도 거절을 당할, 좀이 먹고 다 낡은 감투 한 개에도 일금 십만 원! 하는 데 가슴이 따끔했든지, 혹시 무슨 조언이나 있을까 해서 왔든지, 화가 나니 하소연이나 하자고 왔든지 간에, 모처럼 만난 첫 말부터 다짜고짜 구박을 주고 돌려세웠으니, 세상이 무언지 모르는 그 군(君)이 무슨 생각을 하면서 터덜거리고 걸어갔을 것인가.

늙은 당나귀 같은 노자(老子)의 말이 "智慧出而有大僞[10] 지혜가 생기자 큰 위선이 나타난다"라더니, 한편에서 꾀를 빌어 위선을 일삼는 세상에서 G군 같은 사람을 보면 무식이 또한 한 사람을 죽이는 것이다.

지혜를 선용(善用)할 세상은 영원한 환영(幻影)이라 하자. 그러나 지식의 빈곤에서 잠을 깰 날은 이미 늦지 않았느냐!

털보

난데없는 빗방울이 떨어지면 길을 가던 사람들의 걸음이 금시에 빨라진다.

쏟아지면 한층 더 빠르다.

그러나 순간이라도 비가 멈칫하면 그들의 걸음은 따라서 느려지고 쏟아지면 달리고 멈칫하면 또 느려지고—좀체로 비가 그치지 않을 줄을 번연히 알건만 사람들의 걸음은 노래에 장단을 맞추듯 달리기도 하고 멈추기도 한다.

기위(旣爲)[1] 젖어 버린 옷일 바에야 마음놓고 쉬엄쉬엄 갔으면 좋으련만, 비가 하자는 대로 고저장단(高低長短)을 맞추어 걸어가는 사람들을 보면 우습기 짝이 없다.

한번은 우비 없이 나섰다가 나도 꼭같은 꼴을 당했다.

뚜닥뚝닥 듣는 비에 걸음을 빨리하다 말고 나는 내 자신을 비웃었다.

'사람의 심리란 이다지도 약한 것인가.'

나는 기를 써 침착한 태도로 걸으려 했으나 웬걸 눈앞에 굵은 빗방울이 가로지르기만 하면 무의식 중에 발은 달리고 있다.

부(富)한 자의 심리와 빈(貧)한 자의 심리는 이러한 것일까?

내가 밑구멍이 치쨰지게 가난할 때는 제 걱정은커녕 제법 가난한 친구를 돈만 있으면 얼마든지 도와주고 싶다가도, 논마지기나 사고 주머니에 잔돈푼이 마르지 않을 만큼한 신세만 되면, 불쌍한 친구들을 돕고 싶기는커녕 그러한 친구들이 찾아올까 봐 겁을 낸다.

답답할 때와 넉넉할 때의 사람의 심리란 이렇게도 다르다.

돈처럼 천하고 더러운 것이 어디 있느냐. 사람의 손으로 만들어낸 쇳조각이나 종잇장을, 그놈의 것 때문에 의리를 저버리고 양심을 빼앗기고 강도가 생기고 살인이 나고—하는 놈의 돈!

그놈의 것 때문에 착취를 하고 반항을 하고 식민지나 시장을 만들려 하고 독립을 하려고 유혈의 참극이 벌어지고—도대체 전쟁은 왜 나며 인종멸시는 왜 생기며 부모, 형제, 동포끼리 좌우 쌈은 왜 벌어지는 것이냐?

그러기에 옛날 왕이보(王夷甫)라는 학자는 평생 '돈' 소리를 입에 올리지 않았다는 것이다.

어느 때 그의 아내가 어쩌나 보자고 그 침상 옆에 질펀하게 돈을 펴 놓았더니 잠이 어렴풋이 깨어난 이보가 그 꼴을 보고서는 곧 하인을 불러 '아도물(阿堵物, 저것이란 뜻)'을 치워라 하였을 뿐 '돈' 소리는 내지 않았다 한다.[2]

공연히 '돈!' 하는 소리가 불쾌스러워 그러한지 우리도 흔히 '동그래미'라고 대칭(代稱)하는 수가 많다.

"자네 꼴이 죽게 되었네 그려."

돼지처럼 살이 찐 녀석이 오이꼭지같이 말라붙은 사람을 보고 이러한 인사를 할 때 그 친구는 두 손가락을 맞붙여 '동그래미'를 만들면서 '이게 없는 팔자니까!' 하고 탄식하는 장면을 종종 본다.

1. 이미.
2. 중국 남조(南朝) 송나라의 유의경(劉義慶, 403-444)이 후한(後漢) 말부터 동진(東晉)까지의 명사들의 일화(逸話)를 엮은 『세설신어(世說新語)』 중 「규잠(規箴)」 편에 나오는 이야기이다. 이것에서 유래하여 '아도물(阿堵物)'은 '돈'을 가리키는 고사성어가 되었다. 왕이보(王夷甫; 王衍)는 중국 위진시대(魏晉時代) 사람으로 죽림칠현(竹林七賢) 중 한 사람인 왕융(王戎)의 사촌 동생이다.
3. 문초하여 빨리 사실을 말하게 하는 것.
4. 광복 후 급격한 통화 팽창에 따라 1948년부터 조선은행은 고액권인 백 원권을 중심권으로 발행하기 시작했다.

십수 년 전만 하더라도 백 원짜리 지전(紙錢) 한 장만 품고 다녀도 경관의 취초(取招)³를 받는 수가 많았다.

소위 해방 사 년에 이 가난한 조선에 웬 놈의 돈이 그렇게도 쏟아졌는

광복 후의 백 원권. 조선은행 발행.

지 지금은 '동그래미' 쇠돈은 골동품 가게에서밖에는 얻어 볼 수 없고, 널려 있는 이 털보 영감을 그린 백 원짜리 지폐투성이다.⁴

그렇다고 조선이 부(富)하여졌느냐!

전에는 중학교에서 한 달에 팔구십 원 봉급을 받아서도 저녁이면 과자나 과일 개나 사서 집안 식구들과 단란하게 이야기도 할 수 있었고, 한 주일에 한 번쯤은 두서너 친구와 몇 잔 술을 나누고 즐길 수도 있었다.

지금은 대학 교수의 월급이 삼천 기백 원이라든가 근 십 년이나 계속되는 쌀 배급은 삼사 년래 풍년이 들건 말건 두 홉 안팎으로 제 꽁지만 물고 돌아간다. 세간을 팔고 서책을 팔아서도 하루 이틀이요 한 달 두 달이다. 집집이 식구들은 영양불량으로 병이 생기고 아침 저녁 빈혈로 쓰러진다. 낫살이나 먹은 사람들은 그러다가 죽어 버리면 그만이겠지만, 2세니 3세니 하는 어린이들이 오이꼭지처럼 곯아 드는 데는 무심히 보아 넘길 수 없다.

노력하는 사람이면 먹을 수 있는 세상이 되어야 한다. '털보'가 골고루 퍼질 수 있는 독립을 해야 한다. 이 땅에서 양심을 지키는 사람치고 살아 나아갈 사람이 몇이나 될 것인가?

원수의 '털보'는 모이는 데로만 모인다. 그들은 '털보'와 더불어 주야로 향락하고 민족의 대다수가 죽는지 사는지 아랑곳 할 배 아니다. 이 꼴이 오래 가다가는 우리 민족은 멸망이다.

팔일오가 딱 닥쳐 오자 우리들은 할 일이 태산같다 하였다.

전에 공부를 더 열심히 못한 것을 한(恨)했고, 너무도 할 일이 많아 맡아 볼 사람이 부족한 걸 한했고, 나이 먹어 떳떳한 일을 하지 못할 걸 한했고, 그러나 죽든 살든 그야말로 뼈가 부서질 때까지 일은 하다가 죽어야겠다고 초조도 했다.

미(美)와 소(蘇)는 다 약소한 민족을 도와주는 천사려니 했다.

8월 16일이던가는 소련군이 경성역에 도착한다는 소문을 길 가다가 듣고 어린 양떼처럼 몰려 나가기도 했다.

미국 병정이 처음 입성할 때는 너무도 감격해서 할 줄 모르는 영어로 "탱큐 탱큐" 하고 부르짖었더니 그들은 빙그레 웃기까지 했다.

그러나 그뒤에 온 것은 무엇이었던가.

우리들이 사갈(蛇蝎)5보다 더 싫어하던 부일(附日)6 분자, 민족 반역자, 또는 이에 유사한 것들이 팔일오 전이나 꼭 마찬가지로 골고루 자리를 차지해 있고, 시골로 서울로 하라는 일은 아니하고 늘어가는 이 노름꾼, 강도, 협잡이요, 장안 안 한복판에는 벌써 핏빛 입술에 껌을 찌꺽찌꺽 씹는 미국 다녀온 색시들이 우리들을 깔보기가 일쑤요, 설탕과 강냉이와 입다 남은 누런 양복 배급을 주어서 고맙기는 하나, 그리고 그 향기로운 '필립 모리스'의 골통 담배와 가볍게 거품이 이는 뽀얀 세숫비누들을 '털보'만 있으면 얼마든지 살 수 있어 편리한 세상이기는 하나, 이렇게 좋은 세상에 무슨 이유로 밥만 먹으면 체증이 생기고 아니꼽기만 하고 정신은 얼이 빠진 놈처럼 흐리멍텅하고 당장 조석 끼니가 없는데도 아무 일도 손에 잡히지 않는 것일까.

어떻게 하든 바른 정신을 가진 사람들이 한데 어울려서 이 멸망에 직면한 위기를 극복할 생각은 아니하고 '모두 다 우리 민족이 못생긴 탓이라'

고 걸핏하면 제 민족만 나무라는 시러베잡놈들이 의외에도 많다.

소위 배웠다는 녀석들 중에서 이따위 소리를 되뇌는 것은 한심하다기보다 어이없는 일이다.

못생긴 줄 알면 저부터 왜 자살을 해 버리지 못하는 건가?

대개 이런 생각을 가진 사람일수록 저만 잘난 줄 알고 저만 같으면 독립은 누워 떡 먹긴 줄 안다. 그러나 그런 녀석일수록 외적(外敵)에게 아첨도 가장 잘하는 놈들이다.

자기 재산을 지키기 위하여 독립운동을 하는 사람도 있고, 자기의 명예나 지반을 닦기 위하여 독립운동을 하는 사람도 있고, 민족에 끼친 죄악을 호도(糊塗)7하기 위하여 독립운동을 하는 사람도 있다. 그러나 자기 일신의 안위를 잊어버리고 민족 전체의 살아나갈 길을 위하여 독립운동에 몸을 바친 분이 몇 분이나 될꼬!

남들이 모두 정치를 한다는데 우리 같은 못난이는 그뒤에 앉아 소위 문화니 도깨비니 하는 것을 붙들어 가 보자고, 교단에도 올라 보고 그림 쪽도 그려 보고 글줄도 써 보았으나 수염이 대자라도 먹어야 산다. 죽을 판 살 판 허덕거려도 '야미쌀'8 한 말 사려면 허리가 휘청거린다.

삼사 년 풍년이 들건 말건 근 십 년이나 서 홉 밥 배급도 못 타 먹는 세상에서 문화는 무엇이고 교육은 다 무엇이냐.

아아 '털보'! 너는 나를 죽이고 또 우리를 끝내 죽이고 말려느냐.

나는 일제 때부터 턱 아래위에 안으로 오그라드는 짤막한 수염을 멋있게 기르고 다녔다. 그래서 친구들은 나를 보면 털보라고도 부르고 고수공(羔鬚公)9이라고도 불렀다.

모든 것을 다 잃어버리고도 내 사랑스런 수염

---

5. 뱀과 전갈. 남을 해치는 사람의 비유.
6. 일제에 아첨하여 따르는.
7. 일시적으로 발라맞추어 속이거나 감추는 것.
8. 배급쌀을 빼돌려 뒷거래로 유통시키던 쌀.
9. 새끼 염소와 같은 수염이 달린 사람.
10. 코가 큰 서양 사람을 놀려 이르는 말.

만은 끝끝내 지켜 왔다.

그랬던 것이, 끔찍한 보배로 여기던 내 수염은 이삼 년 전이었던가 길거리에서 두어 번 코보[10]에게 만지워 놀림감 노릇을 당하고 나서는 분김에 싹 깎아 버리고 말았다.

그들은 이렇게 기른 수염을 이상하게 본 모양이라고 생각했더니 그런 것도 아니었다. 그후 미국 병정 중에도 꼭 내 수염 같은 털보를 여럿 보았기 때문이다.

아침으로 세수할 때 손이 슬쩍 미끄러지는 것이 좀 서운하기도 하지만 이제는 못된 친구들이 '털보' '털보' 하고 놀리지 않을 뿐 아니라, '털보'로 해서 우리가 죽느니 사느니 하는 것을 생각하면 내 턱 아래위가 달걀처럼 매끄러운 것이 한층 더 사랑스럽다.

신세일가언(新歲一家言)

내 그림을 노경(老境)에 가깝다고 말한 분이 있다.

이 평은 평가(評家)가 '조로(早老)'와 '노(老)'와의 문구를 오기한 것이겠고, 나 자신이 역시 내가 조로했다는 것만은 평소 들어 느끼고 있었다.

동양의 화론은 일(一)에서 출발하여 일에로 귀착하고, 서양의 화론은 다(多)에서 출발하여 일에로 귀착하니, 하나는 직감적이요 하나는 해석적인 것이다. 결론에 있어 동일하되 방법에 있어 상이하다. 하나의 사상은 노(老)요 하나의 사상은 소장(少壯)인 것이다.

나는 한때 소장 기분에 도취한 적이 있다. 그러나 동양 사람으로서의 진정한 안주(安住)의 고향은 역시 노경에 있다는 걸 깨달을 때 나는 이제껏 해 온 일의 전부를 잃어버린 듯했다.

그후로 내가 밟아온 길—무척 애를 써 보았으나 그 길이 필경 조로에 그치고 말았다 함은 이 얼마나한 딜레마요.

조로는 패가망신이다.

나에게는 또다시 도약 운동이 필요하다.

한운야학(閑雲野鶴)의 연명(淵明)을 본받아

 몇 해 전까지는 스페인과 유태(猶太)란 나라가 몹시 그리웠다. 스페인은 활동사진으로 나타나는 장면 장면이 모두 로맨틱할 뿐 아니라 미인으로 유명하다는 것과, 그보다도 '스페인!' 하든지 '서반아(西班牙)!' 하든지 그 음향이 좋은 음악을 듣는 것과 같아서 부지불식간에 이 나라를 동경하게 된 것이다. 그러다가 작년엔가 재작년엔가 스페인서 혁명이 났다는 소식을 듣고서는 갑자기 이 나라가 싫어졌다. 스페인 백성들도 피를 흘리지 않으면 안 되는 인간들이로구 하고 정이 떨어졌습니다.

 유태를 그리워하기는 『구약(舊約)』을 읽고 에바라 고야타(江原小彌太)란 이의 『기독(基督)』이란 소설을 읽고 하던 때부터였다. 마치 로댕의 조각한 '발자크'와 같은 인간들이 종려나무 그늘에 우뚝우뚝 둘러선 그 종교적인 장면이라든지, 또는 호숫가에서 물을 긷고 있는 유장(攸長)한 풍경들을 상상만 하여도, 언제든 내 유태를 가 보리라 할 만큼 유태란 나라의 인상이 깊었다. '유태족처럼 인색한 백성은 없다'고 온 세상이 욕하되 나만은 유태인에게 동정이 갔다. 그러나 유태도 가 보면 귀찮은 세상이리라 하고 생각해 보면 역시 정이 떨어진다.

---

1. 스스로 자랑함.
2. 하늘에 한가히 떠도는 구름과 들에 노니는 학.
3. 신선이 산다는 곳. 제향(帝鄕). 선경(仙境). 선계(仙界).
4. 도연명(365-427)은 중국 동진(東晉), 송대(宋代)의 시인으로, 본명은 잠(潛), 호는 오류선생(五柳先生), 자는 연명 또는 원량(元亮)이다. 그는 관직에 있으면서 항상 전원생활의 그리움을 달래지 못하여 마흔한 살 때(405년) 사임한 후 재차 관계에 나가지 않았다. 이 때의 퇴관 성명서라고도 할 수 있는 것이 바로 「귀거래사」이다.

도연명(陶淵明)은 그의 유토피아로 「무릉도원기」를 적어 자과(自誇)¹하였으나 나는 그보다도 지금 제일 가고 싶고 거기서 영주하고 싶은 곳은 연명이 직(職)을 받지 않고 고요히 한운야학(閑雲野鶴)²으로 벗을 삼아 "日出而耕日入而息. 해가 뜨면 밭을 갈고 해가 지면 쉰다" 하던 그곳인가 한다.

携幼入室	어린 아이를 데리고 방안으로 들어가니
有酒盈樽	술동이에는 술이 가득하다.
…	…
雲無心以出岫	구름은 무심하게 산에서 피어 오르고
鳥倦飛而知還	새는 날기에 지쳐 돌아올 줄 아는구나.
…	…
富貴非吾願	부귀는 내 바라지 않으며
帝鄉不可期	선향(仙鄉)³에도 갈 수가 없노라.

연명이 「귀거래사(歸去來辭)」⁴에서 이렇게 노래 부른 곳, 나는 그곳에서 그렇게 자유롭게 살고 싶다.

석분음재(惜分陰齋)

어릴 적과 달라서 신년이 하도 자주 돌아오니까 금년 신년이 어느 해 신년인지 한참 생각할 때가 많습니다. 나는 아마 그렇게 허무하게 세월을 허송하나 봅니다. 석분음재(惜分陰齋)[1]라고 쓴 옹방강(翁方綱)[2] 서(書)의 탁본을 누가 주기에 벽에 붙여 놓고 보다가 내가 지금 석분음커녕 석척음(惜尺陰), 석장음(惜丈陰)을 못 하는 동물이로구나 하매 고인(故人)에게 대할 면목이 없어서 떼어 버렸습니다. 앞으로 어떻게 하면 내가 좋아하는 책을 읽으면서 때로 벼루에 먹을 가는 소리에나 취하여 볼까 하는 것이 한 살을 더 먹고 새해를 맞을 때마다의, 칠팔십이나 된 노인네가 가질 터무니없는 생각을 가끔 합니다. 젊은 사람이 왜 이렇게 당돌한 생각이 드는지 나도 잘 모르겠습니다.

—당년 36세

1. 석음(惜陰)은 시간을 아낀다는 뜻으로, 석분음(惜分陰)은 분(分)처럼 짧은 시간을 아낀다는 말이다.
2. 1733-1818. 중국 청나라 서예가이자 학자로서, 자는 정삼(正三), 호는 담계(覃溪), 소제(蘇齊)이다.

고독

아무것도 아닌 일에 걸핏하면 외로움을 느끼게 된다.
나이 이십을 전후할 적에 이런 일이 많았다. 그것을 나는 인생의 가장 낭만적인 시기인 관계라 하였다.
　처녀로 치면 공연히 산만 보아도 울고 싶고, 꽃만 보아도 울고 싶은 그러한 심사와 같이 공연히 울적하여, 대하는 사람마다 모두 나를 보고 조롱하는 것 같고, 친구들까지도 나만을 따로 돌리는 것 같아서 외롭고 슬픈 마음을 걷잡을 수 없던 때가 제법 한동안 계속되었다.
　그럴 때면 나는 흔히 책을 읽고 그림을 그렸다.
　아무도 안 보는 호젓한 곳에서 혼자서 글을 읽고 그림을 그리는 동안에 이 고독한 심사는 얼마쯤 위안이 되는 것이었다.
　그때 나는 생각키를, 고독이란 자기의 역량이 빈약할 때 느껴지는 일종의 감정이라고 했다.
　물질적 여유보다도 정신적 여유가 부족할 때 더욱 절실히 느껴지는 것이 이 고독이라는 감정이라 했다.
　사실로 나는 때때로 친구들과 명랑하게 떠들고 놀다가도 공연히 외로워 그 자리를 피해 울 것처럼 호젓한 내 집으로 돌아오는 악성(惡性)이 있으면서도, 만일 한동안 고독한 가운데서 서책(書冊)을 탐독하고 화필을 희롱한 후이면 어쩐지 그 외롭던 심사가 사라지고 배부른 듯 도도한 여유를 느끼게 되면서 내 편에서 도리어 남이 청(請)치 않는 쾌활을 뽐내 보기도 하는 것이었다.

이러한 심리 가운데에서 나는 또 생각키를, 이것은 사춘기를 전후한 젊은 사람의 일시적 심리상태이리라 하였다. 그리고 낫살이 들면 차츰차츰 사라져 버리는 감정이리라 하였다.

그러던 것이 작금(昨今) 양년(兩年)으로 들어서 어인 셈인지 나는 다시금 바짝 외로워짐을 느낀다.

사물에 대한 흥미가 사라지고 인생에 대한 회의가 다시 생겨난다. 이럴 때면 나는 친구들에게 떳떳한 일을 해주지 못하는 주제이면서 친구들에게서는 나만을 알뜰히 생각해 주기를 염원하는 덧없는 외로움까지도 느낀다. 그러나 지금의 나는 설사 어느 친구가 끔찍이 나를 사귀어 주는 이가 있다 치더라도, 나의 외로움은 오히려 더 한층 심각함이 있을 것이다.

이 외로움은 이십년대의 그것과는 질적으로 벌써 다르다. 미온적인 듯 하면서도 그 반면으로 깊은 곳에 뿌리를 박고 있다.

시기(時期) 아닌 이 외로움을 나는 혹 생리적 변조로 오는 것일까 하고 생각해 본 적도 있다. 그러나 생리적 변조를 일으킬 아무런 조건도 나에게는 없다.

그러면 이것은 나의 인격적 수양이나 예술적 토대가 부족한 데서 느껴지는 것일까.

여기에는 다소 수긍할 점이 없지도 않다.

그러나 이것만으로써 나의 고독을 전부 말할 수는 없다.

호화로운 일을 보거나 유쾌한 일을 당할 때 기쁜 감정보다도 도리어 외롭고 적막한 심사를 느끼는 것이 반드시 인격의 부족으로나 지식의 결함에

김용준 〈선부 고독〉 1939.

서만 오는 것은 아닐 것이다.

　이것을 혹 신경질이라고 해석하는 이도 있다. '히가미 근성'[1]이라고 부르는 이도 있다.

　혹 어떤 이는 이러한 감정이 있고서야 예술을 창작할 수 있다고도 한다.

　그 어느 말이 어느 점까지 경청할 여지가 있는지 나는 모른다.

　다만 이 감정이 때때로 나로 하여금 불안케 하는 것만은 사실이다.

　바다에 조수가 밀려오듯 이 불안한 감정이 내 온몸에 밀려들 때는 나는 무어라 형언할 수 없는 공포를 느끼면서 내가 왜 진작 순진한 신앙을 갖지 못하였던고 하는 회한을 금할 길이 없다.

---

1. '히가미 근성(僻み根性)'은 '사물을 삐뚤어지게 생각하는 성질'을 의미한다.

머리

머리가 있어 여자를 아름답게 하는 것은 마치 공작새가 영롱한 꼬리를 가진 것과 같다 할까.

여자의 아름다움이 몸에도 있고, 이(耳), 목(目), 구(口), 비(鼻), 혹은 말소리, 웃음 웃은 데까지 다 아름다움이 있는 것이지만, 그 중에도 머리가 주는 아름다움이란 이루 측량할 수 없는 것이다.

간혹 전차간 같은 데서 구식 부인네들의 고 깎아 세운 듯 단정한 체구에 가뜬하게 빗은 머리와 예쁘장하게 찐 낭자[1]를 보면 마치 연꽃 봉오리가 피어 오르는 것 같아서 승객들의 눈이 없다면 한번 핥아 보고라도 싶은 일종의 변태심(變態心)을 경험할 때가 곧잘 있다.

요즈음 돌아다니는 편발(編髮)[2] 중에는 낭자도 좋거니와 파마넨트라는 놈이 또한 꽤 마음에 드는데, 그놈은 머리를 구불구불 지진 재미보다는 나에게는 차라리 목덜미께에다 두리두리 감아 붙인 것이 제법 그럴 듯하여서 한층 더 사랑스럽기도 하다.

그런데 늘 보아도 눈에 설고 얄미워 보이는 것은 고놈의 쥐똥머리이니, 이 쥐똥머리란 것은 한 이십오륙 년 전 처음에 서울 거리에 푸뜩푸뜩 보

---

1. 여자의 예장(禮裝)에 쓰는 딴머리의 하나. 쪽 찐 머리 위에 덧대어 얹고 긴 비녀를 꽂음.
2. 머리 모양을 꾸미는 일. 또는 그 머리.

일 때는 정통 명사(名詞)가 '히사시가미'³였고, 속칭으로는 소위 쇠똥머리라 했다. 그때도 쇠똥을 딱 붙인 것 같다 해서 그렇게 명명한 것인데, 요즈음 와서는 고놈이 점점 작아져서 쥐똥만큼 돼 버리고 보니 이제는 쥐똥머리라고 하는 수밖에 없다.

편발의 변천이란 것도 실로 우스운 것이어서 혜원(蕙園)의 풍속도를 보면 그때는 부인네들이 흔히 머리를 땋아서 틀어 얹은 모양인데, 그것도 자기의 본바탕의 머리만을 얹은 것이 아니요, 소위 가체(加髢)라 하여 다리(혹은 달비)라는 딴 머리를 넣어서 엄청나게 머리를 크게 한 그림을 종종 본다. 그림으로 보아서도 무섭게 큰 것을 보면, 실지에 그들이 얼마나 무거운 머리들을 얹고 있었던가 함을 추측하기에 어렵지 않다 하였더니, 아닌 게 아니라 어떤 서책을 뒤적거리다 보니 조선조 때 큰머리 때문에 야단법석이 난 일이 한두 번이 아닌 것 같다.

요새는 되도록 머리를 작게 해서 뒤통수에 딱 붙이는 것이 그들의 미감(美感)을 돋운다는 것처럼, 그때는 반대로 크면 클수록 더 호사스러워 보였던 모양이라, 영조(英祖) 35년에 부인네의 가체하는 풍습을 금한 일이 있었으나 잘 이행되지 않아서 그후 미구(未久)에⁴ 다시 해금을 하되 다만 너무 고대(高大)하여 사치스러운 가체만을 하지 말라 한 일이 있었고, 또 그후 한 삼십 년을 격한 정조(正祖) 12년에는 각 신하들이 상소로써 가체의 폐풍을 말하고 사치의 지나침을 금하자 하여, 온통 금지문을 인쇄해서 경향(京鄕)에 반포하고 아무 때까지 고치지 않을 때는 엄벌에 처한다 한 일까지 있었다 한다.

그 중에도 재미난 것은 그때 부인들이 큰머리를 하는 것을 얼마나 기막히게 좋아하였던지, 아

---

3. '히사시가미(庇髮)'는 메이지시대(明治時代) 말기부터 일본 도쿄에서 유행한 영국식 머리모양이다. 원래 '히사시'는 집이나 모자의 차양을, '가미'는 머리칼을 의미하는 말로서, 앞머리를 내밀게 빗었다 하여 이렇게 불렀다. 1920년경 우리나라에 이 머리모양이 유행하면서 챙머리, 쇠똥머리, 쥐똥머리라고도 불렀는데, 가리마를 타지 않고 머리 위로 빗어 올린 뒤 끝을 둥글게 말아서 얹거나, 옆가리마를 타고 머리를 빗어넘긴 뒤 둥글게 틀어서 뒤에 핀으로 붙이기도 했다.
4. 오래지 않아.

신윤복 〈미인도〉 조선 18세기말-19세기초. 간송미술관.

무리 빈궁한 유생(儒生)의 집일지라도 전지(田地)를 판다, 집간을 판다 하여 수백 냥의 돈을 마련하여 다리를 사기에 급급하였다 하는 것이며, 심한 것은 결혼 후 육칠 년이나 되어도 다리를 준비하지 못하여 시집을 가지 못하고, 그 때문에 폐륜(廢倫) 지경에까지 간 일도 종종 있었다는 것이며, 어떻든 머리가 크고 무겁고 하면 할수록 호사스러운 것이어서, 어떤 부잣집 며느님 한 분은 나이 겨우 열세 살인데 얹은 머리가 너무 크고 무거워서 방에 들어오시는 시어머님께 절을 하려고 일어서다가 머리에 눌려 경골(頸骨)이 부러져 죽은 일까지 있었다 한다.

　나이 이십을 지난 방년의 여성으로서 잘라 놓은 무 토막처럼 싹뚝 단발을 해 버리는 요즈음의 '오갑바'⁵들이나, 또는 간지럽게 작은 머리 쪽을 멋을 부린다고 뒤통수에 딱 붙여 버린 최신형 '히사시가미'도 보기에 괴로운 바 있지만, 어느 때는 머리를 한없이 크게만 얹은 것으로써 호사를 삼고, 말미암아 경산(傾産)⁶을 하고 폐륜에 이르고, 심지어는 생명을 잃어버리는 일까지 있은 것은, 시대가 격하고 사상이 다른 일면은 있다 치더라도 그때와 지금의, 사치만을 좋아하는 여성 심리의 너무나 현격한 거리에 놀라지 않을 수 없다.

---

5. '오갑바'는 계집아이 단발머리와 같은 머리 모양을 뜻하는 일본말로, 1930년경부터 우리나라에 유행하기 시작하여 '단발미인'이라는 별칭까지 생기기도 했다.
6. 재산을 많이 쓰는 것.

표정(表情)과 의상(衣裳)

거리를 걸어 가면서 혹은 전차를 타고 가면서 서로 마주치기도 하고 휙 지나쳐 버리기도 하고, 또 내리고 오르고 앉고 서고 웃고 하는 여성들의 동작과 표정과 인상을 나는 가끔 무던히 주의해 보는 적이 있는데, 그 중에서 '저런 여성을 꼭 한번 그려 보았으면' 하는 유혹을 못 견디게 느끼게 하는 여성이란 별로 만나 본 적이 없다.

조선에 미인이 그다지 없는 바도 아니겠고 내 눈이 야단스레 높은 탓도 아니겠는데 웬일일까, 나는 아직 한번도 내 화욕(畵慾)을 일으킬 만한 여성을 만나 본 적이 없다. 소인(素人)의 생각에는 속칭 미인이면 틀림없이 그림 재료가 되느니 하고 생각하는 이가 많지만, 속소위(俗所謂)[1] 미인이란 형은 화적(畵的) 견지에서 볼 때에는 그것처럼 평범하고 보잘것없는 것은 없다. 마주 앉아 이야기나 하기에는 과연 예쁘고 아기자기한 맛이 날지 모르나, 그런 미인들은 용모의 전면이 이렇다 할 만한 특징이 없고 이 구석도 저 구석 같고 저 구석도 이 구석 같아서 말하자면 한 군데 쿡 찔리는 차밍이 없기 때문이다.

나체를 그린다면 별문제이겠지만(그러나 나체로서는 동양 여성의 육체의 정돈되지 못함이란 이루 비할 데 없다) 용모로서 회화적 조건을 가진 사람이란 극히 드물다.

한 여성의 얼굴이 그림을 만들어 주기에는 단순히 어디인지 모르게 예쁘다 하기보담도 윤곽은 어떻게 되었든 먼저 그 눈의 아리따움이 있어야겠고 다음에는 그 입이 나를 이끌어 주어야겠다.

윤곽도 코도 귀도 혹은 살빛 따위는 아무래도 좋다. 샛별 같은 눈이 필요하다. 그 눈은 감정보다도 이지(理智)가 가득 차 있어야겠고, 곱고 어진 심령을 비추고 있어야겠고, 슬픈 듯 기쁜 듯 애원하듯 하소연하듯 하여 마치 산길에 핀 한 송이 가련한 가을 국화를 대한 듯 사람의 마음을 흔드는 눈이어야 하겠다. 그리고 또한 입. 그 입은 가장 엄숙하여 조는 듯 침묵을 지키는 입이어야 하겠다. 그 입에서는 현숙(賢淑)하고 고요한 사상을 이야기할 때에만 비로소 열릴 줄 아는 위대한 모성애를 담뿍 품은 듯한 입이어야 할 것이다.

이러한 여성들은 가다 오다 그림에서는 볼 수도 있는데, 넓다는 장안 안에서 십 년을 돌아다녀야 아직 한번도 이런 눈과 이런 입을 가진 여성을 만나지 못했다.

그러나 나는 가끔 여자들의 의상에서 화욕을 일으키는 때가 많다.

의상이라 하여 요사이 시정 여성들에게서 흔히 보이는 커텐 치마나 후줄근한 하부다이, 후지기누[2] 따위 옷이 아니요, 깨끗한 모시 옷을 말쑥하게 다듬어 입은 청초한 몸 맵시이거나, 그렇지 않으면 열찻간에서 흔히 볼 수 있는 서간도(西間島) 보따리를 웅기중기 둘러멘 농촌 부인네들의 어색한 듯하면서도 어리숙하고 구수한 옷들이다.

모시 옷이란 대체로 갈피갈피 접히는 주름이 어느 나라 옷으로도 비교할 수 없는 이취(異趣)가 있는 것이지만, 농촌 부인네들의 입은 옷들에서도 무명이건 광목이건 혹은 삼베건 그것이 겹으

---

1. 세속에서 말하는 바.
2. '하부다이(羽二重)'는 얇고 매끈하며 윤택이 나는 백색 견직물, '후지기누(富士絹)'는 허드레 고치를 켠 노란 미색의 견직물로서, 옷의 안감이나 보자기 등에 이용되는 천의 종류이다.

로 겹으로 접혀 들어간 굵은 주름의 선이 시커멓고 못생긴 얼굴과 썩 잘 조화될 수 있다.

깎아 세운 듯 청아한 경녀(京女)들의 맵시에도 귀족적인 맛이 있는 것이지만, 시커먼 얼굴에 굵다란 선이 이리저리 뒤섞인 담박한 색채에는 한층 더 우리를 끄는 야생적인 미를 발견할 수 있다. 말하자면 가장 순결한 표정을 이 사람들은 안면과 의상과 동작에 가지고 있는 것이다.

여기에 우리가 무엇보다도 흥미를 느낄 수 없는 것은 이것도 저것도 아닌 요사이 모던 여성들의 화장법이니, 그 쥐똥만한 딱 붙인 머리와 알록달록한 치마와 부자연한 사교 표정에는 아무리 보아도 동감할 수 없다.

화욕을 일으킬 걸작이 없다는 건 둘째 문제로 치고라도 다반(茶飯) 미학상(美學上)으로 본대도 취할 건덕지가 없다.

여자들의 의상에 주름이란 것이 의상미에 얼마나 큰 영향을 주고 있는가를 요사이 여성들은 전혀 고려에 넣지 않고 있다. 하필 화재(畫材)로서의 여성의 조건뿐만이 아니라 보통 처세적으로 생각할지라도, 여성들에게 좀 더 두발과 의상과 표정에 관심을 갖는 시대가 왔으면 싶다.

모델과 여성의 미

가와바타 미술학교(川端畵學校)에서 석고 데생을 하고 있던 나는 어느 날 위층 인체실로 올라갔다. 화학생(畵學生)이었기 때문에 전부터 나체화는 많이 보았지만 모델을 보기는 이날이 처음이었다.

문을 열고 들어서니 뽀이얀 북광선(北光線)이 육십 도 경각(傾角)을 지어서 쏘아 흐르고, 머리를 너풀너풀 기른 친구들이 팔레트에 색을 고르느라고 분주하다.

남편(南便) 벽 아래는 모델 대(臺)가 있고 거기에 이 많은 남자들의 시선의 초점이 되어 있는 나이가 십팔구 세가량밖에 안 된 풍만한 육체를 가진 모델이 태연히 서 있다.

그 옆 의자 위에는 모델의 의복과 휴식시간에 읽을 책이 얹히어 있다.

나는 문을 열면서부터 시선이 곧 모델에게로 향했다. 화가가 지망인 나는 앞으로 무수한 모델을 그릴 것이므로 처음이라 하여 모델을 보는 것이 그리 괴이하게 보일 리는 없을 줄 알았는데, 그러나 그때까지 미혼이었던 나로서 막상 벌거벗고 섰는 모델을 턱 대하고 보니 그리 좋은 인상은 주지 못한 것이 사실이었다. 좋지 못한 인상이라기보다는 오히려 불쾌에 가까운 감정이었다.

나는 그후로 흔히 만나는 사람들에게서 화가들이 모델을 벗겨 세워 놓고 나체화를 그릴 적에 깨끗한 마음으로 그려질 리는 없겠지 하는 질문을 가끔 받는 일이 있는데, 이 말은 모델을 그려 보지 못하는 보통 사람으로는 그렇게 생각함직도 한 말이라고 생각한다. 그러나 기실은 이와 반대로 한두 번 모델을 그리는 동안에 모델에 대한 불순한 감정은 털올만큼도 없어지고, 나중에는 살아 있는 인형 이상의 아무것으로도 느껴지지 않는 것이다.

모델을 대할 적마다 불순한 감정에 지배된다면 서양화를 배우는 것은 위생상 해로울 뿐 아니라 이것이 풍기(風紀) 문제에까지도 이르게 될 것이다.

화가가 모델을 그려서 그림을 연구하는 것은, 많은 자연현상 가운데 선과 색채와 형태를 가장 아름답게, 간단하면서도 가장 조직적으로 구비한 자연물이 곧 여성의 육체이므로 이것을 오직 한 개의 회화적 제재로 연구하는 데 불과한 것이다.

모델을 그려 보면 누구나 동감이겠지만, 화가들의 눈에는 여성을 볼 때 제아무리한 야릇한 의상으로 몸을 싼 사람일지라도 먼저 그 육체를 돌아나간 곡선의 미추(美醜)가 도저히 속일 수 없이 짐작되는 것이다.

이것은 하필 못된 마음으로 여성들의 육체를 일부러 상상하려 함이 아니요, 많은 모델을 취급하여 본 화가의 눈이란 그 방면으로 자연 발달되어 있기 때문이다.

서양 여자를 나체로 그려 본 경험이 없는 나로서 동양 여성의 나체미의 특징을 말하기는 곤란하나, 대개 문헌으로 나타난 것과 동양 여성을 그려 본 경험으로 보아서 그 특징을 비교해 본다면, 현대의 우리네의 여성 미관상으로 보아서는 서양 여성의 육체미가 단연 첫손에 꼽힐 것이다. 우리들의 규정하는 여성미란 상식적으로도 알다시피 어깨가 좁을 것, 허리춤이 날씬하여 벌(蜂)의 허리처럼 될 것, 둔부(臀部)가 넓어야 할 것, 대퇴(大腿)는 굵되 발끝으로 옮아 오면서는 뽑은 듯 솔직해야 될 것 등일 것이다.

서양 여성은 이러한 조건이 비교적 구비되어 있으나 우리 동양의 여성은 그렇지 못하다.

일본 여성들 중에는 최근에 와서 비교적 이상적인 타입이 많이 보이나, 그러나 대체로 보아서는 어깨와 허리춤이 좁은 것은 좋으나 대퇴부 이하로 내려와서 아래 종아리가 너무 굵다. 속소위 'お女中のあしはネリマ大根 여자의 다리가 왜무이다' 란 격으로 징글맞게도 다리가 굵은 것이 여성미의 큰 결점이다.

우키요에(浮世繪)[1]를 보든지, 나라조(奈良朝) 전후의 미인의 타입을 기술한 것을 보든지 하면 그때는 지금 조선 여성처럼 발이 자그마하고 다리 종아리가 가느다란 것을 좋아한 모양인데, 어느 틈에 여성들의 체격이 그렇게 변해 버렸는지 모르겠다. 여성미의 첫 조건으로 허리가 가늘어야 한다는 것은 청국(淸國)에서도 옛날부터 그러하여, 『서상기(西廂記)』[2] 같은데 보면 소위 '유요(柳腰)'[3]를 찬미한 대문이 적지 않다. 중국은 허리도 허리려니와 발을 외씨처럼 잘게 만드는 것을 무엇보다 찬미하는 관념이 있어서 최근대까지 발들을 그렇게 기형적으로 만든 사람을 흔히 보아 온다.

조선의 여성은 전일(前日)에는 역시 발이 작고 허리가 가느다란 것을 찾던 모양인데, 조선이란 나라가 원래 군자지국(君子之國)이 되어서 여성의 미가 어떻게 되었든 관심 아니한 탓인지, 또는 의복 그 자체가 육체를 예쁘게 가꾸기에는 너무나 등한한 제도로 된 탓인지는 모르지만, 하여간 조선 여성의 곡선만은 확실히 남의 나라 여성보다 떨어진 것만은 사실

1. 일본 에도 시대(江戶時代, 1603-1867)에 성행했던 풍속화의 한 양식으로, 속세(俗世)의 생활을 간단 명료한 선조(線條)와 강렬하고도 선명한 색채들로 표현한 일본식 목판화이다.
2. 중국 원나라 때 왕실보(王實甫, 생몰년 미상)가 지은 잡극(雜劇)으로, 유학 중의 서생 장공(張珙)과 최상국(崔相國)의 딸 앵앵(鶯鶯)의 사랑이 산서성(山西省) 동쪽의 보구사(普救寺)를 무대로 펼쳐진다.
3. 버들처럼 가늘고 부드러운 허리.

니시카와 스케노부(西川祐信) 〈기둥시계와 미인(柱時計と美人)〉
일본 에도 18세기. 도쿄국립박물관.

일 것이다.

  먼저 좁아야 할 어깨가 대개는 넓고, 허리춤이 굵고, 허리춤이 굵다느니보다 대부분 아래로 발까지 내려가는 곡선이 너무나 빈약하다.

  조선 여성을 세워 놓고는 진정 그림 그릴 맛이 없다.

  그러나 조선 여성도 시대가 옛날과 다르고 의복이 또한 옛날과 다르니만큼, 각성한 어머니들의 힘으로 자라나는 따님들의 체구를 의상과 운동과 지식 등으로써 잘 고려하여 이상적 타입을 만들기에 노력할 것 같으면 머지않은 장래에 아름다운 육체의 여성들을 많이 발견할 수 있을 것이라 믿는다.

답답할손 X선생

 X선생은 철학을 공부하는 이면서도 매화를 끔찍이 사랑하는 것이 이상하다.
 육칠 년 전이었던가, 강원도 어느 산골에 좋은 매화를 기르는 집이 있다는 소문을 듣고 초봄 감기로 나흘이나 앓던 사람이 한식(寒食)철을 놓치지 않고 매화 접을 붙이겠다고 부랴부랴 노비냥(路費兩)이나 마련을 해 가지고 우정 그 먼 곳을 찾아가서 매화 가지를 얻어다가 접을 붙이고, 또 그 이듬해 봄에는 몇 놈을 등분(登盆)을 해 가지고 그 중 한 분(盆)을 X선생께 보냈던 것이, 그뒤로 내게 있던 매화는 게으른 주인을 만난 탓으로 고스란히 다 죽어 버리고 말았는데, X선생만은 얼마나 정성을 들여 가꾸었는지 작금(昨今) 양년(兩年)에는 제법 탐스러운 꽃이 야단스럽게 핀다고 근간 꼭 한번 놀러 와서 상매(賞梅)를 하라는 것이다.
 그래서 어느 날은 일부러 좋은 막걸리 한 병을 구해서 둘러메고 X선생을 방문하였더니, 아니나 다를까 방문을 들어서자마자 은은한 매향이 비색증(鼻塞症) 있는 내 코에도 완연히 흘러온다.
 X선생과 나는 이날 밤에 꽤 유쾌하게 매화를 중심으로 이야기를 나누다가 말(末)판에는 X선생 독특한, 내게는 그 골치 아픈 철학 이야기로 화제가 돌아가기로, 그만 밤도 이슥고 하였으니 또 만나자고 작별을 하고 돌아

왔다.

그런데 예나 이제나 공부라고 한다는 사람들은 모조리 그렇게 빈복(貧福)을 타고났는지, X선생도 몇날 며칠이나 군불 맛을 못 봤는지 사뭇 냉돌에 이불 한 채 없이 병정 녀석들이 쓰던 담요쪽 하나를 깔고 올올 떨고 앉았으면서 그래도 입만은 살아서 칸트가 어쩌니 헤겔이 어쩌니 하고 떠들고 있었다.

그후 며칠이 안 되어 하루는 잡지사에 있는 장(張) 군이 X선생께 긴탁(緊託)¹이 있는데 꼭 날더러만 소개를 시켜 달라고 왔기에 그럼 어디 같이 가 보자고 동숭동에 있는 X선생 댁을 찾아 나섰다.

이날도 X선생은 그 좋아하는 파이프를 비뚜름히 문 채 지저분하게 원고지 뭉텅이를 책상 옆에 흐트러 놓고 저술하기에 여념이 없는지 우리가 들어선 줄도 모르고 혼자서 무어라 중얼거리기만 하고 있었다.

그래서 내가 먼저 "선생" 하고 소리를 치니까 그는 아무런 표정도 없이 한참 만에 고개를 든다.

"이 친구가 선생을 꼭 만나 뵈야겠다는군요" 하고 소개를 하는데 장 군도 곧 그의 명함을 X선생 책상 위에다 놓으면서, "저는 장지환(張之煥)이라 합니다" 하고 자기 소개를 하였다.

X선생은 아무런 대답이 없이 명함을 한식경이나 뚫어져라고 들여다보더니 별안간 무릎을 탁 치면서,

"원 요렇게도 꼭같은 이름이 있담" 하고서는 다시 무표정한 얼굴로 인사의 대꾸는 할 생각도 아니하고,

"금방 여기 둔 헤겔이 어디 갔느냐"고 책을 찾기에 분주하다. 장 군은 나를 보고 웃고, 나는 장 군을 보고 웃는 수밖에 더 도리가 없었다.

1. 간곡한 부탁.
2. 입에 든 밥을 내뿜을 만큼 웃음을 참지 못함.

장 군이 용건을 마치고 나서 X선생과 작별을 하고 일어서는데 선생의 테이블 밑에 그가 끔찍이 사랑하는 매화에다 두루뭉수리처럼 웬 이불 한 채를 둘둘 감아 붙인 것을 발견하고 나는 분반(噴飯)[2]할 지경으로 터져 나오는 웃음을 억지로 참으면서,

　"도대체 매화에다 저게 웬일이요?" 하고 물었더니 X선생은 의연 무표정한 얼굴로,

　"엊그제 어느 친구가 이불 한 채를 보냈습디다. 덕분에 어제 같은 추위에도 매화를 따뜻하게 해 줄 수 있었소" 하면서 연신 추워서 삼십 초가 멀다 하고 두 손을 호호 불고 있는 것이다.

　X선생과 이야기할 때마다 나는 흔히 선생의 태도를 아래위로 훑어 보는 것이 버릇이 되다시피 했지만, 제일 보기에 딱한 것은 X선생은 곧잘 바지 단추를 끼울 것을 잊어버리는데, 또 그 사이로 여름 속옷이 앙상하게 내다 보이는 것은 정말 민망해 견딜 수 없다.

팔 년 된 조끼

혼인 때 얻어 입은 조끼가 팔 년이란 긴 세월을 지나는 동안에 낡다 못해 해지고, 해지다 못해 생활에 쪼들린 사람의 상판처럼 여지없이 모지라지고[1] 보니, 보다 보다 못해 아내가 바가지를 긁기 시작한다.

"여보시오, 원 입을 걸 입어야지 그게 뭐란 말이요?"

아내의 이러한 탄식에는 '아닌게 아니라' 수긍될 점이 없지 않다.

"돈이 들면 몇 푼이나 들우. 제발 이 겨울에는 하나 해 입읍시다" 하고 조르는 아내의 심정을 넉넉히 짐작할 수 있다. 나의 인색함을 질책하는— 아니 구태여 새 옷을 입고 싶은 흥미를 잃어버린 요즈음의 내 마음을 알 길 없어 하는 아내의 탄식에 무엇이라 변명하였으면 좋을까!

"그저 그럴 수밖에 없지." 이렇게밖에는 다시 더 웅변(雄辯)인 대답을 찾을 길이 없는 이 말이 또한 아내의 탄식에 비기어 몇 배의 탄식임을 깨달을 때 진실로 마음속을 훌훌 털어 시원스럽게 보여주지 못하는 이 육체의 조직이 원망스럽기도 하다.

정열이 사라졌으매 탐구하는 힘을 잃었고, 한때 한담(閑談)을 일삼은 적이 있었으나 그 세계에서 살 만한 마음의 여유조차 잃어버린 지 오랜 나다.

몇 해 전만 해도 이발을 하러 갈 때면 이렇게

---

1. 끝이 닳아서 없어지고.
2. 쑥대강이처럼 마구 흐트러진 머리털. 봉두돌빈(蓬頭突鬢).
3. 안으로 오그라져 말려.

깎아 주, 저렇게 깎아 주 하여 이발사와 말다툼 아니한 적이 별로 없는 나였건만, 요새는 나만큼 이발사에게 충실한 사람도 없을 것이다.

"어떻게 깎으랍니까?"

"당신 마음대로 깎으우." 이 두 마디 외에 이발소에서 오고 가는 말은 한 마디 없다.

구태여 머리에 기름을 발라 젖히고 싶은 마음도 없거니와, 그렇다고 봉두난발(蓬頭亂髮)[2]로 지낼 수도 없다. 아침이면 눈을 떴나 보다, 배가 부르면 밥을 먹었나 보다, 그러다가 죽고 마나 보다.

외국 사람 같으면 한창 일하려고 발버둥을 칠 시기인데 우리는 어째 요 모양으로 옥말려[3] 드는 한 덩어리 물질에 불과하단 말인가!

안경

독서를 하려면 단 오 분이 못 되어 눈이 피로해진다. 이것은 반드시 무슨 고장이 있는 것이리라 하여 A병원에 검안을 갔더니 간호부가 무슨 약으론지 올빼미처럼 동공을 키워 놔서 사오 일 동안이나 글 한 자 볼 수 없다.

글을 안 보고 사는 것쯤은 누워 떡 먹기보다 더 쉬우리라 했더니 막상 딱 당해 놓고 보니 그런 것도 아니었다. 전차를 타고 '노리카에'[1]를 받아 들고 동소문(東小門)이 바로 찍혔나 하고 살피려면 글자는 몽롱한 꿈속과 같이 흐릿하다.

의사의 말에 의하여 약 기운이 사라질 때까지 독서를 금할 것은 물론이겠지만, 자기 손을 보아도 흐릿하고 멀찍이 서 있으면 보이는 식구들의 얼굴이 가까이 온즉 그만 흐리멍덩해지는 것이 아닌가.

세상에 앞 못 보는 장님은 어찌하여 사는가!

내 눈이 안 보일 때 비로소 앞 못 보는 불쌍한 사람들이 이 세상에는 얼마든지 있구나 하는 생각이 난다.

검안을 한 결과는 경도(輕度)의 난시였고 그후 며칠을 지나 눈에 맞는다는 안경을 맞추어 썼다.

그러나 맞는다는 안경은 쓰는 그 순간부터 부자연하기 짝이 없다. 눈앞에 보이는 온갖 것이 바로 뵈기는커녕 어룽거리기만 한다.

의사에게 이 안경이 내 눈에는 맞지 않는 것이라 했더니 처음은 누구나 다 그러하니 한 십여 일 그대로 쓰고 견디어 보라 한다.(아무리 안 맞는 안경이라도 오래 써서 맞아질 것은 정한 이치가 아닌가)

그후 십여 일도 훨씬 지난 오늘에 와서는 과연 의사의 말대로 어룽거려 보이는 증세는 없어졌다.

그러나 이제는 반대로 썼던 안경을 벗는 날이면 온갖 것이 어룽거려 견딜 수 없다.

자아, 이렇고 보면 나는 안경으로 하여 이(利)를 본 셈인가, 해(害)를 입은 셈인가? 생때같던² 눈이 안경을 따라 나빠진 것인지, 안경이 비뚤어진 내 눈알을 바로잡아 놓은 것인지, 의사는 물론 안경의 정확성을 고집하겠지만 나는 확실히 안경이 내 눈을 잡아 놓은 것이 아닌가 싶다.

그러나 어느 편이 나빠졌든 세상은 그저 속아서 사는 곳인가 보다. 길이 들면 그대로 살란 법인가 보다.

만첩청산(萬疊靑山)을 울을 삼고 번개같이 뛰놀던 맹수라도 동물원 철책 속에 들어가는 날이면 그놈도 하릴없이 길이 든다.

뒤통수에 눈알이 하나만 더 있었다면 인생은 얼마나 더 행복되었으리요마는 마땅히 있어야 할 그곳에 눈이 없어도 사람이란 그대로 살아가는 법이요, 색맹이 붉고 푸른 빛을 구별할 줄 모르면서도 조그마한 부자유도 없이 살아가는 걸 보면 사람이란 결국 자기 안에 한 세계를 만들고 그것으로 자족하는 본성이 있는가 보다.

그러고 보면 장님이라고 구태여 못 살란 법도 없을 것이다. 눈이 안 보이는 가운데서 따로이 자기의 세상을 만들어 놓고 거기에서 만족을 구할 수 있는 것이 아닌가.

나도 의사가 동공을 키워 논 대로 그놈의 약 기

---

1. 노리카에(乘換)는 환승권(換乘券) 또는 환승하는 일 자체를 뜻하는 일본말이다.
2. 몸이 튼튼하여 병이 없던.

운이 사라지지 않는다고 가정한다면 처음은 갑갑할 것이나 하루 이틀 지나는 동안에 차츰 길이 들어서 나중에는 그 속에서 도리어 만족을 얻을 길이 열릴는지도 모른다.

동해로 가던 날

7월 24일. 동반한 김 군이 잡아 준 자리에 마주 앉으면서 차창을 여니 대롱[1] 같은 비가 보기 좋게 쏟아진다.

"그럼 안녕히 댕겨 오서요."

기적 소리와 아내의 전송을 들으면서 우리는 동해로 떠나가는 나그네가 되었다.

나의 동해행은 처음이 아니다. 작년에도 가고 그러께도 갔다.

가면 갈수록 잊혀지지 않는 동해 바다의 그 맑고 고운 물과 모래.

동해는 언제 보아도 싫지 않은 곳이다. 영동(嶺東)의 경개(景槪)로 경포대니 낙산사니 총석정이니 하는 이름 높은 팔경(八景)은 누구나 다 아는 바이지만, 동해안 일대란 물과 돌 그것만으로도 다른 어느 곳과도 비길 수 없을 만큼 곱고 아름다운 곳이다.

안변(安邊)서 갈아탄 차는 미끄러지다시피 굴러간다.

어느 역 어느 촌을 지날 때나 동으로 저 멀리 새파란 수평선이 사라질 때가 없다.

그 감벽(紺碧)[2]의 바다가 십리 길이나 멀찍이 떨어져 있는가 하면, 어느덧 바로 내 눈 아래 와서 흰 거품을 뼈걱뼈걱 뿜으면서 퍼덕이는 것이다. 이럴 때마다 '바다여 너는 나에게 무엇을 하소연하려느뇨' 하는 탄식이 제

절로 쏟아진다. 바다는 오계(梧溪)에서도 보인다. 상음(桑陰)에서도 보인다.[3] 내 주위에는 온통 바다뿐인 듯싶다.

그렇게 한적한 정거장에는 플랫폼마다 피어 늘어진 달리아들. 빨갛다 못해 까맣게 반사된다.

아아, 이렇게 화창한 여행이 있을까! 비는 그쳤고 석양이 어스레하게 물밀려오듯 한다. 나의 눈앞에 어느덧 송전(松田)이 나타난다. 노련한 솜씨를 가진 원정(園丁)[4]의 손으로 수십 년씩 정성스레 길러낸 듯 아담스런 소나무들이 편안히 자리잡고 있는 이 해변.

에메랄드의 소나무들 사이로 붉은 지붕이 보인다.

A씨의 별장, B씨의 별장, C씨의 별장. 피서지의 별장들은 똥뒷간만큼만 지어 놓아도 화려하게 보이나 보다.

"E군이 나왔을까?"

기차가 총석(叢石)을 바라보고 커브를 돌릴 때 등불 하나 없는 플랫폼에서 우리는 오 분이나 머뭇거렸다.

E는 여관에도 없다. 온 마을 다 찾아보아도 없다.

E는 아마 바다로 갔나 보다.

우리는 바다로 경쾌한 스텝을 옮겼다.

바다에서는 느끼한 물 비릿내가 흘러온다.

바다에는 달이 떠 있다. 하늘에 뜬 달은 멍석만 하고 바다 속에 뜬 달은 함지박만 하다.

파도가 몰려온다.

격검(擊劍)하는[5] 장면처럼 번쩍번쩍 달빛과 파도가 싸우면서 흰 거품을 해변가로 몰아다 붙인다. 그리고 검은 물결은 후회하는 사람처럼 물러

---

1. 가느다란 통 대나무의 토막.
2. 약간 검은 빛을 띤 청색.
3. 안변군(安邊郡)은 함경남도 남부에 위치한 곳으로 강원도와 동해를 접하고 있다. 지금은 북한에 속해 갈 수 없는 안변군 안도면(安道面)의 오계(梧溪), 그리고 그 아래 강원도 통천군(通川郡) 흡곡면(歙谷面)의 상음(桑陰)은 모두 바다와 가까이 있어, 근원이 열차를 타고 이 역들을 지나면서 차창 밖으로 새파란 수평선을 계속해서 바라볼 수 있었을 것이다.
4. 정원사.
5. 적을 물리치거나 또는 방어하기 위해 장검을 법도 있게 쓰는.

앉는 양이 더 한층 슬프다.

해변은 마라톤 선수들이 떠난 뒤처럼 희멀끔하다.

문득 나의 환상은 학생 적에 본 프랑스 영화의 한 장면으로 옮아 간다.

─항구. 동양으로 떠나는 배는 오늘도 정박해 있다. 눈알 새파란 계집애는 끝없는 인생의 권태를 느끼고 있다. 이방(異邦)으로 떠나는 배를 몰래 잡아탈까 보다.

백치(白痴). 이 항구에 백치가 있다. 백치는 그 높다란 층층대를 줄달음쳐 온다. 백치는 그 아득한 사막을 달리고 있다.

이 항구에도 검은 고양이가 있구나─처창(悽愴)한 밤 바닷가에 이름 모를 조개껍질들이 운명의 씨처럼 여기저기 놓여 있다.

별같이 생긴 해저(海底)의 괴물, 동글납작하게 된 이름 모를 물건들.

정다각형으로 된 가지가지 바다의 산물들은 결코 우연히 생긴 것은 아니리라. 조물주의 전능한 힘은 이곳에도 보이는구나.

저편 물 속 불과해야 이백 미터밖에 안 되는 곳에 대여섯 명 수영 선수가 헤엄을 치고 있다.

"이 밤에 누가 저렇게 헤엄을 치나" 하였더니,

"사람이 아니라 물개라네, 해구(海狗)" 하는 소리가 뒤에서 들린다.

돌아다 보니 그것은 E였다.

우리들은 한동안이나 별과 달과 물을 즐기다가 여사(旅舍)로 돌아왔다.

"바다에서 나서 바다에서 살다가 바다에서 죽어 버렸으면…."

이런 독백이 누구의 입에선지 흘러나왔다.

추사(秋史) 글씨

어느 날 밤에 대산(袋山)¹이 "깨끗한 그림이나 한 폭 걸었으면" 하기에 내 말이 "여보게, 그림보다 좋은 추사 글씨를 한 폭 구해 걸게" 했더니 대산은 눈에 불을 버쩍 켜더니 "추사 글씨는 싫여. 어느 사랑에 안 걸린 데 있나" 한다.

과연 위대한 건 추사의 글씨다. 쌀이며 나무, 옷감 같은 생활필수품 값이 올라가면 소위 서화니 골동이니 하는 사치품 값은 여지없이 떨어지는 법인데, 요새같이 책사(册肆)에까지 고객이 딱 끊어졌다는 세월에도 추사 글씨의 값만은 한없이 올라간다.

추사 글씨는 확실히 그만한 가치를 가지고 있다. 하필 추사의 글씨가 제가(諸家)의 법을 모아 따로이 한 경지를 갖추어서, 우는 듯 웃는 듯, 춤추는 듯 성낸 듯, 세찬 듯 부드러운 듯, 천변만화(千變萬化)의 조화가 숨어 있다는 걸 알아서 맛이 아니라, 시인의 방에 걸면 그의 시경(詩境)이 높아 보이고, 화가의 방에 걸면 그가 고고한 화가 같고, 문학자, 철학가, 과학자 누구누구 할 것 없이 갖다 거는 대로 제법 그 방 주인이 그럴듯해 보인다. 그래서 그런지 상점에 걸면 그 상인이 청고한 선비 같을 뿐 아니라 그 안에 있는 상품들까지도 돈 안 받고 그저 줄 것들만 같아 보인다. 근년래에 일약 벼락부자가 된 사람들과 높은 자리를 차지한 분들 중에도 얼굴이 탁 틔고 점잖은 것을 보면 필시 그들의 사랑에는 추사의 진적(眞跡)²이 구석구석에 호화로운 장배(裝背)³로 붙어 있을 것이리라.

추사 글씨 이야기를 하다 보니 재미난 사건 하나가 생각난다.

진(陳) 군은 추사 글씨에 대한 감식안이 높을 뿐 아니라 일반 서화(書畵), 고동(古董)⁴에는 대가로 자처하는 친구다.

그의 사랑에는 갖은 서화를 수없이 진열하고 "차라리 밥을 한끼 굶었지 명서화(名書畵)를 안 보고 어찌 사느냐" 하는 친구다.

양(梁) 군도 진 군에 못지않게 서화 애호의 벽(癖)이 대단한데다가 금상첨화로 손수 그림까지 그리는 화가인지라 내심으로는 항상 진 군의 감식안을 은근히 비웃고 있는 터이었다.

벌써 오륙 년 전엔가 진 군이 거금을 던져 추사의 대련(對聯)⁵을 한 벌 구해 놓고 장안 안에는 나만한 완당서(阮堂書)를 가진 사람이 없다고 늘 뽐내고 있었다.

그런데 양 군 말에 의하면 진 군이 가진 완서(阮書)⁶는 위조라는 것이다. 이 위조란 말도 진 군을 면대할 때는 결코 하는 것이 아니니,

"진 형의 완서는 일품이지" 하고 격찬을 할지언정 위조란 말은 입 밖에도 꺼내지 않았다.

그러나 진(陳)이 그 소식을 못 들을 리 없다. 기실 진은 속으로는 무척 걱정을 했다. 자기가 가진 것이 위조라구? 하긴 그럴지도 몰라. 어쩐지 먹빛이 좋지 않고 옳을 가(可) 자의 건너 그은 획이 이상하더라니….

감식안이 높은 진 군은 의심이 짙어지기 시작했다.

나는 그후 이 글씨가 누구의 사랑에서 호사를

---

1. 대산은 소설 『임꺽정』의 저자 홍명희(洪命憙)의 아들인 홍기문(洪起文, 1903-1992)의 호이다. 국어학자인 그는 1947년 월북하여 1969년 사회과학원장을 지낸 바 있다.
2. 진필(眞筆).
3. 그림이나 서예 작품을 배접하여 꾸미는 것.
4. 골동(骨董).
5. 문이나 기둥 같은 곳에 써 붙이는 대구(對句).
6. 완당 김정희의 글씨.

好古有時搜斷碣

研經婁日罷吟詩

김정희. 예서대련(隸書對聯). 조선 19세기. 호암미술관.

하고 있는지 몰랐는데, 최근에 들으니까 어떤 경로를 밟아 어떻게 간 것인지 모르나 진 군이 가졌던 추사 글씨는 위조라고 비웃던 양 군의 사랑에 버젓하게 걸려 있고, 진 군은 그 글씨를 도로 팔라고 매일같이 조르고 있다는 소문을 들었다.

추사 글씨란 아무튼 대단한 것인가 보다.

김 니콜라이

사십 남짓한 나이에 수세기 이상의 세월을 겪었다면 듣는 사람은 그놈 미친 놈이라 할 것이다.

그러나 오늘날 우리 조선 사람, 적어도 내 나이 이상의 사람이면 누구나같이 경험한, 그야말로 엄연한 역사적 사실인데야 어찌하랴.

변발(編髮)을 하고 '여명(黎明)엔 즉기(卽起)하여 쇄소정제(灑掃庭除)' 하다가,[1] 어느덧 상투가 달아나고 신기스런 자전차가 나타났다가, 다시 국파군망(國破君亡)하여 외적(外敵)의 종놈 노릇을 하게 되고,[2] 신풍조(新風潮)란 과도기를 만나 규중 처녀들이 신여성이란 간판을 달고 마구 연애를 할 수 있는 시기가 있더니, 폭풍우 같은 전쟁이 지나가고 이제는 국제 노선이 휘날리고 세계사의 발전이란 새 간판이 눈을 부시게 한다.

아무리 초인의 속보(速步)로 따르려야 이제는 숨이 헐떡거려 진정 따라갈 수 없다. 기구한 운명을 타고 난 민족에게는 기구한 운명이 낳는 비극이 따르는 법이지만, 신기스럽기도 하고 비통스럽기도 한 이 기구한 운명의 와중에 휩쓸려 다니면서 그래도 일루(一縷)[3]의 희망을 붙이고 이제껏 살아오게 되는 것은, 안타까운 이 고민의 세대가 지나가는 날 우리의 후손에게는 설마 고민의 대가가 받아지려니 하는 것이 오직 하나의 염원이었다.

이하(以下)— 내가 끄집어 내려는 김 니콜라이의 이야기는 진실로 기구한 운명을 타고난 이 애달픈 민족이 역사의 수레바퀴를 타고 오는 동안에 빚어진 한 개의 에피소드인 것이다.

기미운동(己未運動) 직후였다.

우리들 젊은 학도에게는 자국어보다는 외국어 공부가 무조건으로 재미났다. 고리타분한 조선 소리보다는 양곡(洋曲)이 물론 듣기 좋았다. 떨며 넘어가는 바이올린의 멜로디가 하필 알아서 맛이 아니라 덮어놓고 신이 나고 그것을 듣는 것만 하여도 한 행세거리인 것만 같았다.

어느 달 밝은 여름 밤. 종로 청년회관 스테이지 위에는 김 니콜라이가 나타났다.

노령(露領) 해삼위(海蔘威)4인지 산(産)이요, '바이올린'의 명수였다.

김 니콜라이는 등단하기도 미처 전에 콩나물같이 박힌 관객석에서 쏟아지는 우레 같은 박수 소리에 목욕을 했다.

"김 니콜라이!"

얼마나 아름다운 호화판으로 된 이름인가. 우리는 그 이름부터가 호화판으로 신식인 데 홀렸다.

'김 니콜라이'는 단상에 척 오르자 다짜고짜로 '바이올린'의 줄을 부드득 끊어 버리더니 한 줄만 남겨 둔 G선만으로 귀신 곡하게 청승맞은 곡조를 구슬프게 내리훑는 것이었다.(그후에 알고 보니 그것은 「G선상의 아리아」였다) 곡이 끝나자 청중은 발을 구르고 우레 같은 박수를 또 보냈다.

나는 감격이 극(極)하여 눈물이 날 뻔하였다.

무엇인진 모르지만 기막히게 좋고, 무슨 재조(才操)5인진 모르지만 신기스럽기만 하고, 과연 신식이란 좋은 것이로구나 싶었다. 그 이튿날 김 니콜라이는 알지 못할 신여성에게 수많은 연애편

---

1. 상투를 틀고 동이 트면 바로 일어나 마당을 쓸다가.
2. 일제에 합병된 나라의 운명을 말한다.
3. 한 오라기의 실과 같이 몹시 약하여 간신히 유지되는 상태.
4. 러시아 블라디보스토크(Vladivostok)를 말한다.
5. '재주'의 원말.

지를 받았다.

나의 슬픈 이야기는 이것으로써 끝막는다.

그러나 그로부터 우리는 이제껏 꿈속에서 살았다는 것, 신식이란 무조건하고 좋다는 것, 조상이니 예의니 윤리니 하는 따위는 헌신짝같이 내던져야 한다는 것, 이러한 새 세대의 진리를 확실히 파악하게 되었다.

그뒤로 신사조(新思潮)에 대한 갈망은 날이 갈수록 높아져서 안창남(安昌男)6이가 고국 상공에 은익(銀翼)7을 나타냈을 때는 신여성으로부터 수십 장의 연애편지를 받았고, 가가호호(家家戶戶)이 조선(祖先) 전래의 진서(珍書)·기보(奇寶)8는 휴지 값, 개 값으로 팔아 치우고 하는가 하면, 이러한 신사조의 동경은 한번 발을 헛디디매 말(末)판에는 일어상용(日語常用)의 가정이 나타나고 소위 '일선동조론(日鮮同祖論)'9까지 제창하는 패가 나기에 이르렀다.

희(噫)라. 한때는 우물 속에서만 살고 있던 대원군의 양이척화(攘夷斥和)10로 하여 국운(國運)이 기울고, 다른 한때는 신사조에 대한 비판 없는 정열로 조상의 피를 더럽히었도다.

그러나 어이하랴.

기구한 운명을 타고난 이 민족의 앞길에는 새로이 등장하고 있는 신판(新版) 김 니콜라이와 박 에리시가 또다시 길을 막고 우리를 조롱하고 있는 것을!

---

6. 1901-1930. 우리나라 최초의 비행사로, 일본에서 면허를 따 단기간에 비행사로 급성장했다. 1922년 12월 10일 동아일보사가 초청한 '고국방문대비행'에서 그가 금강호(金剛號)를 타고 나타났을 때 여의도에는 전국에서 오만여 명의 대관중이 모여들었다.
7. 비행기의 날개를 아름답게 일컫는 말.
8. 진귀한 책과 기이한 보물.
9. 일본과 조선의 조상이 같다는 입장.
10. 조선 말기에 흥선대원군(興宣大院君) 이하응(李昰應, 1820-1898)이 내세운 외세와 교섭을 끊고 배척하자는 주장.

은행이라는 곳

 은행 출입을 뻔질나게 하는 사람들이면서도 예술가인 방(方) 군은 은행에 들어가기란 소가 도수장(屠獸場)¹ 가기 싫어하듯 죽기보다 더 싫다는데, 이와 반대로 장사하는 오(吳) 군은 세상에 은행 출입보다 더 유쾌한 곳이 어디 있느냐는 것이다. 우선 안이 깨끗하고, 겨울이면 다른 데와 달라 스팀이 따뜻하고, 또 공짜로 전화도 맘대로 쓸 수 있고 하니까 누구와 만나기로 약속을 하는데도 흔히들 가는 찻집을 피하고 조용하고 따뜻한 은행을 이용하는 것이 얼마나 유리하냐는 것이다.
 한데 나로 말하면 실인즉 은행 출입의 인연이 별로 없는 사람이라 그런지, 방 군처럼 그다지 싫을 것도 없고, 그렇다고 오 군처럼 그다지 유쾌할 것도 없다. 요새 같은 석탄 귀한 세상에는 들어서면 우선 따뜻하고 하니까 추운 책사에 들르기보다 잠깐 쉴 수 있는 점은 오 군 말대로 좋다. 그러나 친구를 만나자는 약속까지 은행을 이용한다는 건 좀 이해하기 곤란하다.
 한번은 방 군의 소관으로 그가 죽기보다 더 싫어하는 은행에를 같이 들어가서 스팀 앞에 앉아 있노라니까 십수 년이나 못 만나던 피(皮) 군이 나를 힐끗 쳐다보고서는 못 본 체하고 휙 지나간다.
 이 피 군이란 사람을 잠깐 소개하자면, 수십 년 전에는 나와도 꽤 친한

근대기의 한국은행 전경.

사이였다.

학비가 넉넉하지 못하여서 굶으며 먹으며 하던 학창시대에 그는 도스토예프스키의 명작 『학대받은 사람들』[2]을 탐독하고, 나더러도 그 책을 꼭 한번 읽어 보라고 권하면서 "여보게 김 군, 내 꼭 돈을 벌어서 그놈의 돈 원수를 좀 갚아 봐야지. 자네도 내가 성공하기만 기다리게. 우리 불쌍한 친구들끼리 한데 모여서 어디 이상촌(理想村)을 건설해 보세나 그려."

지방 사투리가 약간 섞인 어조로 그가 흥분되어 말하던 것을 지금도 역력히 기억한다.

이런 기억이 왜 내 머리에서 사라지지 않는가 하는 이유는—하필 돈과는 불구대천(不俱戴天)의 원수가 되어서 평생을 돈! 돈! 하고 지냈다는 도스토예프스키의 소설을 읽고 돈! 돈! 하며 흥분되어 외치던 피 군의 그때 얼굴이 나 보기에는 꼭 피 군이 도스토예프스키인 것만 같아서 나도 돌아앉으면서 눈시울이 젖어 드는 것을 억지로 참으려고 애를 쓰던 생각이 잊혀지지 않기 때문이다.

학창생활을 떠나서 십수 년 지남(之南) 지북(之北)에 서로 헤어진 동안에 그와 나와는 별다른 운명의 물결 속에서 살았다.

피 군은 서울 모 여중학에서 교편을 잡다가 우연한 기회에 일약 천만장자가 되어 한때 금광왕(金鑛王) 피(皮)라면 모르는 사람이 없었다.

남은 그 숙원이던 돈벼락을 이렇게 맞는데 운

---

1. 도살장(屠殺場).
2. 1861년 발표된 장편소설로서, 하층민들의 괴로운 삶과 무관심하고 이기적인 상층민의 모습이라는 비극적인 모순과 갈등이 페테르스부르크를 배경으로 전개된다.
3. 마음속에 품었던 생각을 말로 풀어냄.
4. 문 앞에서 손님을 푸대접하여 내쫓음.
5. 꺼려 멀리하는 것. 경원(敬遠).

명의 신이 내게는 그 오죽잖은 소망인 작가생활의 길도 열어 주기는커녕 긴 세월을 두고 병마가 신변에서 떠날 날이 없었다.

어느 해 여름이었던지 요양을 한다고 석왕사(釋王寺)를 갔던 길에 바로 그 등 너머 살고 있다는 피 군을 찾지 않을 수 없었다. 하도 오래간만에 그의 부자가 된 내력이나 듣고 서회(敍懷)³나 하려 함이었다. 그랬더니 내가 유(留)하고 있던 집의 유(劉) 군이(유 군도 학창시대의 동무였다) 한사코 말리는 것이다.

"전날 피 군은 아닐세. 가 보았자 문전축객(門前逐客)⁴일세."

허허, 유 군의 말을 믿는다면 돈이란 것은 경이원지(敬而遠之)⁵할 물건임이 분명하였다.

그후 몇 핸가 지나서 동숭동 버스 안에서 피 군과 해후하였다. 그런데 과연 피 군은 그다지 반가운 기색이 없을 뿐 아니라, 십여 년 만에 만난 옛날 친구인데도 슬슬 눈치를 보아 가면서 피해 버리는 것이다.

나는 속으로 괘씸한 사람이라고 생각했지만 한편 섭섭한 정을 금할 길이 없어서 그를 붙들고 울고 싶었으나 억지로 꾹 참았다.

은행에서 만난 것은 그뒤로 또 십수 년 만에 처음이었다.

그의 행색은 전과는 달라 퍽 초라해 보였다.

내가 꽉 붙잡으면서 "이 사람 왜 이리 못 본 체하나?" 하고 껄껄 웃어 버리는 것으로 나는 나대로 수십 년 구우(舊友)와의 서회를 대신하고 말았지만,

그가 처음부터 돈에 찌들린 사람이라는 것,

그가 하필 도스토예프스키를 애독하였다는 것,

그가 의외에 졸부(猝富)가 되었다는 것,

그러나 해방 후에 그의 부(富)는 실패하였으나 지금도 그가 은행과의 인

연은 여전한 모양이라는 것.

 이러저러한 생각을 하다가 보면 은행을 싫어하는 성격에도 일리가 있고 좋게 생각하는 성격에도 일리가 확실히 있는 것이다.

답답한 이야기

오죽잖은 일에 서로 핏대를 세우고 싸우는 사람들을 보면 답답한 때가 많다. 속 시원하게 탁 풀어 버리고 한번 껄껄 웃으면 그만일 텐데 왜들 저러나 싶어진다. 그러나 막상 내가 그런 경우를 당해 놓고 보면 그리 쉽사리 해결이 될지 의문은 의문이야….

늙은이들이 흔히 길을 가다가도 괜히 혼자 무어라고 중얼중얼하는 꼴을 본다.

'저 늙은이가 미쳤나 혼자 왜 저럴까?'

따라가면서 보노라면 웃음이 나와 견딜 수 없다. 나도 늙으면 저렇게 되지 않을까 싶어서 시험삼아 혼자 중얼거려 본다. 그러나 소리가 입 속에서만 뱅뱅 돌고 종시 나오지는 않는다.

역시 천착(舛錯)스런[1] 늙은이고서야 중얼거리게 되는 게로군 하고 나만은 늙어도 안 그럴 것을 자신했다. 한데 현대 사람으로서는 내 나이 아직 늙은이 축에는 채 끼지도 못할 처지인데 어느 날 길을 걷다 말고 불의(不意)에 군성거리는 소리가 바로 내 입에서 흘러 나오는 것을 발견했다.

역시 내가 그 경우에 처해 보지 못하고서는 세상일이란 장담할 건 못 되는 것이다.

집에 환갑 진갑을 지낸 노인 한 분이 계시는데 어떤 때 방에 앉아 있노라니 밖에서 "허허, 글쎄 왜 이러니?" 하고 후다닥거리는 노인의 소리가 난다.

'누구하고 저러실까' 하고 내다보니 닭의 새끼가 말을 안 듣고 마루에 올라온다고 야단이다. "원 답답도 하시유. 닭이 사람의 말을 알아듣습니까. 두들겨 내쫓아야지요" 하나 그 다음에도 이 노인은 의연 짐승들에게 갖은 이야기를 다 건네시는 걸 본다.

지금 보기에 답답해 하는 마음이언만 나도 나이 환갑 진갑을 지나면 또 혹시 저렇게 될지 누가 아나 싶어 장담을 할 수 없다.

남의 심중을 모르고 답답해지는 일은 이런 것뿐만은 아니다.

벌써 지난 일이지만 쌀이 없어 굶네 죽네 하는 판에 모 외빈(外賓)² 한 분의 말씀이 "조선 사람은 이해할 길이 없다"고, "맛 좋고 영양 좋은 사과나 고기가 가게마다 그득한데 하필 그 비싼 쌀만 먹자고 야단들이냐"고.

세상에 이보다 더 답답한 말은 들어 본 적이 없다. 그야말로 내 창자를 그와 바꾸어 본다면 혹시나 알는지.

그분네들이 우리를 볼 때 사사건건 이러할 테니 이 일을 장차 어이하면 좋단 말이냐. 지지 않으려고 바득바득 싸우는 심정도 내가 싸워 보면 알 일이요, 혼자 중얼거리는 습관을 비웃는 것이나 닭과 주고받고 이야기하는 것쯤은 나이를 먹으면 알 수도 있고 그렇게 될 수도 있을 것이다. 그러나 맛 좋은 사과와 고기를 보고도 못 먹는 심정은 무슨 수로 알게 할 도리가 있을 거냐!

내 소갈머리가¹ 좁고 답답한 탓인지, 공교롭게 타고난다고 난 것이 요런 시기에 걸려든 것인지, 싸움질도 많고 답답한 꼴도 많이 볼 바에는 신경이나 든든하여 남이야 어쨌든 내 할 일이나 꾸준히 할 수 있는 사람이라면 또 모르겠는데, 진정 이따

1. 마음이 뒤틀려 난잡스러운. 생김새나 하는 짓이 지저분하고 상스러운.
2. 외국 사람을 말한다.

위 환경에선 살기가 어려워 어느 깊숙한 산촌에 소학교 교장이나 한 자리 얻어서 죽은 듯 몇 해만 지내다 왔으면 싶다가도, 들어 보면 산촌은 산촌대로 서울 뺨치게 더 야단들이란다.

그래 그도 저도 단념하고 요즈음은 멍청이처럼 멍하고 그날그날을 지내는 판인데 어느 날은 친구가 야국(野菊) 한 포기를 심으라고 갖다 주기로, 하도 오래간만에 화분을 찾고 뿌리를 담을 비료 섞인 흙을 구하러 마당 이 구석 저 구석을 뒤치기 시작했다.

평일에 보면 헤어진 게 흙이고 보이는 이 비료뿐이러니, 막상 꽃을 위한 흙을 구하려니 그도 그리 쉬운 노릇은 아니었다. 대체 흙조차 이렇게 귀한 건가.

한 송이 꽃이 피는 데는 좋은 비료는 물론 매일같이 신선한 물을 얻어 먹어야 하고, 햇볕을 보아야 하고, 주인이 잡초를 뽑아 주어서 그러고도 오랜 시일을 경과하고서야 비로소 아름답고 탐스런 꽃을 볼 수 있는 것이다.

분에 흙을 담다 말고 나는 문득 비감(悲感)한 생각이 솟아오름을 금할 길이 없다. 이 꽃뿐 아니라 내가 하는 일도 어느 때나 꽃을 보려나. 꽃은커녕 물은커녕 하다 못해 거름 노릇이라도 했으면 다행이겠는데, 거름 축에도 못 드는, 아무런 쓸 곳 없이 뭇 사람의 발에 짓밟히기만 하는 노상(路上)의 흙이나 되지 않을까.

인력으로 막아낼 수 없는 나이는 또 하나 더 먹는다. 이러다가 어느 겨를에 죽고 말는지 누가 아느냐.

세상에 무엇이 답답하니 무엇이 답답하니 하여도, 제 자신이 하는 일에 자신을 못 갖고 허덕이는 것보다 더 답답한 노릇은 없는가 보다.

쓰리꾼의 도덕

"역사상 인물로 누가 제일 재미난 인물이냐" 할 것 같으면 무식한 나로서는 서슴지 않고 "그건 장자(莊子)요" 할 수밖에 없다. "그건 어째서 그러냐" 할 것 같으면 무식한 나로서는 천생 "그건 내가 『남화경(南華經)』 중에서도 「양생주(養生主)」[1]를 애독하였기 때문이요" 할 수밖에 없다.

그러나 이실직고를 할 양이면, 내가 「양생주」를 애독하였다는 말은 허울뿐이지 「양생주」에 담긴 뜻이 무엇을 말하려 함인지 이 자리에서라도 묻는 사람이 있다면 나는 대답을 못하고 땀만 흘릴 수밖에 없는 실로 애처로운 형편인 것을 미리 고백해 둔다.

누가 웃되 "그럼 너는 「양생주」를 어떻게 읽었단 말이냐" 한다고 가정한다면 그러한 경우에 나는 이러한 태도로 대답할 수밖에 없다.

"「양생주」는 『남화경』 중에서도 좋은 대문입니다. 「양생주」만 체득한다면 문제없습니다. 하나 「양생주」에는 달걀 노른자가 있습니다. 그것은 백정(白丁) 놈 이야기입니다."

소 잡는 데 이력이 난, 아니 이력이 났다느니보담 소 잡는 데 도통을 한 백정 놈이 문혜군(文惠君) 앞에서 소를 잡는데, 칼날이 번쩍 하자 소는 아무튼 해체가 되는데, 뼈는 뼈대로 살은 살대로

---

[1] 742년 당(唐)의 황제가 장자에게 남화진인(南華眞人)이라는 호를 추증(追贈)한 후부터 그의 저서 『장자』를 『남화진경(南華眞經)』 또는 『남화경』이라고 불렀다. 그 중 「양생주」편은 사람들에게 자연의 이치와 본성을 따름으로써 삶의 주체를 기르도록 하는 내용을 담고 있다.

피 한 점 흐르는 법 없이 척척 척 해 내는데, 백정 놈이 아니라 문혜군 앞에는 한 도인(道人)이 신통변을 부리는 것 같았다.

문혜군 왈 "선재(善哉)라,[2] 어쩌면 기술이 이럴 수가 있을까 보냐"고 시쳇말[3]로 박수갈채를 했던 모양이지.

전차가 다니는 1930년대의 태평로와 남대문로.

그런데 이 백정이 쓰는 칼이란 놀라다가도 웃을 일이지, 남들이 다들이 해마다 칼을 간다는데 이 치는 십구 년에 수천 마리의 소를 잡고서도 칼날이 금시 숫돌에서 옮겨 온 것 같다니.

이만큼 묘리(妙理)를 얻어 나가는 데는 칼날처럼 날카로운 것도 다칠 리가 없는 법이라. 백정의 기술이 도에 이른 것도 장한 노릇이지만 "선재라, 포정(庖丁)[4]의 말을 들으니 양생방(養生方)을 깨닫겠구나" 한 문혜군이 더욱 가상하다.[5]

요즘 전찻간에서 쓰리[6] 도인(道人)이 꽤 기술을 발휘하는데 이것이 문혜군의 포정에 결코 못지않는다.

밀치고 닫히고 하다가 한 정류장을 지났다.

싹둑 잘라진 백 원 지폐가 땅바닥에 떨어지자 "쓰리인가" 소리가 어느 입에서 튀어나오며 "이키, 시계를 떼였네" "이크! 칠천 원 돈이 달아났네" 하는 소리가 연발한다.

그 중에 한 친구는 고개를 좌로 우로 냅다 흔들

---

2. 아주 훌륭하도다.
3. 그 시대에 유행하는 말.
4. 소, 돼지, 개 따위를 잡는 일을 업으로 삼는 사람. 백정(白丁). 또는 요리를 잘 하는 사람.
5. '어느 분야에 전념하여 거의 달인(達人)의 경지에 들어선 경우'를 가리키는 고사성어인 '포정해우(庖丁解牛)'는 이 이야기로부터 유래되었다. 이 고사는 서화(書畵)에서 용필(用筆)의 신묘(神妙)함을 이야기할 때도 자주 인용된다.
6. 소매치기. 또는 소매치기하는 사람을 일컫는 일본말.

기만 한다.

"그것 참 알다가도 모를 일이로군. 확실히 양팔을 가슴에 꽉 끼고만 있었는데 쓰메에리 양복[7]에 단추 하나 떼지도 않고, 겉으로 칼질 하나 안 가고—이놈이 귀신인가, 어떻게 품속으로 칼이 들어와서 속 주머니를 베고 어떻게 꺼내 갔담. 허허 그것 참 장할시고."

쓰리에도 인정이 있고 도덕이 있다. 전날 쓰리 같으면 외투고 양복이고 사정없이 밖으로 칼질을 했다는데, 그것도 이즈막은 극도의 발달을 해서 '미안하니까' 거죽은 건드리지도 않고 아예 속에서 칼질이 귀신처럼 지나간단다.

어릴 제 들은 이야긴데, 남대문 정거장에서 금 보석 반지를 낀 부인네가 막 기차에 오르려다가 우연히 조선 호텔을 바라다보았다나. 위층 창문이 열리더니 코 큰 양놈이 창을 열고 히죽 웃고 문을 닫는 걸 보았을 뿐인데 그간에 부인네의 손가락에 낀 보석 반지는 간 곳이 없었다고. 그래서 그러한 사유를 경관에게 말했더니 과약시(果若是)[8] 그 양놈을 수색하니까 바로 그 부인네의 꼈던 보석 반지가 튀어나왔더라고. 그 당시에 듣기에는 무척 신기스러운 듯했으나 동서(東西)의 교류가 자못 빈번한 오늘에 있어서는 우리의 쓰리 도(道)도 의당 발달되어서 옳은 것이라, 일별(一瞥)할[9] 하등의 신기성도 있을 리 없다.

원자탄의 불빛만 번쩍 하여도 수백만 명의 목숨이 하루살이 소나기 겪듯 사라지고 말 판인데, 하기야 그까짓 쓰리 도(道)쯤 가지고 신통할 것도 못 될 성싶다.

---

7. '쓰메에리'는 옷깃을 접지 않고 세운 것 또는 그러한 옷을 가리키는 일본말로서, '쓰메에리 양복'은 일본 순사들이 입던 것과 같은 짧게 선 칼라의 양복을 일컫는다.
8. 과연 이러하다.
9. 거들떠볼.

신형 주택

요즈음 거리에 나서면 재미난 풍경이 한두 가지가 아니다.

장안 안답지 않게 공지(空地)마다 배추 포기가 싱싱하고, 소개(疏開)[1]로 수난을 당한 터전에 회오리바람처럼 날아간 지붕이 보인다.

벽돌집이란 이유로 가까스로 소개는 면했으나 병정화년(丙丁火年)[2] 덕분으로 불이 났다. 벽은 으스러지고 창문은 깨어지고 전날 화단인 듯싶은 자리에는 쓰레기의 산이 솟고 하여, 가며 오며 그다지 유쾌한 기분은 아니러니 근자(近者)에는 이런 건축들을 의지삼아 신형 주택이 나타난다.

발코니에 널빤지 쪽으로 제법 그럴듯하게 고층 건축이 예쁘장하게 만들어지고 그 옆에 장독대가 놓이고 빨랫줄이 건너간다. 퇴옥파창(退屋破窓)[3] 일망정 재민(災民)들은 이런 데서 알토란같이 산다.

화가란 세상 사람이 볼 때에는 일종 미치광이라 가장 흥미를 느끼고 사생을 하고 섰노라니 이 집에 거하는 주인공인 듯싶은 친구가 일을 하다 말고,

"여보 당신은 할 짓이 없어 이따위 집이나 그리고 다니우?" 하며 핀잔을 준다. 불난 집 불 구경을 하다가도 여러 번 욕을 먹었다. 재민의 속상하는 심사를 모르고 흥미있게 보는 마음을 이해할 리 만무하다.

"네, 잘못했습니다."

---

1. 전쟁에 대비하여 도시에 집중된 집이나 시설물을 시골로 분산시키는 것.
2. 십간(十干) 중 병(丙)과 정(丁)은 오행(五行)에서 모두 불에 해당되므로, 병정(丙丁)이 포함된 두 해는 화년(火年) 즉 불의 해가 된다.
3. 무너진 집과 깨어진 창문.

이동 음식점

서울은 재미난 도시다.

골동품 같은 집이 있다.

남의 담장에 기댔을망정 쓰레기통 옆에 놓였을망정 아담한 차림새로 구중궁궐(九重宮闕)[1] 부럽잖게 꾸밀 대로 꾸미기도 했다.

추녀 끝에는 방울 같은 새를 앉히고 납작한 완자창도 달았다.

쌍희자(雙喜字)를 아로새긴 세렴(細簾)[2]도 늘였다.

이 집에는 떡국도 팔고 진짜 냉면도 있다. 맛 좋은 개장국도 한다.

노동자 빈민은 물론 한다하는 신사도 출입을 한다.

이 집에는 계급의 구별도 없다.

땅바닥에는 검둥이란 놈이 행여 동족의 뼈다귀나 한 개 던져 줄까 하고 침을 꿀꺽꿀꺽 삼키며 기다리고 있다.

이래 봬도 하루의 수입이 물경(勿驚) 만 원을 넘기는 것은 누워 떡 먹기다.

더구나 이 집의 재미난 것은 주추[3] 대신에 도롱태[4]를 네 귀에 단 것이다. 아무 때나 이동할 수 있다.

순경 나으리가 야단을 치는 날이면 지금 당장

1. 임금이 있는 대궐 안.
2. 가는 대나무로 촘촘하게 엮은 발.
3. 기둥 밑에 괴는 돌 따위의 물건. 원말은 주초(柱礎).
4. 사람이 밀거나 끌게 된 간단한 나무 수레. 또는 그 수레바퀴.
5. 지폐에 그려진 영감을 빗대어 돈을 가리킴.

에라도 훨훨 몰아갈 수 있다.

주인 부처(夫妻)는 진종일 영감 그린 종이⁵를 모으기에 눈코 뜰 새 없다가, 도시의 소음이 황혼과 함께 스러진 뒤 참새 보금자리 같은 이 집 속에서 신화 같은 이야기를 도란거리다가 고요히 꿈나라로 들어가고 만다.

재민(災民)들은 이렇게 가지각색으로 살고 있다.

세상을 살아가는 법이란 별의별 재주가 다 있어….

서울 사람 시골 사람

포도원에 포도송이가 보기 좋게 익어 가는 초가을이면 성북동의 호젓한 길녘은 산보하는 청춘남녀로 가득 차고 맙니다. 그들의 코스는 으레 포도를 사서 들고 청룡암(靑龍庵)으로 뚫린 아늑한 산길을 걸어가는 것입니다. 우리집이 이 길녘에 있기 때문에 산 속에 사는 나일망정 한 주일에 한 번씩은 도회의 첨단을 힘들이지 않고 구경할 수 있는 것입니다.

어느 일요일 날 나는 성북동의 농부가 되어 뜰에 쌓인 낙엽을 비질하고 있었습니다. 그때에 지나가던 한 쌍의 산보객(하나는 단발 미녀, 하나는 사각모였다)이 우리 문에서 발을 멈추고 이렇게 지껄여댑니다.

"에그—, 저 가암 봐, 어쩌면!"

"좀 팔라구 그래 볼까?"

"곱기두 해!"

단발 미녀는 우리집 뜰에 선 감나무에 가지가 찢어질 듯 익어 어우러진 감을 보고 이러한 감탄사만으로는 못 견디겠다는 듯 나에게 직접 교섭이 시작되었습니다.

"여보세요(농부님), 저 감 한 가지[枝]만 파세요, 네?"

그러나 이 무지한 농부(그는 나를 농부로만 알았다)는 도회의 여성을 경멸하였습니다.

연탄 연기, 가솔린 냄새, 비단 옷, 뾰족한 구두, 그리고 어찌하면 코티 화장료로만 얼굴을 만지는 팔자가 될까, 어찌하면 걸음을 원 스텝 식으로만 걸을 수 있을까… 하는 허영밖엔 아무런 희망도 가지지 못한 도회의 엔젤들에게 여지없는 포탄을 던졌습니다.

"안 파오!"라고.

도회의 미녀는 애원하듯 조르다가 결국 가고 말았습니다.

도회의 사람들은 불쌍합니다. 그들은 자연의 품속에 묻혀 살면서 자연이 얼마나 아름다움을 알지 못합니다. 그들은 자연이 그들을 낳게 한 것이었건만 자연이 그들의 생명의 한끝임을 알지 못하는 가련한 방랑자입니다.

그들은 이 썩어 가는 조그만 초당의 주인공이 몇 개만 매어 달린 감 한 가지를 돈 원(圓)이나 주마는 데 안 팔리라고는 생각지 못하였습니다.

'세상에 돈을 싫다고 할 농부가 있을까' 하고 그들은 생각하였습니다.

그후 얼마 되지 않아서 시골 있는 생질이 서울 구경을 왔습니다.

나는 이 수려한 산으로 '그애'를 인도하였는데 '그애'는 주위를 한번 휘둘러보더니 필경 한다는 말이 "아저씨 댁은 왜 이 모양입니까. 아저씨는 왜 이런 산골에서 사십니까" 하는 것입니다.

그래서 나는 "얘, 너는 이런 산 속이 심심하냐. 그러면 너 이 학생들 단체에 데려다 주마" 하였더니 '그애'는 '이제야 살았다'는 듯이 펄펄 뛰며 좋아했습니다.

사람의 마음이란 너무나 간사한 것인가 합니다.

도회에서 자란 애들이란 나뭇가지에 매달린 감만 보아도 요술이나 되는 것처럼 신기하게 여깁니다.

시골서 자란 애들이란 그따위 것쯤 심상타 못해 눈에 보이지도 않습니다.

둘이 다 불행한 인간인가 합니다.

노시산방기(老柿山房記)

지금 내가 거하는 집을 노시산방(老柿山房)이라 한 것은 삼사 년 전에 이(李) 군[1]이 지어 준 이름이다.

마당 앞에 한 칠팔십 년은 묵은 성싶은 늙은 감나무 이삼 주(株)가 서 있는데, 늦은 봄이 되면 뾰족뾰족 잎이 돋고, 여름이면 퍼렇다 못해 거의 시꺼멓게 온 집안에 그늘을 지워 주고 하는 것이, 이 집에 사는 주인, 나로 하여금 얼마나 마음을 위로하여 주는지, 지금에 와서는 마치 감나무가 주인을 위해 사는 것이 아니요 주인이 감나무를 위해 사는 것쯤 된지라, 이 군이 일러 노시사(老柿舍)라 명명해 준 것을 별로 삭여 볼 여지도 없이 그대로 행세를 하고 만 것이다.

하기는 그후 시관(時觀)[2]과 같이 주안(酒案)을 마주하고 이야기하던 끝에 시관의 말이, 노시산방이라기보다는 고시산방(古柿山房)이라 함이 어떠하겠느냐 하여 잠깐 내 집 이름을 다시 한번 찝어 본 일도 있기는 하다. 푸른 이끼가 낀 늙은 감나무를 노시(老柿)라 하기보다는 고시(古柿)라 함이, 창(唱)으로 보든지 글자가 주는 애착성으로 보든지 더 낫지 않겠느냐는 것이요, 노시라 하면 어딘지 모르게 좀 속되어 보일 뿐 아니라, 젊은 사람이 어쩐지 늙은 체하는 인상을 주는 것 같아서 재미가 적다는 것이다. 그러나 그때의 나는 역시 고(古) 자를 붙이는 골동 취미보다는 노(老) 자의 순수한 맛이 한결 내 호기심을 이끌었던 것이다.

원래 나는 노경(老境)이란 경지를 퍽 좋아한다. 기법상 술어로 쓰는 노련(老鍊)이란 말도 내가 항상 사랑해 온 말이거니와, 철학자로 치면 누구보다도 노자(老子)를 좋아했고, 아호(雅號)로서도 나이 많아지고 수법이 원숙해진 분들이 흔히 노(老) 자를 붙여서, 가령 노석도인(老石道人)이라 한다든지, 자하노인(紫霞老人)이라³ 하는 것을 볼 때는, 진실로 무엇으로써도 비유하기 어려운 유장하고 함축(含蓄) 있는 맛을 느끼게 된다. 노인이 자칭 왈 노(老)라 하는 데는 조금도 어색해 보이거나 과장해 보이는 법이 없고, 오히려 겸양하고 넉넉한 맛을 느끼게 하는 것 같다.

그러나 그렇다고 나는 노시산방을 무슨 노경을 사랑한다 하여 바로 나 자신이 노경에 든 행세를 하려 함이 아니요, 그저 턱없이 노(老) 자가 좋고 또 노시(老柿)가 있고 하므로 그렇게 이름을 붙인 데 불과함이요, 또 가다가는 호(號)까지도 노시산인(老柿山人)이라 해 본 적도 있었다.

한번은 초대면하게 된 어느 친구가 인사를 건넨 뒤 놀라면서 하는 말이, 자기는 나를 적어도 한 사오십은 넘은 사람으로 상상해 왔다는 것이다. 그는 내가 노시산인이란 호를 쓴 것을 본 때문은 아니요, 집 이름을 노시산방이라 한 것을 간혹 들은 것만으로 그 집 주인은 으레 늙수그레한 사람이려니 하였다는 것이다. 그 말을 들을 때 처음에는 아연하지 않을 수 없었다. 그러나 다시 생각해 보니 그렇게 생각됨직도 한 일이라 싶었다.

아무튼 나는 내 변변치 않은 이 모옥(茅屋)⁴을 노시산방이라 불러 오는 만큼 뜰 앞에 선 몇 그루의 감나무는 내 어느 친구보다도 더 사랑하는 나무들이다.

나는 지금으로부터 오 년 전에 이 집으로 이사

---

1. 소설가 상허(尚虛) 이태준(李泰俊, 1904-?)을 말한다.
2. 시관은 장석표(張錫豹, 1905년경-?)의 호로서, 김용준과 함께 도쿄미술학교를 졸업한 유화가(油畵家)이다.
3. 노석도인은 흥선대원군 이하응을, 자하노인은 조선후기 서예가 신위(申緯)를 가리킨다.
4. 이엉이나 띠 따위로 지붕을 인 작은 집.

를 왔다. 그때는 교통이 불편하여 문전에 구루마 한 채도 들어오지 못했을 뿐 아니라, 집 뒤에는 꿩이랑 늑대랑 가끔 내려오곤 하는 것이어서 아내는 그런 무주 구천동 같은 데를 무얼 하자고 가느냐고 맹렬히 반대하는 것이었으나, 그럴 때마다 암말 말구 따라만 와 보우 하고 끌다시피 데리고 온 것인데, 기실은 진실로 진실로 내가 이 늙은 감나무 몇 그루를 사랑한 때문이었다.

무슨 화초 무슨 수목이 좋지 않은 것이 있으리요마는 유독 내가 감나무를 사랑하게 되는 것은 그놈의 모습이 아무런 조화가 없는데도 불구하고 고풍스러워 보이는 때문이다. 나무 껍질이 부드럽고 원초적인 것도 한 특징이요, 잎이 원활하고 점잖은 것도 한 특징이며, 꽃이 초롱같이 예쁜 것이며, 가지마다 좋은 열매가 맺는 것과, 단풍이 구수하게 드는 것과, 낙엽이 애상적으로 지는 것과, 여름에는 그늘이 그에 덮을 나위 없고, 겨울에는 까막 까치로 하여금 시흥(詩興)을 돋우게 하는 것이며, 그야말로 화조(花朝)와 월석(月夕)에5 감나무가 끼어서 풍류를 돋우지 않는 곳이 없으니, 어느 편으로 보아도 고풍스러워 운치있는 나무는 아마도 감나무가 제일일까 한다.

처음에는 오류선생(五柳先生)6의 본을 받아 양류(楊柳)7를 많이 심어 볼까 하고도 생각한 적이 있었다. 너무 짙은 감나무 그늘은 우울한 내 심사를 더 어둡게 할까 저어한 때문이었다. 그러나 한 해 두 해 지나고 보니 요염한 버들가지보다는 차라리 어수룩한 감나무가 정이 두터워진다.

나는 또 노시산방에 이들 감나무와 함께 조화를 시켜야 할 여러 가지 나무와 화초를 심기에 한동안은 게으르지 않았다. 우선 나무로서는 대추며 밤이며 추리며 벽오동(碧梧桐) 등과, 꽃으로는 목련, 불두(佛頭)8, 정향(丁香)9, 모란, 월계, 옥잠, 산다(山茶)10, 황국(黃菊), 철쭉[躑躅] 등을 두서

없이 심어 놓고, 겨울에는 소위 온실이라 하여 한 평이나 겨우 될락말락한 면적을 사오 척(尺) 내려 파고 내 손으로 문을 짠다 유리를 끼운다 해서 꼴 같잖게 만들어 놓은데다가, 한두 분(盆) 매화와 난초를 넣고 수선을 기르고 하면서 날이 날시금[11] 물을 주기에 세사(世事)의 어찌 됨을 모를 만한 지경이었다. 이렇게 하고 있노라니까 이 모양이나마 우리 산방의 살림을 누가 보면 재미가 나겠다고도 하고, 자기네도 한번 이렇게 살아 보았으면 하며 부러워하는 인사(人士)도 있었다.

그러나 나 같은 사람의 성질로써 그런 생활이 오래 계속될 리는 만무한 것이었다. 나는 한두 해를 지나는 동안 어느 여가엔지 뜰을 내려다보는 습관이 차츰 줄어들고, 필시에는 본바탕의 악성, 태만이 발동하기 시작했다. 그 좋아하던 감나무도 심상해지고, 화초에 풀이 자욱해도 못 본 체하고, 어떤 놈은 물을 얻어먹지 못하여 마르다 못해 배배 꼬이다가 급기야는 끓아 죽는 놈들이 비일비재였건만 그래도 나는 태연해졌다. 대체로 화초란 물건은 이상한 것이어서, 날마다 정신을 써 가면서 들여다볼 적에는 별로 물을 부지런히 주는 법이 없더라도 의기가 충천할 것처럼 무럭무럭 자라나는 놈이, 아무리 비옥한 토질과 규칙적으로 물을 얻어먹는 환경에 있으면서도 주인에게 벌써 사랑하는 마음이 끊어지고, 되면 되고 말면 말라는 주의로 나가는 데는 제아무리한 독종이라도 배배 꼬이지 않는 놈을 별로 보지 못했다. 화초일망정 아마도 정이 서로 통하지 않는 소이(所以)일까.

나의 게으름은 이렇듯이 하여 금년 들어서부터는 모든 것을 잃어버리다시피 했다. 그것은 어느 때고 한번은 오고야 말 운명이라고 예감하고 있었던 것이었다.

---

5. 꽃 피는 아침과 달 뜨는 저녁이라는 뜻으로, 경치가 좋은 시절을 일컫는 말.
6. 도잠(陶潛, 도연명)이 그의 집에 다섯 그루의 버드나무를 심어 놓고 스스로 이르던 호.
7. 버드나무.
8. 인동과에 속하는 백당나무의 일종으로, 절에 관상용으로 심음. 불두화(佛頭花).
9. 봄에 자색의 꽃이 피고, 가을에 삭과(蒴果)가 열리는 낙엽 활엽 관목. 정향나무.
10. 동백나무.
11. 날이면 날마다.

그러나 나는 비록 게을러서 화초를 거두기에 인색하기는 했지만 그래도 해마다 하느님께만 모든 것을 맡기고 있었다. 마르다 못해 끓고, 끓다 못해 죽어 가던 놈도 철 따라 사풍(斜風)과 세우(細雨)12 덕분으로 밤 동안에 개울물이 풍성하게 내려가고 뿌리 끝마다 물기가 포근히 배 오르면 네 활개를 치듯이 새 기운을 뽐내는 것들인데, 금년에도 역시 나는 설마 비가 오려니 오려니 하고 기다렸더니 설마가 사람을 죽인다는 격으로 장마철을 지난 지 한 달이 가고 두 달이 가고 석 달이 또 가고 하여도 비가 올 생각은 꿈에도 하지 않는다. 산골 개울물이 마르는 것쯤은 또 용혹무괴(容或無怪)13이려니와 그 잘 나던 샘물이 마르고 식수가 떨어지고 나중에는 멀쩡한 나뭇잎이 단풍도 들지 않은 채 뚝뚝 떨어지는 것이 아닌가. 연달아 밤나무가 죽고 대추나무가 죽고 철쭉이 죽고 하여 평생에 보지 못하던 초목들의 떼송장이 온 마당에 질펀해진다. 그러나 사람들은 죽지 못해 한 지게에 십 전(錢)씩 하는 수돗물이라도 사서 먹는다 치더라도, 그렇다고 그 많은 나무들을 일일이 십 전어치씩 물을 사서 먹일 기력이 내게는 또한 없다. 그리고 보니 점점 초조해지기만 한다. 가지마다 보기 좋게 매달렸던 감들이 한 개 두 개 시름없이 떨어지고, 돌돌 말린 감잎이 애원하듯 내 앞으로 굴러 오는 것이다. 뿐만 아니라 그 보기 좋던 나무 둥치가 한 겹 한 겹 껍질이 벗겨지기 시작한다. 나는 다른 어느 나무보다도 감나무가 죽는구나 하는 생각에 정신이 번쩍 차려졌다.

주인이 감나무를 위해 살고 있다시피 한 이 노시산방의 진짜 주인공이 죽는단 말이 될 말인가. 모든 화초를 희생하는 한이 있더라도 이 감나무만은 구해야겠다는 일념에서 매일같이 십 전짜리 물을 서너 지게씩 주기로 했다. 그러나 감나무들은 좀처럼 활기를 보여주지 않은 채 가을이 오고 낙엽이 지고 했다. 여느

12. 비끼어 부는 바람과 가랑비.
13. 혹시 그럴 수가 있더라도 괴이할 것이 없음.

해 같으면 지금 한창 불타 오르듯 보기 좋게 매달렸어야 할 감들이 금년에는 거의 다 떨어지고 몇 개 남은 놈들조차 패잔병처럼 무기력해 보인다.

주인을 못 만난 그 나무들이 명춘(明春)에 다시 씻은 듯 새 움이 돋고 시원한 그늘을 이 노시산방과 산방의 주인을 위해 과연 지어 줄 것인지?

—기묘(己卯) 11월 4일 노시산방에서

동일(冬日)에 제(題)하여

파초도 온실에 숨고 나뭇잎 모조리 떨어진 뒤, 온돌방 윗머리 나의 가난한 문갑 위에는 수선 봉오리 바야흐로 피어 오르고, 창 밖에는 날이 날시금 삭풍(朔風)이 요란스레 불어와도 우리집 늙은 감나무에는 한두 개 물은 홍시(紅柿)란 놈이 까치의 식욕을 자아낸다. 앙상한 나무들과 까치 집과 싸리 울타리와 괴석(怪石)과 흰 눈과 그리고 따스한 햇볕. 이것들이 노시사(老柿舍)의 겨울을 장식해 주는 내 유일한 벗들이다.

육장후기(鬻莊後記)

좋은 친구 수화(樹話)[1]에게 노시산방을 맡긴 나는 그에게 화초들을 잘 가꾸어 달라는 부탁을 하고 의정부에 새로 마련한 삼간두옥(三間斗屋)에 두 다리를 쭉 뻗고 누웠다.

한 채 있던 집마저 팔아먹고 이렇다는 직업도 없이 훨훨 날 것처럼 자유스러운 마음으로 천석고황(泉石膏肓)[2]이 되어서 자고 먹고 하다 보니 기껏해야 고인(古人)의 글이나 뒤적거리는 것이 나의 일과일 수밖에 없었다.

하루는 늦게 일어나서 소위 측상음(厠上吟)[3]을 하고 있는데 우연히 이러한 시를 발견하고 그 시의 작자인 송씨(佚名[4]함)라는 이의 심경이 나와 꼭 같은 데 놀랐다.

鬻廬	집을 팔고서
自歎年來刺骨貧	어쩔거나 근래 들어 뼈를 에는 가난으로
吾廬今已屬西隣	내 살던 집 이젠 벌써 이웃에게 넘어갔네.
慇懃說與東園柳	다정하게 뜰에 선 버들에게 묻노니
他日相逢是路人	앞으로 날 만나면 행인처럼 보려는가!

송씨는 어느 때 사람인지 그의 이름이 무엇인지도 나타나 있지 않았다.

단 넉 줄의 시에서 그가 점점 가세가 기울어져 가는 사람이란 것, 이웃 사람에게 가난에 쪼들려 집을 팔아 버렸다는 것, 그리고 그가 살던 집에는 그가 몹시 사랑하던 버드나무가 정원에 서 있었다는 것 들을 짐작할 수 있을 뿐이다.

그는 자기의 몸을 담고 살던 집을 무엇보다도 사랑한 듯, 버드나무를 보고 후일 이 집 앞을 지날 때면 너도 나를 남인 척하겠구나 하고 오열(嗚咽)에 가까운 탄식을 한 흔적이 한 토막 절구(絕句)를 통하여 역력히 드러난다.

1. 수화는 김환기(金煥基, 1913-1974) 화백의 호이다. 근원과 수화는 친분이 두터운 사이였는데, 이 글은 근원이 자신의 거처인 노시산방을 수화에게 넘겨 주고 쓴 글이다. 근원은 노시산방을 수화의 '樹' 자와 그의 아내 김향안(金鄕岸)의 '鄕' 자를 따서 수향산방(樹鄕山房)이라 이름하고 1944년 〈수향산방 전경〉이라는 그림을 그렸다.
2. 산수(山水)를 즐기는 것이 정도에 지나쳐 마치 불치의 병과 같다는 뜻. 또는 벼슬길에 나서지 않음.
3. 뒷간에 앉아 읊는 시나 또는 중얼거리는 소리.
4. 이름을 알지 못함. 실명(失名).

집을 샀던 사람도 이 시를 보고서는 감격함을 못 이기어 그 집을 도로 송씨에게 주었을 뿐 아니라 송씨의 부채(負債)까지도 물어 주었다는 아름다운 이야기가 이 시에 숨어 있다.

하루는 자주 놀러 오던 대산(袋山)을 만나 이런 이야기를 하였더니 그 다음에 대산이 시 한 수를 지어 보냈다.

債家日迫滿家憂	빚쟁이가 들볶아서 온 집안이 걱정이니
忍賣園廬卉木酬	집과 과수 몽땅 팔아 갚을 길밖에 없네.
老柿秋來紅結子	감나무는 가을 되면 붉은 열매 열릴 텐데
自今應敎他人收	이제부턴 남에게나 따 가라고 하겠구나.
森森檜栢夾溪長	측백나무 빽빽하게 시내 끼고 서 있으니
此地曾留大院王	이곳에는 그 옛적에 대원군이 살았었지.

김용준 〈수향산방 전경〉 1944. 환기미술관.

| 嗟未百年已萬劫 | 백년도 채 안 돼서 만겁(萬劫) 변화 일어나니 |
| 亭前片石繫牛羊 | 정자 앞 바위에는 소와 양이 묶여 있네. |

邈矣安公尙可追	저 먼 시절 안견(安堅) 공을 아직도 뒤따르고
兩園後出光葳蕤	단원(檀園)·오원(吾園) 그뒤에서 찬란하게 꽃피웠지.
微吾子孰紹遺業	그대가 아니라면 누가 유업(遺業)을 잇겠는가.
兀兀窮年無自悲	한 해 내내 고생해도 신세자탄 하지 마소.

畵書原是一源來	그림이나 글씨는 본래부터 한 근원
隔膜較之儘可咍	소원하게 보는 자들 진정코 우습구나.
悟得歲寒圖上理	〈세한도〉에 담긴 이치 터득하고 난다면
暗期千古毫端廻	천고의 붓끝 비밀 은연중 만나겠지.

日夕往還多與俱	밤낮으로 가고 오며 많이도 함께 다녀
禿頭恰好映羔鬚	대머리는 염소수염과 퍽도 잘 어울리네.
兩街夸子笑相問	길거리의 멋쟁이들 깔깔대며 묻는구나.
鬚者何如禿者愚*	"염소수염이 바보 대머리보다 낫나요?"

　*안(安) 공은 현동자(玄洞子) 안견(安堅). 양원(兩園)은 단원(檀園) 김홍도(金弘道)와 오원(吾園) 장승업(張承業). 세한도(歲寒圖)는 추사 선생의 순 남화(南畵) 정신으로 그린 〈세한도〉. 독두(禿頭, 대머리)는 대산(袋山), 고수(羔鬚, 염소수염)는 필자.

　대산은 그 나이에 맞지 않게 머리가 벗겨져서 공연히 늙어 보이고, 나는 염소처럼 턱 아래위에 꼬부라드는 수염을 기르고 다녀서 역시 나이에 맞지 않게 늙어 보였다.

창동서 다니던 대산과 의정부에서 다니던 나는 매일같이 차중(車中)에서 만나고, 만나서는 일경(日警)의 눈을 슬슬 피해 가면서 학문이며 예술에 관한 이야기의 꽃이 피었다.

그 초라한 행색을 한 독두공과 고수공이 한데 어울려 다닐 적에 보는 사람들은 얼마나 웃었을까?

평생 한시(漢詩)라고는 짓는 체하지도 않던 대산이, 일인(日人)의 세상에서는 산송장 노릇을 하던 대산이, 이러한 유유(悠悠)한 시를 지은 데는 그의 심경을 짐작하고도 남음이 있으니, 그 당시 모든 것에 희망을 잃고 생사의 관두(關頭)[5]에서 방황하던 대산인지라 그의 친구인 나를 두고 지은 이 시에도 역시 맥맥이 흐르는 그의 비애가 숨어 있음을 느끼게 된다.

나는 대산의 증시(贈詩)에 수화(酬和)[6]할 의무를 느꼈으나 불행히도 한시라고는 자고저(字高低)[7]도 모르는 몰자비(沒字碑)[8]라 후일 기회를 보아 그림으로 대신 응수하기로 하고 말았다.

일본이 패망하는 날은 반드시 우리에게 독립이 곧 올 것이요, 우리가 떳떳한 독립 국민이 되는 날은 내 평생에 쌓인 심회를 탁 풀어놓고 마음대로 그림도 그려 보려니 하였다.

그때는 대산의 시도 그림으로 재현될 날이 오리라 하였다.

그러나 기회는 좀처럼 오지 않았다.

'해방'이란 간판을 갈아 건 지도 어언 삼 년이 넘었건만 우리들의 울분은 그대로 사라질 날이 없다.

대산의 언약을 이행하지 못하는 것도 적이 미

---

5. 가장 중요한 지경. 고비.
6. 시문(詩文) 등을 지어 응답함.
7. 한자음의 높낮이.
8. 글자가 씌어 있지 않은 비라는 뜻으로, 외양은 멀쩡하면서도 글을 모르는 사람을 조롱하여 이르는 말.

김용준 〈수화소노인 가부좌상〉 1947. 개인소장.

안한데, 더구나 건망증 많은 내가 그의 시조차 잊어버릴까 저어하여 이에 내 잡문 중에 초록(抄錄)해 두려는 것이다.

지금 회상하면 허망타 할까 어이없다 할까, 한참 북새통을 치른 다음 소위 '해방'이라는 시기가 오자 나는 다시 새로운 감격과 희망을 가지고 서울로 올라왔다.

서울로 올라온 뒤로 한번은 노시산방의 새 주인 수화(樹話)를 만났더니 그의 말이 '노시산방을 사만 원에 팔라는 작자가 생기고 보니' 나에게 대해 '대단히 미안한 생각이 난다'는 것이다.

그리고 그후로 수화는 가끔 나에게 돈도 쓰라고 집어 주고 그가 사랑하는 좋은 골동품도 갖다 주고 하는 것이다.

그럴 때마다 나는 옛날 시인 송씨의 집을 산 사람을 연상하게 되고, 옛날 세상에만 그러한 사람이 있는 줄 알았더니 이 각박한 세상에도 역시 그와 같은 사람은 있구나 함에, 모든 것을 다 잃어버린 오늘에도 가장 큰 보물을 얻은 것처럼 마음이 든든함을 느낀다.

인생이란 세상에 태어날 때 털올 하나 가지고 온 것이 없다. 우리가 세상을 떠날 때도 털올 하나 가지고 갈 수는 없다.

물욕(物慾)의 허망함이 이러하다.

많은 친구를 사귀어 보고 여러 가지 일을 같이 경영해 보았으나 의리나 우정이나 사교란 것이 어느 것 하나 이욕(利慾)의 앞에서 배신을 당해 보지 않은 것이 없다.

순수하다는 것을 정신의 결합에서밖에는 찾을 길이 없다.

이 정신의 결합을 가능하게 하는 것은 오직 종교의 세계와 예술의 세계에서뿐이다.

수화는 예술에 사는 사람이다.

예술에서 산다는 간판을 건 사람이 아니요, 예술을 먹고 예술을 입고 예술 속에로 뚫고 들어가는 사람이다.

노시산방이 지금쯤은 백만 원의 값이 갈는지도 모른다. 천만 원, 억만 원의 값이 될는지도 모른다.

그러나 지금 나에게 노시산방은 한 덩어리 환영에 불과하다.

노시산방이란 한 덩어리 환영을 인연삼아 까부라져 가는 예술심(藝術心)이 살아나고 거기에서 현대가 가질 수 없는 한 사람의 예술가를 얻었다는 것이 무엇보다 기쁜 일이다.

원수원(袁隨園)과 정판교(鄭板橋)와
빙허(憑虛)와 나와

서로 미면식(未面識)이었던 칼라일과 에머슨[1]은 처음으로 만나 인사를 한 뒤 삼십 분간이나 같이 묵묵히 앉았다가 오늘 저녁은 퍽 재미나게 놀았다 하고 헤어졌다는 싱겁고도 이상한 이야기가 있다.

그럴 법한 일이라 그들의 심경이 짐작된다.

흥화(興化)의 정판교가 산동(山東)에서 미관말직을 살고 있을 때 누가 잘못 듣고 수원(隨園)[2]이 죽었다는 소식을 오전(誤傳)했다. (판교와 수원은 그때까지 서로 만나지 못한 사이였다)

판교는 발을 구르며 대성통곡했다.

이러한 소식을 전문(傳聞)한 수원은 퍽 감격했다.

그후 두 사람은 또 만날 기회가 없었다가 이십 년이나 지난 후에야 노아우(盧雅雨)의 사랑에서 처음으로 만났다.

수원을 만난 판교는 이러한 말을 했다.

"천하가 넓으나 굴지(屈指)할 만한[3] 인재가 몇 사람이나 되오."

수원은 감격하여 다음 같은 시를 지어 보냈다.

聞死誤抛千點淚　　죽었단 소식 듣고 눈물 줄줄 흘리셨고
論才不覺九州寬　　인재를 논하실 땐 천하 넓은 줄 모르셨지.
　―『수원시화』

동심지인(同心之人)이 서로 그리다가 만나는 장면이 눈물겨웁기까지 하다.

빙허(憑虛)⁴는 나보다 혹 삼사 세 위일는지도 모른다.

빙허가 그의 처녀작「빈처(貧妻)」를『개벽』지에 발표했을 때 나는 촌에서 갓 올라온 중학생이었다.

「빈처」를 읽고 감격한 나는 곧 그에게 만나고 싶다는 편지를 보냈다.

빙허도 곧 내게 회답을 했고 그뒤에도 여러 번 같은 자리에 앉아 보기까지 했지만 나는 종내 그에게 말을 건넬 용기가 없도록 수줍었고 빙허도 나에게 말을 건네기까지는 못하였다.

우리는 서로 짐작만 하면서 십여 년의 세월이 물 흐르듯 흘러갔다.

그뒤로 빙허는 몸에 살이 오르기 시작했다.

그 가냘프던 빙허가 뚱뚱한 은행가의 체구로 변한 뒤로는 그에 대한 호기심은 웬일인지 사라져 버리고 나는 빙허를 만날 것을 단념하고 말았다.

그랬더니 무상한 인생은 그와 나와의 사이에 파문을 그리기 시작했다.

돌연히 빙허가 죽었다는 기사가 나타났다.

나는 처음으로 전농동(典農洞) 빙허의 집에 조객으로 찾아갔다.

---

1. 칼라일(Thomas Carlyle, 1795-1881)은 영국의 비평가이자 역사가이며, 에머슨(Ralph Waldo Emerson, 1803-1882)은 미국의 사상가이자 시인이다. 유럽으로 건너간 에머슨은 칼라일을 만나 깊은 교우관계를 맺고, 그를 통해 배운 독일 관념론의 영향을 많이 받게 된다.
2. 수원은 중국 청대의 문인 원매(袁枚, 1716-1797)의 호로서, 자는 자재(子才)이다. 그는 전통화법과 형식주의를 비판한 판교와 같이 의고주의(擬古主義)에 반대했다. 시문집으로『소창산방집(小倉山房集)』, 시론으로는『수원시화(隨園詩話)』가 있다.
3. 여럿 가운데에서 손가락을 꼽아 셀 만큼 뛰어난.
4. 빙허는 소설가 현진건(玄鎭建, 1900-1943)의 호이다.

(아무도 빙허와 내가 인사 없는 자리인 줄은 몰랐으리라.)

돌아서면서 나는 솟는 눈물을 금할 길이 없었다.

수원과 판교는 이십 년 후에야 서로 만났다지만 빙허와 나는 이백 년 후이면 혹 만날 날이 있을는지!

생각나는 화우(畵友)들

수학, 역사, 외국어, 이화학(理化學), 이 밖에도 수많은 과정을 꼭같이 배우던 친구들로, 그 중에서도 그림만 좋아하여 따로 모인다는 것도 기연(奇緣)이었거니와, 이렇게 같은 길을 걸으려던 친구들도 한 해 두 해 십 년 이십 년 세월이 흘러가는 대로 혹 전업(轉業)도 하고 혹 폐공(廢工)¹도 하고 또 혹은 남 먼저 죽어 버리기도 하여, 내 나이 이십 세 전후에서 오십 줄을 바라보는 불과 이삼십 년 동안에 지난날을 회상할 때 덧없기도 하고 기막히기도 한 일이 한두 가지가 아니다.

그 동안 나도 몇 차례나 그림을 그린다는 데 고민을 거듭하고 심경에 끊임없는 변화를 일으키며 갖은 우여곡절을 겪고 나서 불로불소(不老不少)한 오늘에 아직도 되지 않은 그림장을 그립네 하고 버티는 것이 행인지 불행인지 모르겠으나, 이제 와서는 새삼스레 내가 그림을 그리고 산다는 것을 후회할 것도 없고 또 이 밖의 다른 공부를 더 부러워하지도 않는다.

쉬운 말로 만성이 되어서 그러한지 이제는 별조²가 없을 터이니까 그러한지 모르나, 아무튼 나는 나대로 화도(畵道)를 걸어가는 것이 가장 행복되다고까지 생각하고 있는 터이다.

그런데 내 친구 중에는 요외(料外)로³ 초지(初志)대로 나가지 못한 사람이 많으니, 중도에서 그림을 덮어버린 친구가 한둘이 아니요, 또 내가 존경하고 아끼던 친구로서 아깝게도 요절해 버린 사람도 또한 적지 않다.

최창순(崔昌順) 형은 바로 재작년에 도미했던, 개성서 적십자 병원을 경영하던 이름 높은 의사다.

나는 중앙(中央)에 다니고 최 형은 배재(培材)에 있었다.

미술학교 시험을 치르겠노라고 그 먼 거리를 계동(桂洞) 꼭대기까지 매일같이 방과 후면 찾아와서 나와 함께 석고 데생을 연습했다.

그의 가정은 퍽 빈한하여 남의 도움으로 학업을 계속했으므로 미술공부만은 한사코 말리는 것이었으나, 그는 그림을 생명으로 알고 기어이 미술공부만 하겠노라고 버티었다.

그러나 그의 온아한 성격은 종시 부모의 명을 어길 수 없었던지 필경 세브란스에 입학을 했고, 그뒤에 들으니 그는 해부학 실험을 하는 동안 그 끔찍스런 시체를 만지기에 한 달 이상이나 자다가도 헛소리를 치고 신경쇠약에 걸릴 지경이란 소문까지 들렸다.

비교적 평탄하게 미술을 공부할 수 있었던 나는 그의 재주와 함께 몹시 그의 불행함을 동정했다.

내가 미술학교를 마치고 정말 경제적으로 불우하게 되었을 때 개성 가는 차중에서 그를 만났는데 그는 의사로서 이름이 높았고 경제적 여유도 놀랄 만큼 달라졌다.

"내가 그때 만일 부모님의 명령에 좇지 아니했던들 오늘날 얼마나 불행했을는지 모르오" 하는 그의 말에 나는 다시 선모심(羨慕心)[4]을 일으킨 적도 있다.

최 형을 위해서는 다행한 일이겠으나 화우로서의 최 형을 잃은 것은 아직도 섭섭하다.

최 형과 거의 동시에 미술을 지망하던 나의 친

---
1. 공부나 하던 일을 중도에서 그만둠.
2. 별수.
3. 생각 밖으로, 의외로.
4. 부러워하고 사모하는 마음.

구는 여러 사람이어서 나와 같이 사진을 찍은 전라도 친구로 얼굴이 넓죽하고 성미가 시원한 사람 하나가 있었으나 오래되어 그의 성명도 기억에 남지 않고 생사까지도 모른다.

김온(金溫)이란 친구는 그 당시에 퍽 재주 있는 그림을 그리던 사람이었는데, 그후 러시아 문학을 전공하여 문단으로 활약하더니 근간에는 역시 소식이 묘연하다.

석영(夕影) 안석주(安碩柱) 형과 향린(香隣) 이승만(李承萬) 형은 나이도 나이려니와 그보다도 그림공부로 훨씬 우리보다 선배였고, 시관(時觀) 장석표(張錫豹) 형은 빛나는 재조(才操)로 초기 「서화협회전」[5]을 장식하던 친구러니 그후 동양화를 그리다가 오랫동안 나타나지 않는다. 역시 잊을 수 없는 화우다.

시관 장 형과 같이 「서화협회전」에서 이채(異彩)를 띤 작가로 심영섭(沈英燮) 형은 사상적으로 니힐리스틱한 경향을 가지고 아르치파셰프[6]의 『사닌』과 『노동자 세위리요프』를 탐독하고 또 『도덕경』을 읽고 불교에로 기울어지더니 인생에 대한 극단의 회의를 품은 채 그의 향리(鄕里)인 충남 당진으로 내려갔는데, 작품은 물론 손을 뗀 모양이요 벌써 십오륙 년 전 내가 병으로 신음할 때 잠깐 만나 보았을 뿐 그후 영 소식을 들을 길이 없다. 만나고도 싶거니와 화우로서의 가장 이별하기 싫은 친구다.

이창현(李昌鉉) 형은 죽은 강신호(姜信鎬)와 같이 세잔느를 숭배하고 군상(群像)을 취재하기 즐겨 하는 씩씩하고 재기 있는 좋은 그림을 그렸는데, 중간에 폐업을 하고 지금은 의정부에서 아주 상인으로 돈을 벌고 있다.

5. 서화협회는 우리나라 최초의 서양화가인 고희동(高羲東)이 주축이 되어 안중식(安中植), 조석진(趙錫晉) 등과 함께 창설한 우리나라 최초의 근대적 미술단체이다. 1921년 제1회 「서화협회전」을 가진 뒤, 일제의 탄압으로 1936년 강제 해산될 때까지 15회를 거듭했다.
6. Mikhail Petrovich Artsybashev. 1878-1927. 러시아 근대주의의 대표적 소설가로서, 대표작 『사닌(Sanin)』(1907)은 혁명의 패배에 환멸을 느낀 지식계급이 암담한 반동기에 처하여 도덕적으로 타락하던 시대풍조를 반영한 장편소설이다.

이십사오 년 전에 고려미술원[7]이란 화원이 구리개[8]에 설립되었을 때 이종우(李鍾禹), 김은호(金殷鎬), 김석영(金奭永), 강진구(姜振九), 김복진(金復鎭), 박영래(朴榮來) 제씨가 동인으로 모였다. 김석영이란 화가는 지금 생각하기에 퍽 자유스러운 터치로 풍경을 그린 것을 몇 번 보았는데 그후 아주 폐공을 하고, 연전(年前)에 들으니까 동소문 안에서 침구전문의(鍼灸專門醫)가 되어 개업을 하고 있다더니 지금은 어디로 옮겼는지 알 수 없고, 강진구란 이는 내시(內侍)로서 상해에서 그림을 배웠다던가, 침착한 유화가였는데 그림은 그후 아주 폐하고 연전에는 의정부에서 산다더니 그 후는 행방을 모르겠다. 박영래란 이도 그후 그림을 떠나서 사진업을 하고 있다더니 역시 소식을 모른다.

방면은 다르나 조각을 하던 김복진 형은 인물이 퍽 외교적이어서 예술가라기보다는 정치 방면의 사람이었으면 좋을 인물 같았으나, 조각으로도 상당한 기술을 가졌고 살아 있었다면 퍽 유용한 일을 할 사람이었을 것인데, 불행히도 연전에 장년의 나이로 작고하고 말았다.

대구 있을 때 사귄 화우로서는 서동진(徐東辰), 최화수(崔華秀), 박명조(朴命祚) 등 제형이 있었는데, 최 형은 그림보다 문학이 더 조예가 깊어서 한때 세평(世評)이 좋은 소설까지 발표하였으나 무슨 이유론지 그는 그림을 더 그리려 했다. 그러나 다난한 세파는 우리들의 지향하는 바를 순순히 길러 주지 못하여, 최 형은 생활을 위하여 전전하다가 지금은 군수(郡守) 살이를 한다는 소문이 들리고, 서 형 역시 들은 바에 의하면 그림보다는 장사에 더 힘을 기울이게 되는 모양이며, 박 형은 지금도 화필을 놓지나 않았는지 소식이 격조(隔阻)[9]하다.

지금 살아 있는 나의 옛날 화우들은 대략 이러

7. 1923년 9월 고려미술회라는 이름으로 서울에서 발족한 서양화가들의 신미술운동 모임. 1924년 초부터 고려미술원으로 개칭하고 연구소를 운영, 청소년 미술학도를 대상으로 실기지도를 했으며, 1925년에 문을 닫았다.
8. 지금의 을지로 일대.
9. 멀리 떨어져 있어 서로 통하지 못함.

1927년 8월 「강신호 유작전」이 열린 천도교기념관에 모인 화우들. 맨 오른편 김복진, 앉은 이 바로 뒤 구본웅, 위아래 모두 검정양복 차림 이승만.

하거니와, 그간에 벌써 고인이 된 사람이 또한 적지 아니하니, 석영, 향린과 함께 활약하던 분으로 정규익(丁奎益)이란 이는 그때 모 관청에 직을 갖고 있으면서 퍽 재주 있는 화풍을 보여주던 작가였으나 오래 전에 벌써 세상을 떠나고 말았고, 진주 친구로 강신호 군은 한때 연소한 작가로 가장 인기의 초점이 되었던 빛나는 화가였다. 미술학교[10]를 나보다 한 반(班) 위에 다녔고 얼굴이 맑고 고우며 말소리는 약간 더듬는 편이었다. 재주가 많다기보다는 무척 근(勤)한 작가로서, 동경서 우리들이 돈이 생기면 활동사진 구경을 가고 다방 출입을 하는 동안에 그는 겨울에 외투를 잡혀서까지 돈을 마련하여 채색(彩色)을 사고 방학 중에도 하루 한시를 노는 틈이 없이 제작에 열중하다가 아침이면 코피를 쏟는 것을 몇 번이나 목도하였다.

세잔느를 숭배하고 침울한 그림을 그렸으나 그의 색채는 영롱한 구슬빛이 떠돌았다. 그러나 우리의 운명은 좋은 작가를 오래도록 머물러 두지 않았다.

어느 해 여름방학에 돌아온 그는 이창현 형과 같이 진주 촉석루 아래서 목욕을 하다가 강 군은 의외의 익사를 하고 말았다.[11]

한 십 년 전이었던가 구리개 어느 고물상에서

10. 1887년 개교한 도쿄미술학교를 말하는 것으로, 1915년 고희동이 이 학교를 졸업한 이래 해방 전까지 예순세 명의 한국 유학생들이 졸업한 것으로 알려져 있다. 이 학교는 1949년 도쿄음악대학과 통합하여 현재의 도쿄예술대학이 되었다.
11. 강신호는 고향 진주에서 첫 개인전을 개막하는 날이던 1927년 7월 23일 사망했다. 1904에 태어난 그는 스물넷의 나이로 요절한 것이다.

그의 자화상이 틀에 끼운 채 쓰러져 있기에 얼마냐 했더니 일 원 오십 전만 내라 하기로 사 가지고 오면서 탄식하던 생각이 난다.

강 군도 내가 아껴 하는 친구 중의 한 사람이거니와 그 죽음을 가장 아까워하는 친구는 토수(土水) 황술조(黃述祚) 군이다.

토수는 강신호 군과 한 급(級)에서 공부했다. 경주 사람으로서 아마 우리가 아는 범위의 화가로서는 가장 격이 높은 사람이었을 것이다.

토수는 술을 즐겨 하기를 태백(太白)[12] 부럽지 않게 했다. 자그마한 키와 날씬한 몸에 까무잡잡한 코밑 수염을 기르고 언제나 웃는 얼굴로 친구를 무척 좋아했다.

조선서 동경까지 가는 동안 그는 술로써만 배를 채우다시피 하는 대음(大飮)[13]이었으나 술로 해서 실수하는 일이 결코 없었다.

토수는 다방면의 취미를 가져서 우리가 눈도 뜨기 전에 그는 혼자서 구해 왔다는 추사 선생의 글씨를 걸어 놓고 즐겨 했고, 불상의 수집과 감상에도 일가견을 가졌던 것 같다. 그리고 다도(茶道)에 깊은 취미를 갖고 조원(造園)[14]하는 재주와 화초 기르는 재주는 비상하였다. 일반 목공예의 재주도 놀라웠으나 특히 요리를 만드는 데는 능숙하였다.

우에노 공원(上野公園)[15] 아래 있는 어느 아파트 오층에 있을 시절의 토수를 방문하였더니 그는 손수 치킨 라이스를 만들어내는데, 일류 양식점의 그것보다 훨씬 맛이 좋은 데는 놀라지 않을 수가 없었다.

토수는 이렇게 다방면에 긍(亘)한[16] 재주를 가진 탓인지 그의 그림에도 항상 섬광이 빛났다. 그러나 유감인 점은 토수는 몹시 게을러서 좀처럼 그림을 그리려 하지 않았다. 그래서 그는 좋은 기

---

12. 태백은 중국 성당기의 시인 이백(李白, 701-762)의 자(字)로서, 그에게 술은 일생 동안 문학과 철학의 원천일 만큼 중요했다고 한다.
13. 술을 많이 마시는 것. 또는 그러한 사람.
14. 정원이나 공원을 만드는 일.
15. 우에노는 김용준이 유학하던 도쿄미술학교(현 도쿄예술대학)가 있는 곳으로 많은 예술가와 미술 유학생들이 밀집해 있었다. 우에노 공원에는 도쿄국립박물관과 도쿄국립현대미술관이 위치하고 있다.
16. 걸친.

황술조 〈자화상〉 1932. 도쿄예술대학 미술관.

술을 발휘해 주지는 못한 채 가 버렸다.[17]

그가 가기 직전에는 동양화도 그렸다.

토수는 퍽 진실하고 침착하고 온정 있고 의리 있는 친구였다.

그러한 토수이면서도 이상하게도 그는 일종의 변태성이 있었다.

동경 있을 때 길을 가다 말고 전차에 오르려는 양장(洋裝)한 여성의 다리에다 쫓아가서 입을 대고 빨았다는 이야기도 내가 듣고 웃었거니와, 그는 어느 집이든 누구의 발에든 윤기가 흐르게 반질반질 닦은 구두를 보면 견딜 수 없다는 것이다.

그래서 곧잘 남의 집 신장에 잘 닦아 놓은 구두코를 걸핏하면 핥았다는 것이다.

아무튼 토수는 좋은 친구였다.

나보다 좀 후배이기는 하나 김종태(金鍾泰) 군은 발랄한 재기와 예리한 감각으로 가장 참신한 그림을 그려서 장래가 퍽 촉망되더니 아까운 재주는 요절하는 것이 상례인지 평양에서 불의의 열병으로 객사를 하였다.[18]

내 나이 항상 어린 줄 알던 나도 어느덧 늙어 가는 장년의 나이라, 가만히 지난 과거와 과거에 사귀던 화우들을 생각하니 모든 것이 꿈결 같고 허무하기 짝이 없다.

지난 세월이 이러하였거늘 앞으로 닥쳐 올 세월의 덧없음이야 더 말할 것이 있으랴!

---

17. 1904년에 태어난 황술조는 후두(喉頭) 결핵을 앓다가 1939년 서른 여섯의 나이로 사망했다.
18. 김종태는 1926년부터 「조선미전」 특선을 여섯 차례나 한 주목받는 화가였다. 1906년 태어난 그는 평양지역 스케치 여행에서 얻은 병으로 1935년 서른의 나이로 요절했다.

화가와 괴벽(怪癖)

화가들이 제 할 바를 당연히 하는 행동에 대하여 세상 사람들이 공연히 기행(奇行)이니 변인(變人)이니 하고들 시(是)니 비(非)니 떠드는 것은 진정 말이지 스물네 시간 동안을 계속적으로 생각해 보아야 끝끝내 그들의 심리를 알 길이 없소.

가령 말하자면 나는 스물다섯 살 적에던가 한번 머리를 '오갑바 상'으로 자른 적이 있는데, 아무튼 학교엘 가는 길이면 남녀노소를 불문하고 보는 이마다 죽겠다고 웃어대는 것이 아니오. 게다가 열일고여덟 살씩 난 처녀들은 '이야다와'¹ 소리를 연발하면서 킥킥대는 것이 아니오. '오갑바 상'이 우스울 바엔 하필 '오갑바 상'에 한하리오. 머리를 깎는 것부터 얼마나 우스운 일이겠소. 자라는 대로 수더분하게 내버려두는 것이 무엇보다 자연스런 행동이겠는데, 세상은 어찌된 놈의 곳인지 도리어 머리를 기르는 것이 우습고 연장 다듬듯 맨숭맨숭하게 칼질을 하고 게다가 깍두기처럼 기름을 떡칠하듯 문질러 놓는 것을 좋아하는 세상이로구려.

'오갑바 상'은 반드시 계집애들만 할 수 있는 것이라고 어느 책에 적혀 있습디까.

세상이 그러하다고 괜스레 흥분할 필요도 없는 것이지만 사내가 '오갑바 머리'쯤 깎았다기로서

---

1. '이야다와'는 '아이 싫다'라는 의미의 일본 여자 아이들이 쓰는 말투.
2. 1896-1919. 일본 다이쇼 시대(大正時代)의 서양화가이자 시인으로, 시나 문예 작품을 많이 남겨 다이쇼 시대 후기의 젊은 예술가들에게 영향을 끼쳤다.
3. H는 요절한 화가 황술조를 말한다.

니 그것이 그다지 해괴할 건덕지야 없는 것이 아니겠소.

일찍이(일찍이래야 한 십여 년 전밖에 안 되오) 나는 무라야마 카이타(村山槐多)²란 요절한 한 화가를 끔찍이 사랑하였는데 그의 작품들을 사랑한 것은 물론이거니와 나는 그보다도 그의 전기를 읽던 중에 구석구석이 피어오르는 그의 탈속성(脫俗性)을 더 사랑하였소.

그는 어느 때 연꽃 핀 첫여름 불인지(不忍池) 못 물가로 소요하다가 지나가는 한 여성을 보았는데, 그 여성인즉 몸서리가 끼칠 만큼 미인이었더라오. 그래서 카이타는 한 걸음 번득하는 동안에 어느덧 그 여성의 입을 맞추고 말았더라나요.

도덕이란 거울에 비추어서 혹 잘못일지는 모르겠소. 그러나 나는 카이타를 변명하리다. 그에게 결코결코 이성적(異性的) 야심이 있는 것은 아니요, 의리(義理)를 잊어버린 것도 아니오. 그는 오로지 미에 도취해 버렸던 것이오.

나에겐 H란 친구³가 있소. H는 긴자(銀座) 통(通)에서 전차를 잡아타는 어떤 양장 미인의 각선의 아름다움에 홀려서 단번에 쫓아가서 그 여성의 다리에다 키스를 하였다 하오. H는 새로 닦은 구두가 반짝반짝 빛나는 것을 보면 그 매력에 취해서 때때로 핥아 보기 좋아하는 버릇이 있는 친구이지만, 이것 역시 그 신비스런 감각의 미를 느끼고자 함이 아니겠소?(전날 나는 H의 이 사건을 잡지에 발표하였다가 H에게 단단히 욕을 먹은 일이 있으면서도 지금 또 쓰는 것이요마는)

K란 친구는 미술학교 재학시대에 술에 취하여 학교 교실 벽을 뜯어 놓았고, N이란 친구는 카페에서 나체로 춤을 추었으며, R이란 친구는 술에 취하여 긴자 네거리에서 네 활개를 벌리고 춤을 추다가 신문사 카메라에 수용되었고, 나 역시 한때는 술을 먹고 '아바레루'⁴한 죄로 나으리님 댁 뒷방

신세를 족히 끼친 일도 있고, 흥에 겨우면 길거리에 누워서 오고가는 행인들을 바라보면서 콧노래를 불러 본 적도 있으며, P란 친구는 친구들이 술을 먹으러 가잔다고 너무 좋아서 급히 내려오려는 마음에 이층 꼭대기에서 그대로 내려 뛰다가 전치 2주간을 요하는 중상을 입은 일도 있소.

이러한 것들이 속소위(俗所謂) 기행(奇行)이란 것인데, 그러나 나로서는 아무리 엄숙히 생각해 보아야 그것이 기행될 것도 변태될 것도 없을 것 같소. 기행이니 변태니 하는 것은 말하자면 불구 상태를 의미하는 말이 아니겠소. 혹은 일부러 지어서 하는 것이 아니겠소.

그러나 화가들의 이런 짓쯤이야 흥겨워 하게 되는 수도 있고, 하고 싶은 욕심에 하는 수도 있는 것이요, 일부러 하겠다는 호기심이 있어 그러는 것도 아니려니와, 그렇다고 불구적인 아무러한 결함이 있어 그런 것도 아니오.

도잠(陶潛) 같은 사람은 부귀공명이 다 싫어서 일부러 한가한 전원을 찾아 「귀거래사(歸去來辭)」를 읊었고, 굴원(屈原)5 같은 이는 "世人皆濁 我獨淸 세상 사람 모두 혼탁하되 나는 홀로 깨끗하다'이라 하여 멱라수(汨羅水)에 빠져 죽어 「어부사(漁父辭)」가 생기었소. 소동파 같은 이도 술을 사랑하고 달을 사랑하다가 물 속에 달을 잡으러 빠져 들어갔단 말까지 생기지 않았소.6 이것도 기행이라면 얼마든지 기행으로 보일 것이오. 사람마다 자기의 즐기는 경지와 일이 있거늘 화가들이 보통으로 행하는 행동에 대하여 세인이 그다지도 이상히 여기고 참견하여 보는 것은 도리어 우스운 일이 아닐 수 없소. 톡 까놓고 말하자면 세상 사람들은 너무나 자승자박(自繩自縛)7하는 것을 예사로 알고 살아가는 분들입니다.

4. '아바레루(あばれる)'는 '난폭한 행동을 하다'라는 의미의 일본말.
5. 굴원(기원전 345-295)은 중국 전국시대 말엽 초(楚)나라 시인.
6. 소동파가 했다는 이 행동은 이백(李白)의 행적으로서, 근원이 잘못 착각한 것으로 보인다.
7. 자신이 한 말과 행동에 자신이 옭혀 들어감.

백치사(白痴舍)와 백귀제(白鬼祭)

다카다노바바(高田馬場) 역에서 노리카에(乘換)를 해 가지고 오치아이(落合)를 향하려면, 둘째번 정거장이 나카이(中井)란 곳으로, 거기서 내려서 바른편으로 몇 걸음 꼬부라지면 두서너 채를 꼭같이 나란히 지은 소위 나가야(長屋)¹가 있는데, 그 한가운뎃집 문 위에 표현파 풍의 글씨로 백치사(白痴舍)라는, 간판처럼 크게 써 붙인 집이 있었으니 이 집이 이제로부터 십 년 전 우리들의 유학생 시대의 소굴인 것이다.

백치사란 이것은 그보다도 수년 전 내가 처음 동경으로 갔을 때부터 지은 이름으로 별다른 뜻을 가진 것이 아니요, 백(白)의 인(人)이란 흰 백 자와 학문을 연구하는 사람들이란 것을 겸손하는 의미로 어리석을 치 자를 놓은 것인데, '백치사' 하고 붙이고 보니 백치란 말이 반편(半偏)이란 말과 공통되기 때문에 반편들이 모인 집이란 해석으로 들려서 누가 보든지 의아하는 눈으로 유심히 주의하는 이가 많았다.

이 백치사란 이름으로 두 가지 큰 곤란을 겪은 일이 있었는데, 하나는 백치사에 있는 식구들이 자기 집에 편지할 때면 고향에선 으레 백치사란 무어냐 하는 반문하는 편지가 오는 것이 딱 질색이었다. 한번은 내가 아버님께(지금은 안 계신) 상서하면서 '白痴舍內留子上書'라고 썼더니 그 다음 하서에 대뜸 백치사란 무엇하는 집이냐 하신 말씀이 계셨고, 그 해 여름에

귀향하였을 때 우리들이 함부로 지은 이름인 줄 모르시고 준절히² 꾸중을 하시었다. 또 하나는 대외적으로 받은 곤란인데, 이것은 백치사란 이름뿐만이 아니요 그때 같이 있던 친구가 대개 미술학교에 재학한 사람들로, 머리는 한결같이 목덜미를 덮을 만치 기르고 키가 짱꼴라³처럼 후영후영 큰 데다가, 또 한가지 불리한 조건은 그 근처에 적색주의자들이 많이 있었기 때문에 경찰관들이 우리도 으레 사상운동을 하는 사람들로 믿었던 모양인지, 그러나 표면으로 나타난 색채는 그저 머리가 긴 것, 조선 사람들인 것뿐이요, 오직 큰 수수께끼는 백치사란 문패인데 그렇다고 함부로 잡아갈 수는 없는 일이요 하니까 늘 노리고 있었던 모양으로, 한번은 학교에서 돌아오니까 이웃집 사람에게 경찰서로 오라는 부탁을 하고 갔다는 것이다.

"익키!" 나는 직각적으로 백치사 문패를 쳐다보았다. 그러나 지은 죄가 없는지라 안심하고 갔더니 경관님 말씀이 아니나 다를까, 원적 주소, 성명 등을 물은 뒤에 결국 묻는 말의 초점은 '대체 백치사란 무슨 뜻이냐' 하는 것이다. 나는 솔직하게 "내가 조선 사람이니 흰 백 자를 놓았고 내가 어리석은 사람이니 어리석을 치 자를 놓았다" 하였더니 그는 "소레데 하쿠치카"⁴하고 웃었고, 옆에 있던 경관들도 우스웠던지 킥킥 하는 소리가 들렸다.

그러나 그뒤에도 좀처럼 우리에게 의심이 안 풀리는 모양으로 가끔 우리 뒤를 살피는 듯하였다.

우리들은 모두 자취생활을 하고 있었는데 길 군⁵(지금 동경서 미술을 연구함)과 나는 미술학교에 있었어도 홍 군(지금은 종적이 묘연하다)은 농과대학에 재적하였다. 그 외에 가끔 우리집을 찾

---

1. 좁고 길게 지은 한 채의 집을 여러 세대가 살 수 있도록 따로따로 칸을 막아 지은 일본식 건물.
2. 매우 위엄이 있고 정중하게.
3. 일제 강점기에 중국 사람을 낮잡아 이르던 말.
4. 일본말로 '그래서 백치인가'의 뜻.
5. 서양화가 길진섭(吉鎭燮, 1907-1975)을 말하는 것으로, 1932년 도쿄미술학교 서양화과를 졸업, 1948년 월북했다.
6. 쇼와 시대(昭和時代)의 기독교 무교회파(無敎會派)의 전도사이자 「구약성서」 학자이다.

아온 사람은 조오지대학(上智大學)에 있던 K란 친구와 와세다에서 하숙 생활을 하던 이태준(李泰俊) 군이 있었다. 이 군은 그때 나와 친교를 맺은 지 오래 되지는 않았으나 피차에 취미상으로 일맥

도쿄미술학교 교정에서 기념촬영한 조선인 유학생들. 앞줄 왼쪽이 이순석, 뒷줄 왼쪽 세번째부터 황술조, 김용준, 김응진, 길진섭, 박근호, 한 사람 건너 이마동, 손일봉, 이해선.

상통하는 점이 있어 거의 날마다 내왕이 있었다. 임연(지금은 林麟) 군도 그후 자주 왔고, 이들 외에 화학생(畵學生)들이 자주 들렀다.

당시의 우리들의, 우리라면 어폐가 있을지 모르나, 경향은 어떠하였느냐 하면, 그때 한참 휩쓸던 소시얼리즘의 사조에는 비교적 냉정하였다. 그와는 정반대라면 반대의 유미적(唯美的) 사상, 악마주의적 사상, 혹은 니체의 초인적인 사상, 또는 체호프와 같은 적막한 인생관을 토대로 한 사상 등을 동경하는 일종의 파르나시앵〔高踏派〕들이었다. 태준 군은 그때부터 안톤 체호프, 투르게네프 등을 읽고 나에게 체호프의 단편을 읽기를 권하기도 하였다. 나는 뭉크, 비어즐리 같은 사람의 그림을 몹시 좋아하여 그들에 관한 전기, 평론 등을 읽으려고 애를 썼고, 보들레르, 말라르메, 베르하렌 등의 시집을 탐독하고, 일본의 요절한 천재 무라야마 카이타(村山槐多), 세키네 마사오(關根正雄)[6] 두 사람의 그림과 글 들을 찾으러 간다(神田) 헌책집을 매일같이 쏘다녔다.

지금 생각하면 우습기도 하고 그때의 정열을 다시 그리워하기도 하지만, 나는 누구보다도 큰 뜻을 품었고 누구보다도 로맨틱한 공상에 파묻힌 사람이었다. 미래파, 입체파, 표현파 등 형형색색의 그림들을 그려 보

기도 하고 그곳에서 기필코 새로운 표현양식을 발견해 보려고 노력도 했다. 그러나 지금 솔직하게 고백하거니와 항상 나에게 꼬리를 물고 다니는 인생에 대한 나의 사상은 언제든지 내 예술을 빛나게 해주지는 못했다. 나의 괜한 우울은 내 예술의 발전을 방해했고 지금도 오히려 그러함을 슬퍼한다.

그러나 이러한 이야기는 지금 말할 게재가 아니므로 약(略)하고, 이 백치사에 있는 동안 가장 중대하였던 두 가지 사건만은 아직도 잊을 수가 없다. 하나는 어떤 날 아침에 길 군은 풍로에 숯불을 피우고 나는 염매 시장에 쌀을 사러 갔다. 시장에서는 마침 '오우리다시'[7]로 경품 추첨을 하던 때였다.

나는 쌀 두 말에 일금 오 원야(也)를 주고 사서 경품권 두 장을 얻어 즉석에서 뽑았더니 이 웬일인가. 무심코 뽑은 것이 일등이라 특서한 놈이 하나, 사등이 하나였다. 시장에서는 별안간 경종과 같은 요란한 종을 울렸다. 조금 있더니 종소리를 들은 그 동리 남녀노소가 일등은 누군가 하는 호기심으로 좌악 모여들었다. 그러자 '一等 白痴舍樣 簞笥壹個'[8] 하고 쓴 종이를 내걸었다. 이걸 본 여러 사람은 한꺼번에 나를 향하여 폭포와 같은 인사를 한다. 평소에 아는 체하던 사람, 보아도 못 본 체하던 사람, 그 중에는 카페 여급도 있었는데 이 여성들은 더욱 눈꼬리를 배틀어 가면서 "하쿠치 상 오메데토(白痴さん オメデトウ)"[9] 하는 것이다.

나는 죄지은 사람처럼 어리둥절했다. 내가 일등을 뽑은 것이 잘못인지 잘한 일인지 비판할 여지도 없었다. 그러나 집에 돌아와 생각할 때 나는 "하쿠치(반편) 상" 하던 생각이 나서 다시 분이 치밀었다. 일등을 뽑은 것이 내가 반편 노릇을 한 것쯤 된 모양이었다.

경품으로 뽑혀 온 단스[10]는 팔자 사납게 총각만 있는 집에 온 후로 큰 일

년 동안 우리들의 때꼽 묻은 양말짝, 와이셔츠 부스러기로 채워 있다가 누가 십삼 원 주마는 것도 싫다고 거절하고 이듬해 정초에 옆집에 사는 가난한 부부에게 칠 원에 팔아 버렸다.

그 돈 칠 원은 하룻저녁 술값으로는 넉넉하였다.

가을에 이 일이 있은 후 무사시노(武藏野)[11]의 서글픈 바람은 나무마다 앙상한 뼈만 남기고 야키도리[12] 냄새 밤마다 구수하게 코를 찌르는 겨울을 싣고 왔다.

해마다 정초가 되면 '하네츠키' '가루다 아소비'[13] 등 화려한 놀이로 가득 찬 동경일수록 우리들의 마음은 더욱 서럽고 더욱 외로웠다. 이 겨울엔 이향(異鄕)에 있는 우리들의 시름겨운 마음을 한껏 유쾌히 해 보리란 결심으로 이러한 계획을 세웠다. 그 계획이란 것은 대대적으로 망년회를 개최하는 것인데, 이름을 붙여 백귀제(百鬼祭)라 하고(이 제안은 태준 군의 안출이었다) 회원은 조선 유학생이면 친(親), 불친(不親) 간에 올 수 있음, 회비는 무료이나 단 회원 각자가 제가끔 무슨 음식이든지 한 가지씩 사 가지고 올 의무를 가짐, 당야(섣달 그믐날)에 출석할 회원은 반드시 무서운 이야기를 한 개씩 준비할 일, 술과 스키야키[14]와 장소는 백치사에서 제공함. 이따위 얄궂은 조건으로 망년회를 개최할 것을 결의하고 우리들이 널리 회원을 모집하기로 하였다.

여기 한 가지 붙여 말할 것은, 이 백귀제란 이름을 붙인 것과 제가끔 무서운 이야기를 준비하라 한 것은 적어도 우리들의 당야의 분위기를 우

---

7. '오우리다시(大賣出し)'는 기한을 정해 많은 물건을 대대적인 선전과 함께 싸게 파는 일을 말한다.
8. '일등 백치 씨, 장롱 한 개'의 뜻.
9. '백치 씨, 축하해요'의 뜻.
10. 단스(簞笥)는 장롱, 옷장을 뜻하는 일본말.
11. 일본 도쿄 중부에 있는 도시로 이차대전 후 주거도시로 되었으며, 학교가 많이 위치해 있다. 일본의 몽마르트르라고도 할 수 있는 예술의 도시로, 당시 유학생들에게 동경의 장소였다고 한다.
12. 닭꼬치 구이.
13. '하네츠키(羽根突き)'는 판자로 만든 채로 모감주 열매에 구멍을 뚫고 새털을 박은 공을 치는 일본 놀이로, 정월에 여자아이들이 주로 한다. '가루다 아소비(かるたあそび)'는 시(詩) 앞구절과 뒷구절이 두 장에 각각 나뉘어 적힌 장방형 딱지를 재빠른 사람이 짝을 맞춰 먼저 집는 일본 놀이를 말한다.
14. 쇠고기, 닭고기 등과 야채를 기름, 설탕, 간장 등으로 조미하여 끓인 일본 음식.

리들의 사상과 일치시키기 위함이었다. 위에 말한 바 우리들의 유미적인 사상, 공포와 경이의 경지를 실연해 보고 싶었던 것이다.

그래서 그후 즉시 스즈키(鈴木) 5호의 내 바이올린15은 무참하게도 일금 사 원야에 전당국 신세를 져서 그 돈으로 흰떡 사 원어치를 사고 백귀제 날은 두주(斗酒)16를 사 온다, 스키야키를 준비한다, 회원 등이 가져올 선물을 받을 그릇으로는 경품 타 온 단스의 서랍을 뽑아 현관에 장치한다 하여 법석을 하였다.

밤이 되매 문전에 자그만 등불을 한 개 세웠을 뿐 집 안은 일부러 검은 휘장을 유리마다 쳐서 암실을 만들어 놓고 식구들은 쥐죽은 듯 고요하였다.

여덟시 정각이 되자 약속과 같이 백귀들이 모이기 시작하였다. 아는 친구는 킥킥 웃으면서 들어오고, 모르는 친구는 생전 처음 오는 집이라 더듬더듬 하다가 벽에 가 탁탁 부딪히기도 하였다.

이렇게 한 삼십 분이 지나매 거의 다 모인 듯한 눈치이므로 이제는 순서가 시작된다.

맨 먼저 축음기로써 「G선상의 아리아」 곡조가 유현하게 울리었다. 그 다음으로 무서운 이야기가 이 구석 저 구석에서 나왔다.

캄캄한 방 속에서 서로 얼굴조차 모르는 친구들이 모여서 한동안 이렇게 이야기가 진행되는 동안에 맙소사, 한편 구석에서 아름답지 못한 소리가 뽕 하고 들렸다. 별안간 와— 하고 웃음이 터지면서 방정맞은 친구가 불을 확 켰다.

그제야 산 듯이 휘휘 둘러 보니까 키 큰 놈, 작은 놈, 양키같이 생긴 놈, 메추리같이 생긴 놈, 별의별 놈들이 일좌에 앉아 있다. 그 중에는 나중에 알고 보니 피아노 공부한다는 R양도 만록총(萬綠叢) 중 일점홍(一點紅)으로17 끼어 있었다.

그 다음은 술이 벌어지고 이야기가 벌어지고 노래가 벌어지고!… 하는 동안에 날이 밝기 시작하였다. R양은 새벽 네시쯤 도망가고 사내놈들은 곤죽이 되어 아침 열한시까지 드릉드릉 코를 골았다.

이날 밤에 서로 만나 논 친구들 중에는 화가도 있었고 문사도 있었고 음악가도 있었다. 찻집 낙랑(樂浪)을 경영하던 이순석(李順石)18 군도 당야에 있었다. 소설을 쓰는 이태준 군도 있었다. 지금 영생고보에 있는 홍득순(洪得順) 군은 그 밤에 처음 만났고, 그때 와세다에 다니는 우 군은 황해도 어느 금융조합엔가 있다는데 소식이 묘연하다. 그날 밤에 처음 인사한 친구로는 여럿이 있으나 지금은 그들의 이름도 잊었고 그후로는 한번도 만나지 못한 채 지금은 어느 곳에서 무엇들을 하는지 모른다. 더구나 잊혀지지 않는 것은 그 밤에 같이 떠들고 놀던 민 군(閔丙吉). 미국으로 건너간다고 댄스 구두까지 맞춰 놓고 좋아하던 민 군은 그후 반 년이 못 지나서 불귀(不歸)의 객이 되고 말았다.

이리하여 혹은 죽고 혹은 졸업하여 귀국하고 하는 동안에 나도 자취 생활을 떠엎고 길 군과 같이 백치사를 떠나 우에노 근처로 집을 정하고 거기서 한 일 년 미술학교의 마지막 학년을 보냈다.

지금은 가끔 오직 추억으로의 그 시절을 생각키도 하지만 그때를 추억할 때마다 나는 늘 체호프의 단편 「어떤 노인의 이야기」19란 것이 생각난다.

모든 것은 그 동안에 그렇게도 변하여졌을까! 그때 만나던 사람, 그때 살던 집, 그때 보던 곳!

---

15. 스즈키 마사키치(鈴木政吉, 1859-1944)라는 일본 메이지(明治), 다이쇼, 쇼와 시대의 악기 제조업자가 만든 바이올린 5호를 말한다.
16. 한 말 정도의 술. 많이 마시는 술. 말술.
17. 남자의 무리 중 유일한 여자로.
18. 1905-1986. 석공예가이자 디자인 교육자로, 도쿄미술학교에서 도안을 전공하여 김용준과 함께 1931년에 졸업했다. 서울 소공동에서 찻집을 내고 많은 문화예술인들과 어울렸다고 한다.
19. 1889년작으로, 자신의 인생관을 갖지 못했기에 노년에 이르러서도 어떻게 살 것인가를 알지 못하는 퇴직 교수의 절망적 심정을 묘사한 작품이다. 우리나라에는 「지루한 이야기」라는 제목으로 알려져 있다.
20. 1891년작으로, 미모의 청년 도리언이 쾌락주의의 나날을 보내다 마침내 파멸한다는 이야기이다. 「도리언 그레이의 초상(肖像)」이라는 번역으로 알려져 있다.

김용준 〈자화상〉 1930. 도쿄예술대학 미술관.

그때는 내 머리가 더벅머리처럼 길었다.

그때는 나에게도 남부럽지 않은 열정이 있었다.

머리맡에 책상 다가놓고, 벽에는 온통 그림을 붙이고, 이불은 깔아 둔 채 자고 나온 그 구녕으로 밤이 되면 도로 들어가고, 아침이면 알몸만 빠져 나왔다가 저녁에 그 구녕으로 도로 들어가기를 반 달씩이나 계속하는 게으름뱅이였건만 그래도 그때는 정열이 있었다.

오스카 와일드의 『도리언 그레이의 화상(畵像)』[20]을 읽으면서, 다시 오지 못하는 청춘을 안타까워하면서도 그러나 나만은 늙지도 죽지도 않으려니 하였던 나이언만, 십 년을 격한 오늘에 내 모양은 너무나 초췌하구나.

과거는 하염없는 것, 추억은 또 한층 부질없는 짓인가 보다.

화가의 눈

생각하면 예술을 한다는 것처럼 쑥스러운 짓도 없는 것이다. 소설을 씁네 하고 바쁜 세상에 잔 소리 굵은 소리, 게다가 거짓말조차 늘어놓아서 이걸 큰일이나 하는 듯이 떡 버티고 앉는 꼴이나, 시를 쓴다고 혓자락이 말 배우듯 되다만 소리를 몇 줄씩 끄적거리는 화상들이며, 음악을 합네 하고 동네사람 잠도 못 자게 떠들썩 구는 친구들이며—그러나 이런 패는 또 애교가 있는 편이다.

  소위 그림을 그린다는 화상들—세칭 화가란 명목을 떠메고 다니는 친구들은 예나 이제나 아마 제일 말썽꾸러기들만 모인 성싶다.

  사지육신을 멀쩡하게 타고나서 이마에 땀 한방울을 흘리지 않고 편안히 먹으려만 든다. 편안히 먹으려면 또 용서할 수 있겠는데 한술 더 떠서 이상한 짓만 골고루 찾으려 든다.

  옛날에 예운림(倪雲林)[1]이란 결벽가(潔癖家)는 소산(蕭散)한[2] 산수를 그리는 데 진세(塵世)[3]의 인간을 점경(點景)[4]하는 것까지 그리어서 정말 공산무인(空山無人)의 수석(水石)만을 배치하였다는 이야기도 있고, 남은 집에 불이 붙어서 호곡(呼哭)을 하고 탄식을 하는 판인데, 그 독사 같은 눈으로 붉은 불꽃이 세차게 타오르면 타오를수록 신이 나서 주시하는 버릇을 가진 친구들도 있다.

"그놈의 불꽃은 곱기도 하지. 먹칠 같은 하늘 빛과 싯누런 불꽃과 황홀한 곡선과…"

만일 화가들이 이러한 환상에 사로잡히면서 남의 화재를 향락하고 있다는 심리를 세상 사람들이 안다면 사회는 화가란 존재를 더 냉대하여도 좋을 것이다.

일본에 가쓰시카 호쿠사이(葛飾北齋)라는 우키요에의 명인이 있었다. 영국 작가이던가 '조지 무어'란 친구가 호쿠사이의 그림에 그만 홀딱 반해서 한다는 소리가 "호쿠사이의 그림 한 폭의 가치는 전 일본인의 생명과 대등하다"고 극단의 비유로써 찬탄한 소리도 들었다.[5]

하기는 인도란 땅덩어리쯤 가지고 저 유명한 셰익스피어와 바꾸자고 할까 봐 겁을 내는 영국 사람들이니까 이런 소리쯤 하고도 남을 수 있는 것이다.

그러나 이런 소리를 한 것이 영국의 위정자가 아니요, 영국의 예술가, 문화인의 입에서 나왔다는 데 한층 흥미가 있고, 이러한 흥미가 어느덧 시대에 뒤진 흥미라는 데 한층 더 우리는 생각할 여지가 있다.

예술을 하는 사람들이 이렇게까지 이해할 수 없는 심경(心境)에서 살고, 예술을 옹호하려는 마음이 이렇게까지 극단의 비유에 흘러도 좋을까.

잠깐 머리를 돌이켜 반성할 필요가 있다.

가령 우리 민족의 남긴 최대한 업적이 신라의 석조미술이라 하자. 그렇다고 신라의 조각을 살리기 위하여 우리 민족이 송두리째 망해 버려도 좋으냐. 안 될 말이다.

---

1. 운림은 중국 원말(元末) 명초(明初)의 산수화가 예찬(倪瓚, 1301-1374)의 호이며, 자는 원진(元鎭)이다. 벼슬길에 들지 않고 은일과 방랑 속에 평생을 보낸 그는 지나칠 정도로 결벽, 견개(狷介)한 인품을 가졌다 한다.
2. 조용하고 한가한 가을철 같은 기분의.
3. 복잡하고 어수선한 세상. 티끌 세상.
4. 풍경화 등에서 정취를 내기 위해 사람이나 동물, 또는 물건을 점점이 그려 넣는 것.
5. 가쓰시카 호쿠사이(1760-1849)는 19세기 우키요에에 서양화의 수법을 가미한 풍경 판화를 새롭게 전개한 개척자이다. 이 시기에는 유럽으로 우키요에가 유입되어 프랑스 화단을 비롯한 여러 나라의 예술가들에게 영향을 끼쳤다. 영국의 소설가이자 시인인 조지 무어(George A. Moore, 1852-1933)도 당시 유럽에서 호쿠사이의 그림을 접하여 매료되었던 것이다.

가쓰시카 호쿠사이 〈개풍쾌청(凱風快晴)〉『후가쿠(富嶽) 삼십육경(三十六景)』 중.
일본 19세기초. 도쿄 헤이기(平木) 우키요에 재단.

사오 년래로 산이 모조리 황요(黃耀)⁶해져서 중놈의 대가리가 되었다.

나무 한 포기 풀 한 포기 의지할 곳 없는 곳이 우리나라의 산이다.

이십 년 전쯤이었던가? 일본인 화가 한 사람을 차중(車中)에서 만나서 부산까지 동석해 가면서 주고받던 이야기가 생각난다.

"조선에는 붉은 산이 많아서 화제(畵題)가 얼마든지 있겠구료."

그때는 산에 나무들이 제법 까무잡잡하게 어울려 갈 때인데도 그래도 군데군데 붉은 봉우리들이 삐죽삐죽 내밀어서 홍록청황(紅綠靑黃)의 다채로운 자연이 아닌게 아니라 화흥(畵興)을 돋우는 것이 사실이었다.

일본이란 나라는 정말 푸른 나무 빛깔뿐이어서 화취(畵趣)를 일으켜 주는 자연이라고는 별로 없었다.

나는 당시의 일본 화가들이 이구동성으로 조선은 다채로운 나라라고 선망하는 소리를 들었다. 나 자신도 우리나라는 나무 없는 붉은 산들이 많아서 그림 그리기에는 퍽 좋은 자연이라고 느끼기도 했다.

그러나 차중에서 이 이방인의 말을 들은 순간 나는 동감해야 좋을지 그렇지도 않다고 부정해야 좋을지 대답할 바를 몰랐다.

무엇인지 내 가슴속에 뭉클해지는 것을 느끼면서 나도 모르게 얼굴이 화끈했다.

그저 나는 고개만 끄덕끄덕, 그리고 빙그레 웃기만 했지만 실상 그때의 내 웃음이란 필시 쓴웃음이었을 것이다.

벌거숭이 산빛이 다채로워 그것만은 화학도(畵學徒)인 나로서도 부인할 수 없는 사실이었으나, 허나 그들이 걸핏하면 조선 사람은 나무를 심을 줄 모른다는 소리를 귀에 젖도록 뼈아프게 들어온 터이라, 내가 이 땅의 흙으로 뭉쳐 태어난 이상에는 아무리 벌거숭이 산이 화취를 돋운다 치더라도 그것을 내 입으로까지 좋다고 부연을 할 형편은 아니었다.

내가 화상(畫想)을 못 얻어 그림을 집어치우고 각설이 타령으로 구걸을 할지언정 우리나라 산은 요 모양으로 빨갛소 하는 소리를 이족(異族)에게 들려 주고 싶지는 않았다.

그러나 그때의 산은 또 약과였다.

1945년 8월을 턱 당하자 그후로 산들은 일사천리로 때아닌 단풍이 들었다. 모조리 빨갛다 붉다 못해 싯누런 흙빛이 장마 때 뒷간 넘치듯 마구 넘쳐 흐른다.

북성(北猩)에서 삼각으로 줄곧 닿은 연봉(連峰)이 이름 그대로 황산곡(黃山谷)이다.

시꺼멓던 목멱(木覓)7은 열병을 앓은 뒤 털난 놈 같다.

녹수청산(綠水靑山) 어데가고 붉은 산 진흙 물가
뫼인 듯 굽어보니 묘지 적실 예 아닌가
사람은 저 못난 줄 모르고 나무심자 하더라

의정부 산골짜기까지 비행기에서는 전단을 뿌려 신기한 듯 주워 보니 하였으되, "오늘은 나무를 심는 날입니다. 산림을 애호합시다. 여러분의 애국심으로 도벌(盜伐)를 금합시다" 하였다.

외인(外人)의 비행기가 군정시대에 그들의 가솔린을 제공하여 가면서까지 우리 민족에게 민주주의적으로 애국심을 가르쳐 주는 것이었다.

그러나 그뒤로도 산은 날이 갈수록 점점 더 붉어지기만 한다.

해마다 민주주의는 마이크를 통하여 애림(愛林) 정신을 고취하고 소학교 어린이들은 팔에 팔에 '애림 애림'이란 완장까지 달았다. 그들의 입에서는 죄 없다는 노래까지 흘

6. 누렇게 드러남.
7. 목멱산의 줄임말로서, 서울 남산(南山)의 다른 이름이다.

러 나온다.

    동무야 나오너라 나무를 심자
    손에 손에 호미 들고 괭이 메고
    붉은 산 허리에다 나무를 심자
    너 한 그루 나 한 그루 나무를 심자

노랫소리는 아름답고도 처량하다.
그러나 우리 땅에 푸른 나무 그늘은 언제나 찾아오려나.
나라가 망해도 다채로운 산빛만 좋아하는 기벽을 가진 화가의 존재가 이 땅에서 씨가 말라 버리는 한이 있더라도, 하느님 제발 이 땅에 하루바삐 마이크의 민주주의보다 푸른 나무가 자욱하게 들어서는 민주주의의 날이 오게 해줍소서.

기도(碁道) 강의

어느 기인(碁人)¹의 말이 "바둑을 노는 것보다는 수필 쓰는 재미가 여간이 아니라"고.

"바둑이란 것은 한번 딱 놓고 나면 물릴 수도 없고 되풀이할 수도 없어서 그날 판세에 맡기는 도리밖에 없지만, 글을 쓴다는 것은 상대방의 위협도 없어 좋거니와, 일 년이나 이태 후일지라도 깎고 고치고 하여 첨삭하는 재미도 있고, 또 쓰고는 잊어버렸던 글을 얼마 후에 다시 읽어 보면 내가 언제 이런 것을 썼던가 싶어서 꽤 흥미를 돋운다"는 것이다.

그는 또 말하기를,

"전문가란 것은 병신이라"고.

"자기가 전문으로 한다는 자부심보다도 전문으로 하는 것이어니 하는 때문에 별반 흥미가 없는데, 전문 이외의 것은 꽤 투기적(投機的)인 흥미를 느낄 수 있는 점이 좋다"고.

이 말에는 제법 경청할 여지가 있었다.

그런데 나는 바둑이고 수필이고 모두 전문이 아니면서 괜히 건드리기만은 좋아하는 성미인데, 그러나 어쩐지 글쓰기보다는 바둑을 노는 것이 더 취미가 있다.

문학을 하는 사람들은 어떤지 몰라도 글을 짜낸다는 것은 정말 고통 중의 고통이다. 깎고, 짓고, 문지르고, 다듬고 아무리 낑낑거려도 자기의 의사표시를 하려면 삼동(三冬)에도 이마에 땀이 흐르지 않고는 못 배긴다.

오죽 답답하고서야 창으로 들어오는 광선이 아른거려서 덧문을 첩첩이 달아도 보고, 그리고 나니 또 깜깜해서 전등불을 켜도 보고, 그리고 나니 또 안방에서 지껄이는 소리가 귀에 거슬려서 원고지며 펜을 들고 산으로 올라가도 보고, 풀섶에 엎드렸노라니 또 개미 새끼들이 넓적다리를 꼭꼭 찔러서 화가 벌컥 나고, 이리하여 내가 여남은 장 원고를 쓸 양이면 농(弄)이 아니라 십년 감수는 하고야 만다.

이건 내 나이 삼십이 훨씬 넘어 배웠기 때문에 하룻강아지 범 무서운 줄 몰라서 그런지, 누구든지 만나면 두고 싶고, 두기로 말하면 집에 불이 나도 모를 지경으로 빠지고 만다.

하찮은 바둑도 두어 보니 거기에도 법이 있고, 요령이 있고, 예의가 있고, 염치도 있는 것이라.

흰 점과 검은 점이 광막(廣漠)한 지역에 운명의 씨처럼 한 점 자리를 잡고 앉는 것이 바로 철리(哲理)나 해득될 것 같다가, 차츰 전쟁이 벌어지기 시작할 때면 평온하던 심장이 긴장되고, 적의 포위태세가 점점 줄어들 때는 그만 간조증[2]이 나면서 나도 모르게 오줌을 지리는 수도 많다.

완연히 서편에 공격을 당하는 줄만 알았는데 어느 여가엔지 동편이 포위를 당한다.

이것은 소위 성동격서(聲東擊西)[3]의 전술이다.

그러다가 전세가 불리하면 점잖게 바둑을 놓고 항복의 뜻을 표한다.

그러나 이것은 신사적인 바둑이다.

어디까지 점잖게 신사적으로 수비를 든든히 하

---

1. 바둑을 두는 사람.
2. 입이 말라 물기가 없는 증세. 건조증(乾燥症)의 원말.
3. 동쪽에서 소리를 내고 서쪽에서 적을 친다는 뜻으로, 적을 유인하여 이쪽을 공격하는 체하다가 그 반대쪽을 치는 전술을 이르는 말.

는 것이 능수로, 능수일수록 적을 공격하기를 주저한다.

적이 패한다는 것은, 결산을 해 보면 적이 침략적인 방법으로 덤벼들 때에 한한다. 침략적인 태세를 취할수록 패하는 도수는 잦아진다.

능수일수록 되도록 공세와 침략을 피하고 덕(德)과 의(義)로 자기의 지역을 방어한다.

그러나 풋내기 바둑은 출발부터 침략이다. 뿐만 아니라 어떻게 하면 상대편을 속일까 하여 갖은 모략(속임수)을 다 쓴다.

침략도 모략도 또 용서할 수 있으나 풋내기는 걸핏하면 물러 달라기가 일쑤요, 심한 것은 바둑을 두다 말고 자기의 실력이 부족하든 덕의심이 부족하든 간에 자기편이 불리한 경우에는 다짜고짜 먼저 얼굴빛이 변하고 그 다음 불평이 나오고 그 다음은 가끔 화를 버럭버럭 내다가, 그러나 그뿐인가, 후레자식들은 그만 폭력을 쓴다.(요샛말로 테러가 전개된다.) "내―드런 것, ×같은 놈의 바둑 안 두네" 하는 날이면 바둑판이 쏟아지고 주먹질이 건너온다.

이렇게 되면 아찔이다.

바둑을 놀 흥미는 완전히 사라진다.

바둑은 잘 두면 정신수양도 된다.

의협심도 는다. 상대편을 사랑하고 싶은 애타심도 생긴다.

허나 막된 놈이 바둑을 배우는 날에는 처음부터 침략이요, 그 다음은 폭력이요, 그 다음은 친한 친구끼리의 의리를 저버리는 못된 습관만 는다.

아마 이것은 기도(碁道)에뿐 아닐 것이다.

전쟁도 그러하고 정치도 그러할 것이 아닐까.

인(仁)과 의(義)로써 한다면 전쟁도 정의를 살리기 위하여만 생길 의의가 있고, 또 정의로 나선 편이 반드시 이길 것이요, 정치도 인의(仁義)로 나서

김준근(金俊根) 〈바둑〉 『기산풍속도첩(箕山風俗圖帖)』중에서.
조선 19세기. 독일 함부르크민족학박물관.

는 편에 인민은 가담할 것이니, 우리 같은 범용한 사람의 생각도 이러하거든, 하물며 정치를 한다는 사람들이야 무엇보다 먼저 기도(碁道)의 정신을 체득할 필요가 없을 것이냐.

십삼 급(級) 기인(碁人) 산필(散筆)

문자 잘 만들기로 유명한 중국에서 바둑이나 투전을 일러 '수담(手談)'이라 한다고.

묘한 말이다.

친구들과 바둑을 대국할 때는 되도록은 말이 없는 것이 좋다.

두는 사람도 그러하려니와 옆에서 관전하는 사람도 있는지 만지 해야 한다.

흑백이 서너 점 떨어지면 벌써 천하의 대세는 결정되는 성싶다.

바둑은 서너 점 흑백이 어울릴 때부터 벌써 긴장되기 시작한다.

적의 포위하려는 의도가 어느 편에 집중된다는 눈치를 채게 되면, 그 포위망을 피하는 데 대개 두 가지 길이 있다.

우리 같은 서투름뱅이는 어떡하든 고립시키지 않으려고 원군(援軍)을 부절(不絕)히 보내는 것이나, 능한 사람이 두는 걸 보면 완전히 적의 의도를 무시하고, 고군(孤軍)이 포위를 당하거나 적이 공세를 노골적으로 보이거나 할 것 없이 모르는 체하고 왕청스레 딴 짓을 한다. 그렇게 하는데도 한참 두다 보면 좀체로 고군이 죽는 법도 없거니와, 가사(假使)¹ 한두 점이 희생되는 한이 있더라도 극히 적은 희생에 그치고 엄청나게 큰 이익을 거두는 수가 많다.

"하하아." 바둑을 두다 말고 나는 흔히 고개를 끄덕거린다.

세상 일도 이러한 것이렸다.

지식이 빈곤한 사람들이 근거리의 이해(利害)밖에는 볼 줄 몰라서, 심하면 자기 일신의 영달에 그치고, 그렇지 않으면 자기네 가족의 영화나 기껏 멀리 본 대야 자기 일파당(一派黨)의 이익밖에는 옹호할 줄 모르는 것과 같다.

국수(國手)는 결코 작은 이익에 머무르지 않는다. 좀더 시야를 널리 해서 한두 점이 희생을 당할지언정 '대마(大馬)'를 절대로 죽이는 법이 없다.

남은 계획을 딱 세워 놓고 차근차근 두어 가는 판에 성미 급한 싱거운 관전객은 중뿔나게 훈수를 든다.

상대편이 고경(苦境)[2]에 빠져 어쩔 줄 모르고 어물거릴 때 "거기 놓으면 쓰나. 여기다 놔, 여기다…" 하고 요충을 일러 주는 싱거운 훈숫꾼이 있다.

이것이 몇 점의 이해라면 모르겠는데, 가다가는 형세가 역전하여 승부가 금방 뒤집히게 되는 경우에 이런 싱거운 훈수가 들어올 때는 딱 질색이다.

그러나 사람의 성벽(性癖)이란 또 우스운 것이어서 번연히 자기 실력이 부치는 줄 알면서도 훈수를 듣고서 부득부득 제가 이겼다고 우기는 비겁한 친구도 곧 많다.

관전꾼의 동정이 어디로 모일 것은 자명한 일이다.

이런 경우에 제 돈을 내어서까지 훈수를 드는 친구도 밉살스러워 보이지만, 남의 힘을 빌려 자기 수를 건성 높이려 드는 뻔뻔이들은 한층 더 침이라도 뱉고 싶다.

비겁하단 말이 났으니 말이지, 바둑을 두는 도

1. 가령.
2. 어렵고 괴로운 처지나 형편.

전(傳) 김홍도 필(筆) 〈후원아집(後園雅集)〉 조선 18세기말-19세기초. 국립중앙박물관.

중에 걸핏하면 물러 달라는 친구를 대할 때는 진정 견딜 수 없다. 그것도 점잖게 두다가 정 억울한 대문에 한번쯤 물리자면 또 용혹무괴(容或無怪)이겠는데, 이건 처음부터 갖은 잔소리를 다 해 가면서 놓았다 들었다 찧고 까불다가 한 마리만 걸려도 물러 달라, 두 마리만 잡혀도 물러 달라, 열 번이고 스무 번이고 제 해만 아니 죽이겠다고 악을 쓰는 친구가, 상대편은 스무 번에 한 번만 물러 달래도 화를 벌컥 내면서 "그따위로 둘 테건 바둑 그만 두자"고 꽥꽥거리는 못난 이들을 곧잘 본다.

이건 죽일 수도 없고 살릴 수도 없는 '하오불'이라 치지도외(置之度外)하는 수밖에 별 도리가 없는데, 이런 친구일수록에 게다가 또 모략을 쓰는 것이란 장관이다.

얕은 속임수로 적을 농락을 하려 든다.

모르는 체하고 속아 주면 제가 젠체하고 네 활개를 치다가, 가다가는 제 꾀에 제가 넘어가는 수도 없지 않은데, 그리고서도 똥 뀐 년이 성낸다는 격으로 제 편에서 감정을 품고 돌아서는 사람도 있다.

이런 친구들을 볼 때는 바둑을 두다 말고 나는 곧잘 친일파를 연상한다.

바둑이란 두어 보면 여러 가지 버릇이 있는데, 어떤 사람은 처음부터 끝까지 공연스레 무당년 뒤풀이하듯 중얼거리기만 하는 사람도 있고, 어떤 사람은 죽자고 바둑돌만 다각다각 만지작거리는 사람도 있고, 어떤 사람은 그저 바둑돌을 놓았다 들었다 놓았다 들었다 어쨌든 안절부절하는 사람이 있는가 하면, 어떤 사람은 누가 훈수나 아니 해 주나 하여서 멍하니 관전객의 눈치만 기다리고 어쩔 줄을 모르는 사람도 있어, 천태만상으로 버릇들이 다르지만, 이러한 버릇들은 대개 일러 주기도 하고 자기도 조금만 조심하면 곧 고칠 수도 있는 것이나, 자꾸 무르기를 좋아하는 바둑은 좀체로 고치는 사람을 보지 못했다.

결국 한 대 다부지게 얻어 맞고서야 고칠 것인지?

한데 내가 바둑 이야기를 늘어놓으니까 모르는 사람이 볼 때는 아마 그 자가 바둑깨나 두는 게로군 할지 모르나, 실토를 할 양이면, 바둑이란 어릴 때부터 배워야 하는 것인데, 내 바둑은 내 나이 서른이 훨씬 넘어서 처음으로 붙잡았고, 그도 한 반년인가 배우다가 집어치우고 말았다가 작금 양년에 들어서 세상이 하도 뒤숭숭하기로 소우(消憂)[3]삼아 다시 바둑돌을 들게쯤 된 터이라, 누가 그러는데 내 바둑은 수로 논지(論之)한다면 아마 십삼 급은 되리라고. 그리고 보니 학력으로 친다면 유치원 이년생쯤은 되는 셈이다.

그런데 무슨 바둑 이야기를 그렇게 늘어놓느냐고 대방가(大方家)[4]들은 고성질책(高聲叱責)할지 모르나, 그러나 반드시 국수(國手)들만 바둑 이야기를 할 수 있다는 건 큰 오산이라, 우리 같은 문외인은 문외인대로의 경청할 만한 경험담이 또 있는 것이다.

바둑을 두어 본 중에 제일 골딱지가 난 것은 가령 이러한 경우다.(그래서 나는 좀처럼 내기 바둑을 두지 않는 것이지만) 초대면해서 둘 때는 감쪽같이 자기 수를 숨기고 못 두는 체하고서 일승 일패로 겨누던 자가 "우리 심심하니 내기나 겁시다" 하는 걸 체면에 싫달 수도 없고 해서 그럼 그러자고 단 몇 푼이고 돈을 걸기만 하는 때는 그만 엉뚱하게 원(原) 수를 쏟아 놓아서, 여지없이 거꾸러뜨리고 주머니 돈을 닥닥 긁어 가는 자가 있다. 알고 보면 이런 자는 돈을 따먹기 위해서 초면에는 좀처럼 자기 수를 보이지 않고 약한 체하다가 내기를 걸도록 유혹을 해놓은 뒤에는 본격적으로 덤벼들어 있는 대로 상대편의 돈을 훑어 간다는 것이다.

악질이다.

간사한 놈들이다.

---

3. 걱정을 가라앉힘.
4. 학문, 예술, 문장 등이 뛰어난 사람. 대방(大方).

조영석(趙榮祏) 〈현이도(賢已圖)〉 조선 18세기말-19세기초, 간송미술관.

갖은 감언이설로써 아첨을 다 하다가, 일단 유사지추(有事之秋)[5]에는 교분이고 의리고 헌신짝처럼 집어 치우고 이해(利害)로써 맞서는 세속배와 같은 자들이다.

바둑이란 것은 꽤 재미나게 된 노름이라 가령 장기 같으면 소위 군왕 비슷한 '장군'이란 놈이 떡 버티고 앉았으면 그놈을 포위하는 '사(士)'라는 호위병이 있고 무슨 '차(車)'니 '포(包)'니 '마(馬)'니 '상(象)'이니 '졸(卒)'개니 하는 것들이 죽 늘어서고, 각기 소임이 달라서 제 몸을 가지고도 제 자유로 움직이지도 못하는 꼴이, 꼭 봉건군주제도와 같아서 나는 장기나 장기를 두는 꼴만 보아도 그만 판을 들어 엎고 싶도록 미워지는 성미인데, 바둑만은 그렇지 않아서 장기처럼 무슨 노홍소청(老紅少靑)[6]이라 하여 연상배(年上輩)라고 홍을 쥐어야 한다는 법도 없고, 실력(수)이 높은 사람이면 십 년, 이십 년 아래 친구일지라도 백(白)을 주는 법이요, 수가 모자라면 제 손자뻘이라도 흑을 쥐어야 하는 것이 평민적이라서 좋고, 또 장기처럼 그 개떡 같은 권력의 집중체인 '장군'이라든가 차니 포니 마니 상이니 졸개니 하는 계급별이 없어 좋고, 그저 흑이면 흑, 백이면 백, 모조리 동글납작하여 대소귀천(大小貴賤)이 없는 꼭같은 모양들인 것이 좋고, 또 장기처럼 적진(敵陣)이니 내 진이니 하는 천하를 양분하는 지역별이 없이 바둑판 네 구석에 아무데나 가서 자리를 차지하고 집을 짓고 살 수도 있고, 돌들이 아무렇게나 뛰어다니며 활보를 해도 행보의 부자유가 없어 첫째 시원하다.

무엇보다 시원한 것은 아무리 저편의 영역 안이라도 내 실력만 있으면 얼마든지 뛰어들어가서 집을 짓고 살 수도 있고, 제 아무리 완적(頑敵)[7]이라도 조금도 그것을 방해 놓지 않는다. 뿐만 아니

---

5. 비상(非常)한 일이 있을 때. 유사시(有事時).
6. 장기 둘 때 나이가 많은 사람은 붉은 색의 한(漢)을 가지고, 나이가 적은 사람은 푸른 색의 초(楚)를 가지고 두는 일. 노한소초(老漢少楚).
7. 완강한 적.
8. 네 사람이 글씨나 숫자가 새겨진 136개의 패를 가지고 짝을 맞추며 노는 중국 실내 오락. 마작(麻雀).

라 올 수 있으면 얼마든지 와서 살라고 환영한다.

어디까지 상대편의 실력을 존중하고 정당하게 싸운다.

만일 한편에서 고군이 역전(力戰)하다가 실패를 하였을지라도 다른 편에서 다시 패세(敗勢)를 회복하는 수도 있고, 부분적으로 실패한 것이라도 전체적으로 승리를 얻는 수도 많다.

장기라면 이런 것이 도저히 용납되지 않는다.

한 놈의 '장군'을 위하여 수다(數多)한 군졸들이 발 한번 옴쭉 못해 보고, 백기를 들고 마는 장기와는 판연히 다르다.

요새 청년들이 '마장'[8]이나 '카드'로 밤을 새우고 시간을 낭비하면서, 어찌해서 그 좋은 바둑을 경이원지(敬而遠之) 하는지 도무지 이유를 알 길이 없다.

골치 아픈 노자(老子)의 『도덕경』 한 페이지를 읽는 대신에 모름지기 바둑판 위에서 인생을 배우는 것이 한층 더 첩경이 되지 않을까 싶다.

2

시(詩)와 화(畵)

일자무식이면서도 시의(詩意)를 가진 사람이면 시가(詩家)의 진취를 알았다 할 수 있고, 일게(一偈)¹를 불참하고도 선미(禪味)²를 가진 사람이면 선교(禪敎)³의 현기(玄機)⁴를 깨달았다 할 수 있다.⁵

세상 사람들이 고작 유자서(有字書)나 읽을 줄 알았지 무자서(無字書)를 읽을 줄은 모르며, 유현금(有絃琴)이나 뜯을 줄 알았지 무현금(無絃琴)을 뜯을 줄은 모르니, 그 정신을 찾으려 하지 않고 껍데기만 쫓아 다니는데 어찌 금서(琴書)의 참맛을 알 도리가 있겠느냐.⁶

『채근담(菜根譚)』⁷을 뒤치다가 이러한 말들이 꽤 재미나기로 수첩에 적어 둔 것이 생각나서 다시 한번 옮겨 쓴다.

『수원시화(隨園詩話)』에도 꼭같은 말이 있다.

왕서장(王西莊)이 그의 친구 저서의 서문을 써 주는데—소위 시인이란 것은 음시(吟詩)깨나 한다고 시인이 아니요, 가슴속이 탁 터지고 온아한

---

1. 게(偈)는 부처의 공덕이나 가르침을 찬미하는 노래로 된 글귀인 게송(偈頌)을 말한다.
2. 참선의 오묘한 맛. 또는 탈속한 취미.
3. 선종(禪宗)의 가르침.
4. 현묘한 이치.
5. "一字不識 而有詩意者 得詩家眞趣 一偈不參 而有禪味者 悟禪敎玄機" 洪自誠, 『菜根譚』.
6. "人解讀有字書 不解讀無字書 知彈有絃琴 不知彈無絃琴 以跡用 不以神用 何以得琴書佳趣" 洪自誠, 『菜根譚』.
7. 『채근담』은 중국 명말(明末)의 환초도인(還初道人) 홍자성(洪自誠)의 어록(語錄)으로 전2권이다. 총 356조의 단문으로 이루어져 있으며 대구(對句)를 많이 쓴 간결한 미문(美文)들이다. 유교를 중심으로 불교와 도교를 가미한 사상을 바탕으로 하고 있다.

품격을 가진 이면 일자무식이라도 참 시인일 것이요, 반대로 성미가 빽빽하고 속취(俗趣)가 분분한 녀석이라면 비록 종일 교문작자(咬文嚼字)[8]를 하고 연편누독(連篇累牘)[9]하는 놈일지라도 시인은 될 수 없다. 시를 배우기 전에 시보다 앞서는 정신이 필요하다.

동파(東坡)가 왕유(王維)[10]를 찬(贊)한 중에, 마힐(摩詰)의 시에는 시중유화(詩中有畵)요 화(畵)에는 화중유시(畵中有詩)라[11] 하여 소위 시화일체(詩畵一體)의 상승(上乘)임을 말하였다.

동서고금을 통하여 회화의 최고정신을 담은 것이 남화(南畵)요 남화의 비조(鼻祖)로 치는 이가 왕마힐이니만큼, 그의 시화일체의 정신은 후일 비록 한 편의 시와 한 폭의 화까지 소멸하고 만 뒤에도 그 정신만은 뚜렷이 살아갈 것이다.

동도서말(東塗西抹)[12]하여 그림이 되는 것이 아니다. 흉중(胸中)에 문자(文字)의 향(香)과 서권(書卷)의 기(氣)가 가득히 차고서야 그림이 나온다.

이것은 시에서와 꼭 마찬가지의 논법이다. 문자향 서권기라는 것은 반드시 글을 많이 읽으란 것만은 아니리라.

동문민(董文敏)[13]의 『화선실수필(畵禪室隨筆)』에서 말한 바 독만권서(讀萬卷書)하고 행만리로(行萬里路)해서[14] 흉중의 진탁(塵濁)[15]을 씻어 버

---

8. 지나치게 글의 자구(字句)를 다듬는다는 뜻으로, 어려운 글자를 즐겨써서 학문을 자랑하거나 재주를 뽐냄을 형용한다.
9. 문장이 지나치게 장황함.
10. 701-761. 중국 성당(盛唐) 때의 시인이자 서화가(書畵家)로, 호는 마힐(摩詰)이다.
11. "味摩詰之詩 詩中有畵 觀摩詰之畵 畵中有詩" 蘇軾, 「書摩詰藍田煙雨圖」 『東坡題跋』 卷五.
12. 이리저리 간신히 꾸며대어 맞춤.
13. 문민은 중국 명말(明末) 문인이자 화가, 서예가인 동기창(董其昌, 1555-1636)의 시호이다. 글씨는 왕희지와 미불(米芾)을 따르고, 그림은 동원(董源)과 황공망(黃公望)을 배워 스스로 일가를 이루었다. 그는 저서인 『화선실수필』에서 남종화를 북종화보다 더 정통화풍으로 한다고 주장했다.
14. 만 권의 책을 읽고 만 리의 거리를 돌아다닌다는 말로, 많은 공부와 경험을 한다는 의미이다.
15. 가슴속의 티끌과 혼탁함.
16. 고상하고 고풍스러움이 빼어남.
17. 그림을 그림에 있어 뜻이 붓놀림보다 먼저 앞서는 것.
18. 집안끼리 주고받는 편지.
19. 푸른 깁으로 바른 창.

리면야 물론 좋다. 그러나 일자불식이면서라도 먼저 흉중의 고고특절(高古特絕)[16]한 품성(稟性)이 필요하니, 이 품성이 곧 문자향이요 서권기일 것이다.

오원(吾園)의 그림은 여기서 나왔다. 좋은 작가는 '의재필선(意在筆先)'[17] 하는 정신 속에서 산다.

또 하나 『수원시화』에 재미난 이야기가 나온다.
곽휘원(郭暉遠)은 가신(家信)[18]을 부칠 때 잘못 편지 대신 백지를 넣어 보냈다.
그 아내가 답시(答詩)를 부쳐 왔는데,

碧紗窓下啓緘封
尺紙從頭徹尾空
應是仙郎懷別恨
憶人全在不言中

이라 하였다. 의역하면 이러하다.

벽사창[19]에 기대어 어른의 글월을 받자오니
처음부터 끝까지 흰 종이뿐이오라.
아마도 어른께서 이 몸을 그리워하심이
차라리 말 아니하려는 뜻을 전하고자 하심인 듯하여이다.

수원은 이 시의 묘함을 감탄하여 초록(抄錄)함인 듯한데, 실은 이 시보다 시인의 부군 되는 곽휘원이 더 시인답게 느껴진다.

써 둔 편지인 줄 알고 흰 종이를 잘못 봉해 보내게 되는 그의 성격은 족히 시인이나 화가의 자격이 충분한 인물이다. 그의 뜻, 그의 이상이 어느 곳에 몰려 있는지가 불을 보듯 환하다.

어느 한 모퉁이 빈 구석이 없고서는 시나 그림이 나올 수 없다.

백지를 넣어 보낸 곽휘원이 실수면 실수지 바보는 아니리라.

이러한 실수는 아름답기 한없는 실수다.

미술

미술이란 무엇이냐. 이 문제는 지극히 평범한 문제이로되 또한 지극히 어려운 문제입니다. 알 듯 알 듯 하면서도 쉽사리 풀리지 않는 문제입니다. 미술이란 이러한 것이다 하고 대답할 준비까지 하고 나선 나로서도 막상 붓대를 들고 보니 군소리부터 먼저 튀어나옵니다.

세상 사람들이 상식으로 생각하는 회화, 조각, 건축, 공예 하는 것은 미술의 종별(種別)을 말하는 것이요 미술의 근본의(根本義)는 아닙니다.

그러면 미술이란 무엇이냐.

먼저 그 족보부터 캐어 보기로 합니다. 미술이 우리 인류사회에 생기게 된 것은 결코 백 년이나 천 년 옛 일이 아닙니다. 우리들의 오늘날 쓰는 문자가 생기기도 훨씬 이전 멀리 역사 이전부터 원시시대에 인간이 혈거생활(穴居生活)을 할 때부터 벌써 미술은 있었다 합니다. 그 기원을 말하여 어떤 학자는 인간의 유희본능으로 생겼다 하는 분도 있고, 혹 어떤 이는 생활조건상 필요에 의하여 생겼다 하는 분도 있으나, 그 문제의 시비는 차치하고라도 아무튼 그 시대에 벌써 미술이 존재했다는 것만 보더라도, 사람이란 먹으매 곧 미(美)를 동경한다 하는 결론에 도달함을 증거하는 것입니다. 환언하면 미술을 요구함은 인간의 제이차의 본능이라고 볼 수 있는 것입니다.

그러면 이렇듯한 미술이야말로 과연 무엇이냐.

미술을 말하려면 먼저 미를 말하여야 하겠고 미를 말하려면 먼저 미학을 말하여야 하겠는데, 미학이란 철학 영역에 속한 학문으로서 필자와 같은 천식(淺識)으로써 감히 언급할 바 못 되며, 또한 그것이 미술을 정의하는 데 절대조건이 못 되므로 극히 간단한 변해(辨解)[1]로써 이 난해의 형이상학만은 도호(塗糊)[2]해 버리기로 합니다.

미란 무엇이냐 하는 학문이 있은 것도 역시 수천 년 플라톤이니 아리스토텔레스니 하는 그리스의 학자들로부터 시작되었습니다. 근대에 와서는 칸트니 귀요니 하는 학자에게 이르기까지 미의 문제는 연구되어 왔으나, 그러나 아직 미란 이러이러한 것이다 하는 뚜렷한 정의는 내리지 못한 채 있는 모양입니다. 미는 쾌감에서 온다 한 분도 있고, 미는 전연 무목적한 것이다 한 분도 있고, 혹은 미는 균제와 조화와 통일이 있는 곳에 있다 한 분도 있고, 또 혹은 맛 좋은 요량(料量)[3]에도 미가 있다 하는 극단설도 있어서 각인각색의 설이 쏟아져 나왔습니다.

그러나 이런 모든 미론(美論)은 아무리 연구되고 체계를 이룰지라도 그것은 어디까지 학문으로서의 미요 이론화된 미요, 보고 느끼어 알 수 있는 실제의 미는 아닙니다. 다시 말하면 미학을 공부하였다고 미술품을 보아 곧 이해하느냐 하면 그런 것이 아닙니다. 그러면 미는 무엇으로써 아느냐. 미를 보고 느끼려면 직관이 필요합니다. 직관은 일조일석에 오는 것은 아닙니다. 보고 또 보고, 친하고 하여 미술작품이 가진 정신이 내 정신과 서로 교류하기까지 될 때 비로소 그 무한히 아름다움을 우리에게 보여줍니다. 그러면 다시 미란 무엇이냐 하는 문제로 들어가자.

이상 제 학자의 모든 말을 종합해 볼 때 결국에

---

1. 사리를 말로 풀어서 밝히는 것.
2. 건성으로 애매하게 덮어버림. 호도(糊塗).
3. 요리(料理).

미라 함은 우리의 감정의 활동을 가리킨 것입니다. 가령 썩 좋은 경치를 볼 때 '아! 좋다' 하는 것은 우리네의 미적 감정의 활동이 있기 때문입니다.(이 감정의 활동을 작품으로 표현한 것을 미술이라 합니다.)

그러면 나는 지금 쉽게 말하여 이렇게 미를 생각하고 싶습니다.

'미는 우리 인간의 제일 순결한 감정의 표현이라'고.

최고(最高)한 경지에 있는 순결한 감정은 곧 미요 곧 선(善)이요 곧 진(眞)이 아닐 수 없을 것입니다. 그리고 또한 최고한 인격의 현현(顯現)일 것입니다.

우리는 때때로 고려나 혹은 조선의 도자에서 혹은 추사의 서(書)에서 이러한 감정의 정화를 느끼지 않습니까. 이 충동(衝動)은 곧 미에서 오는 것일 것입니다.

미는 처처(處處)에 산재합니다. 추(醜)도 미(美) 될 수 있고 악(惡)도 미 될 수 있습니다. 추니 악이니 하는 것은 도덕적 규범 안에서 사용하는 말이요 그것이 절대의 추나 절대의 악은 아닙니다. 예술가의 순결 감정을 통하여 재현될 때 악은 벌써 악이 아니요 미요, 또한 선이 되는 것입니다. 이것은 일견 모순되는 말 같으나 그렇지 않습니다. 가령 보들레르의 예술을 보십시오. 톨스토이의 인도주의에서 비판할 때엔 그의 예술이 악일지 모르나 그러나 보들레르의 예술은 불멸하는 미를 가졌습니다.

한 화가가 변소나 쓰레기통을 그렸다고 그 작품이 곧 비예술품이겠습니까.

미술이란 대상의 미추(美醜)를 가리지 않습니다.

오직 그 지고한 감정을 통하고 세련된 기술로써 연마될 때, 제재의 여하를 막론하고 진정한 한 개의 미술품이 창작되는 것입니다. 진정한 미술은 반드시 우리에게 고결한 인격과 순결한 감정과 위대한 정신을 보여주는 것이라야 할 것입니다.

그러므로 진정한 미술을 구함은 결코 쉬운 일이 아닐 것입니다.

모든 이욕(利慾)에서 떠나고 모든 사념(邪念)의 세계에서 떠나 가장 깨끗한 정신적 소산이고서야 비로소 미술품이 될 수 있는 것입니다. 그러므로 미술이란 결코 사업도 아니요 학문도 아니요 자연의 모방도 아닙니다.

인생의 최고한 유희, 인생을 윤택하게 해주는 엄숙한 정신적 유희입니다. 유희이면서 경솔히 할 수 없고, 흔한 듯하면서 귀한 것이 미술입니다. 종로 거리에 산재한 간판이나 장식이 모조리 미술 될 수 없고, 전람회장에 진열된 작품이라 하여 모조리 미술 될 수 없습니다. 한 개의 진정한 미술이 산출되려 함에는 적어도 오랜 시대가 필요하고 위대한 정신이 필요하고 무서운 노력이 필요하고서야 비로소 불멸하는 미를 산출할 수 있습니다.

이렇듯 귀한 미술이기에 우리는 진정한 예술가의 출현을 바라고, 진정한 예술가를 존경할 교양을 또한 가져야 하겠습니다.

만일 우리 인류사회에서 미술을 뽑아 버려 보십시오. 세계는 그날부터 사막이나 다름이 없을 것입니다.

예술에 대한 소감

예술의 정의에 대하여 오랜 세월을 두고 수많은 예술가, 문학자, 철학자들이 그들의 이론을 전개하여 왔다.

그들은 한결같이 예술의 진의를 천명(闡明)함에는 먼저 미(美)의 내용을 구명함에 있다 하여 미란 무어냐 하는 논제로 방향을 돌리고 말았다.

여기에서 미학이 생기고 예술학이 대두하고 여러 사람의 예술론이 각기 색다른 기치(旗幟)를 걸고 넘나 들었다.

이리하여 미의 문제는 점점 난해한 미궁으로 우리들을 끌어 가고 있다.

그러나 모든 미에 관한 이론은 구경(究竟)¹ 두 놈이 서로 꼬리를 물고 한 개의 원을 한없이 돌아가는 데 지나지 못한다.

예술이란 알고 보면 아무것도 아니다. 배가 고프면 밥을 먹는 것과 같은 다반사에 불과하다.

식탁 앞에 앉은 사람이 어떠한 태도로 어떻게 밥술을 움직이느냐 하는 것이 곧 예술창작의 이론과 실제다.

점잖게 먹느냐 얄밉게 먹느냐, 조촐하게 먹느냐 지저분하게 먹느냐 하는 것이 문제의 초점이다.

모든 위대한 예술은 결국 완성된 인격의 반영일

---
1. 궁극. 필경.
2. 피부와 살.

수밖에 없다. 인간이 되기 전에 예술이 나올 수는 없다.

　미(美)는 곧 선(善)이다.

　미는 기술의 연마에서만 오는 것은 아니다. 인격의 행위화에서 완전한 미는 성립된다.

　기술을 부육(膚肉)²이라면 인격은 근골(筋骨)이다. 든든한 근골과 유연한 부육이 서로 합일될 때 비로소 미의 영혼은 서식(棲息)할 수 있다.

회화적 고민과 예술적 양심

최근 화단에 두 가지 이상한 조류가 있으니, 하나는 회화적 고민이요 다른 하나는 예술적 양심의 결여다. 회화적 고민이라 함은 화단인의 작화상(作畫上) 고민을 가리키는 것으로 조선 화가의 거의 전부가 이 고민을 고민하고 있다. 지금 화단의 공기는 동·서양화를 구분할 것 없이 고민 상태에 함(陷)하여[1] 있는데, 동양화가들의 부진함과 비진보적인 것은 논할 여지도 없거니와 화단인의 대다수를 점령한 서양화가는 한층 더 고민의 심각함이 있다.

춘곡(春谷) 고희동(高羲東) 씨에 의하여 수입된 서양미술은 신문학보담도 음악보담도 제일 먼저 조선에 흘러온 신문화이었음에도 불구하고 거진 삼십 년을 지나온 오늘날 그것이 성장하고 발전하기는커녕 달이 가고 해가 갈수록 도리어 침체하고 퇴보하는 역현상을 이루고 있다.

이곳 저곳서 미술단체가 조직되는가 하면 어느 여가(餘暇)엔지 자취도 없이 사라져 버리고, 재분(才分)있는[2] 화가들이 한두 해 기염을 토하는가 하면 어느덧 세파에 찌들리어 호구(糊口)에 급급하여 숨어 버리고, 그러는 동안에 작가에게는 권태가 오고 회의가 생기고 불안이 생기고, 그러는 동안에 방향을 전환하여 혹은 상인이 되고 혹은 교원이 되고 혹은 저널리스트가 되고 심지어는 폐업까지 하는 등등의 현상이 이제 바로 조선 화단의 축사도(縮寫圖)일 것이다. 지금에 와서 화단은 정히 용기백출(勇氣百出)하고 야심발발(野心勃勃)하여야 할 시기이거늘 도리어 화가들은 서양미술을 수학한 동기에 대하여 후회하는 이가 많고, 화용구(畵用具)에서 작품의 처리에까지 우리들의 생활범위인 건축이나 가구 일반에까지, 혹은 우리들의 생활감정과 전래해 온 풍습에까지, 도무지 구석에 구석까지 모조리 서양미술과 얼마나 거리가 멀다는 데 심리적으로 귀착되어 있다.

이 원인은 어디 있는 것일까. 물결처럼 기복(起伏)하는 역사적 운명에로만 돌릴 것인가. 조선 화가들에게 시대적 자각이 없고 탐구와 의욕과 노력이 부족한 탓일까. 혹은 사회가 화가를 용납하기에 정도가 미급(未及)함일까. 그렇다. 운명도 운명이려니와 화가의 무반성(無反省)도 무반성이려니와, 그보다도 문화의 씨를 뿌려야 할 조선사회의 모든 계급이 노력을 아끼고, 또 조선사회가 소위 미술에 대하여 아직까지도 얼마나 천시하고 무례하며 파렴치하게 대해 주는가 하는 것이 조선미술로 하여금 점점 더 쇠미(衰微)하게 하는 소이일 것이다.

그림을 '환'이라, 화가를 '환쟁이'라 하여 나라에서 굶어 죽지 않을 만한 녹을 주어 기르던 옛날에도 사회가 화가를 대접하는 정도가 요새처럼 심치는 아니 하였다. 그러기에 그 중에서 단원(檀園)도 나고 오원(吾園)도 나고 하였던 것이다.

지금 조선사회가 화가를 대접한다는 것은 그야말로 언어도단의 지경이다. 각종 신문사, 출판업자 내지 상당한 이해력을 가져야 할 지식층의 인사들까지가 될 수 있는 대로 화가는 노예처럼 부려먹어야 한다는 비도의적인 악인습을 그대로 가지고 있다. 화가의 성격은 소극적이기 때문에 자기의 노력에 대한 답례를 노골적으로 요구하는

1. 빠져.
2. 재주와 소질이 있는.
3. 중도 아니고 속인도 아니라는 말로, 이것도 저것도 아닌 어중간함을 이르는 말. 반승반속(半僧半俗).
4. 그렇지 않으면.

상인(商人) 근성을 가지지 못하였다. 뿐만 아니라 자기의 작품을 금전과 환산하는 불명예를 그들의 자존심이 허락치 않는 것이다. 화가의 성격을 이해하고 우대할 줄 아는 사회라면 당연히 솔선하여 예를 차려야 할 것이다. 우리 사회에는 여기에 대한 염치와 교양이 없다.

그러므로 조선의 화가는 자연 호구의 길을 직업선(職業線)에다 매어 단다. 직업이 하루 이틀 계속되는 날 그들은 예술에 대한 정열과 창작의 기회를 잃어버리고 또한 그들의 사색하는 범위는 예술의 세계에서 멀어지고 세속화하여 결국 호구를 위한 일개 비승비속(非僧非俗)[3]의 협잡물이 되고 만다.

높은 예술을 산출키 위하여서는 화가에게 물질적 여유의 필요는 없다. 차라리 빈핍(貧乏)과 인고와 불우와 모든 불행이 뒤얽힌 역경에 있을수록 좋다. 다만 한가지 절대로 필요한 것은, 그들에게 예술적 자극이 있어야 하고 마음의 여유와 제작의 여유는 충분히 있어야 한다.

조선 화가의 대부분이 제작에 전일(專一)하지 못하는 중대한 원인은 물질적 여유의 유무를 불문하고 예술적 자극과 제작의 여유를 얻을 수 없는 사회적 불리 때문이다. 이러한 불리한 현실은 화가로 하여금 뛰려야 뛸 수 없고 움직이려야 움직일 수 없어 급기야에는 예술에 대한 회의가 생기고 고민에 싸이는 것이다.

이러한 회의와 고민 가운데서 혹자는 화필(畵筆)을 집어 던지고 혹자는 태만한 가운데서 날을 보내고 하는데, 여기에 파생적으로 나타난 한 기현상이 있으니 그것은 제법 재기도 있고 유망한 장래를 촉망도 할 수 있으며 권위있는 전람회에 자주 출입도 하는 작가들로서, 지금 내 경솔한 상식으로 판단한다면 그들은 인간적인 교육의 토대가 부실한 탓인지, 불연(不然)이면[4] 그들에게 진정한 예술가로의 양심이 결여된 탓인지는 모르나, 때때로 자기네의 기득(旣得)한 성가(聲價)를 이용하여 개인전을 개최하는 것인데, 개인전인즉 순수한 동기가 되지 못하고 흔히는 모모 관변측(官邊側)의 유력자와 민간의 소위 유지(有志)들의 이름을 으레 나열하고 벽두에는 자기의 기술적 역량을 극구 칭찬한 소개문이 실리고, 그리하여 주인공은 회장(會場) 일우(一隅)[5]에 자리를 차지하고 내왕하는 인사에게 갖은 교태를 다 부리며 화액(畵額) 밑에 '붉은 딱지' 운동[6]을 그야말로 침식(寢食)을 잊고 하는 것이다. 정진할 수 있는 예술가에게 관리(官吏)가 유하소용(有何所用)이며[7] 민간측의 유지가 하관(何關)이리오[8].

이날 이때까지 예술이 아첨에 의하여 되어진 놈이라고는 한 놈도 없다.

그 동기를 살피건대 그들은 호구의 여유도 있는 분들이다. 가사(假使) 호구의 여유가 없다 치더라도 차라리 화구대(畵具代)를 못 얻어 폐업하는 불행을 만날지언정 예술가의 자존심으로서 이러한 행동은 취할 바 못 된다.

이것은 음부(淫婦)나 창녀의 할 짓이어든 양심있는 예술가들로서 어찌 묵과할 바이랴.

필자는 화가에게 불리한 이 조선 현실 가운데에서 그들이 얼마나 각고면려(刻苦勉勵)[9]하고 꺾이려는 용기를 붙들기에 노력하였기에 지금 그만한 기술과 명예와 성가(聲價)를 소유하였는가 함에 진실로 손을 붙들고 감격의 눈물을 흘리고 싶은 때가 많았다. 그만치 기대하던 그들에게서 한번 불행히도 민중과 금전에 아첨하는 꼴을 볼 때 얼마나 실망하였다기보다 침을 배앝고 예술을 더럽히는 의분(義憤)을 느끼지 않을 수 없는 것이다.

어떠한 신진작가의 일군(一群)은 예술에 대한 연구적인 태도보다도 하루바삐 명성을 얻기 위하

5. 한쪽 구석.
6. 작품이 팔렸음을 액자 밑에 붉은 딱지로 표시해 두는 것을 비꼬아 한 말.
7. 무슨 쓸 데가 있으며.
8. 무슨 관계이겠는가.
9. 온갖 고생을 이겨내며 부지런히 노력함.
10. 글이나 시 따위를 함부로 많이 지어내는 것.

여 가장 저속된 수법으로써 남작(濫作)[10]한 작품을 진열해 놓고 먼저 각 방면의 유지를 초청할 것과 기성의 평가(評家)들에게 후원하는 소개평을 얻기에 급급하는 단체도 있다.

요즈음 경향은, 그들은 미술가이기보다 먼저 외교술을 배우고 온다.

이것이 상줄 만한 일인가.

언론과 성가(聲價)란 일시적인 것이요 예술의 구원(久遠)한 생명이 될 수는 없다.

생명을 요구하는 예술가는 민중의 안목을 두려워하는 법이 없다. 민중이란 생명있는 예술을 이해하기에는 도야지처럼 무식한 것이다.

예술을 금전을 사기 위한 상품으로 아는 예술가들은 하루바삐 이땅에서 물러가라. 그들의 재조(才操)와 노력과 성가만이 공허에 돌아갈 뿐 아니라 그보다도 훨씬 더 장차에 올 조선의 많은 예술가에 대하여 더러운 이름을 들릴까 저어하노니.

골동설(骨董說)

송(宋)의 미원장(米元章)¹은 채유(蔡攸)²와 함께 배를 타고 놀다가 유(攸)가 가진 왕우군(王右軍)³의 글씨를 보고 황홀하여 자기의 가진 그림과 바꾸자 하였으나 유는 듣지 아니하였다.

아무리 해도 안 될 줄 안 원장은 글씨를 가슴에 품은 채, 주지 못하겠으면 물에 빠져 죽겠노라 하고 별안간 물 속으로 뛰어들려 하므로 유는 할 일 없이 허(許)하고 말았다.

유명한 왕희지(王羲之)의 『난정서(蘭亭敍)』⁴는 그의 칠대손인 지영선사(智永禪師)의 가진 바 되었다가 지영이 그 제자 변재(辨才)에게 전하고 후에 당(唐) 태종(太宗)은 갖은 계략을 다하여 태원어사(太原御史) 소익(蕭翼)을 시켜 변재에게서 『난정서』를 빼앗아 평생 진장(珍藏)하고 있다가 태종이 세상을 떠날 때 유언에 의하여 소릉(昭陵)으로 묻어 버리고 말았다.

서화뿐 아니라 골동을 사랑하는 사람도 대개 이러한 심리가 작용한다.

명(明)의 동현재(董玄宰)⁵는 그의 「골동설」에서, "골동을 상완(賞玩)하는 것은 병을 물리칠 뿐

---

1. 원장은 중국 북송 때의 서화가 미불(米芾, 1051-1107)의 자이다.
2. 채유는 중국 북송 말 정치가인 채경(蔡京)의 아들로 제8대 황제 휘종(徽宗) 연간에 권력을 휘두른 문신이다.
3. 왕우군은 중국 동진(東晉)의 서예가 왕희지(王羲之, 321?-379?)를 세칭하는 것으로, 우군장군(右軍將軍)이라는 벼슬을 지낸 것에서 비롯되었다.
4. 왕희지가 영화(永和) 3년(347) 3월 3일, 회계(會稽) 산음(山陰)의 난정(蘭亭)이라는 정자에서 뜻이 통하는 당대의 명사 사십여 명과 함께 부정한 것을 씻는 의식을 가진 후, 술을 마시며 시를 지었다. 이 때 지은 시들을 모아서 꾸미고 그 서문을 자작(自作), 자서(自書)하였는데, 이것이 중국서예사상 최고의 걸작으로 꼽히는 『난정서』이다.
5. 현재(玄宰)는 중국 명말의 화가 동기창(董其昌)의 자이다.

아니라 수명을 연장시키는 좋은 놀음이라" 하였다.

　달인단사(達人端士)⁶로 더불어 담예논도(談藝論道)⁷를 하여 고인(古人)과 상대한 듯 잠심흔상(潛心欣賞)⁸하는 동안에 울결(鬱結)한⁹ 생각이 사라지고 방종한 습관이 고쳐진다 하였다.

　그러므로 골동을 완상하는 것은 각병연년(却病延年)¹⁰의 좋은 도움이 된다는 것이다.

　중국 사람들이 이렇게 좋은 의미로 골동을 완상하는 반면에 우리 조선의 경향(京鄕)에 산재한 골동가들은 과연 어떠한가.

　한 폭의 서화를 소유하기 위하여 생명을 도(賭)할 용기가 있겠으며 제왕의 위엄까지 희생시킬 용의가 있겠는가.

　담예논도는 차치하고 각병연년도 고사하고, 골동으로써 우정을 상하고 의리를 저버리고 간교하여지고 음모성이 늘고 모리심(謀利心)¹¹을 기르고 해서야 되겠는가.

　한 개 사기(砂器)를 어루만질 때나, 한 쪽 파와(破瓦)를 얻었을 때나 모름지기 그것들을 통해 흘러오는 옛 형제의 피를 느끼고 그들의 감각이 어느 모양으로 나타났는지가 궁금하지 않겠느냐.

　팔이 부러지고 목이 떨어졌다고, 혹은 금이 가고 이가 빠졌다고 그의 미가 어찌 손상함이 있겠느냐.

　그럴수록에 더 아름답고 그럴수록에 더 값이 높아질 것이 아니겠느냐.

　고인의 작품을 상품으로서 싸우고, 서화 골동을 수집함으로써 헛된 지위를 자랑하고, 완물상지(玩物喪志)¹²하는 것만도 우리의 정신생활에는 그 손해가 적지 아니하겠거늘, 하물며 청빈한 덕

---

6. 사물에 널리 통달한 사람과 품행이 단정한 선비.
7. 예술을 이야기하고 도를 논함.
8. 깊이 마음을 가라앉혀 흠뻑 감상함.
9. 가슴이 답답하게 막히는.
10. 병을 물리치고 장수하는 것.
11. 이기적으로 부정(不正)한 이익만 꾀하는 마음.
12. 쓸데없는 물건을 가지고 노는 데 정신이 팔려 소중한 자기의 본심을 잃음.

을 길러야 할 학문인, 예술인 들이 부질없이 항간의 불학무식배(不學無識輩) 의 행세거리로 내세우는 소위 '골동 취미'에 탐닉하여 멀리 학인(學人)의 진지한 태도까지 상실하게 된다면 이는 더욱 삼갈 일이 아니랴.

거속(去俗)

동양화의 교과서라고 할 만한 『개자원화전(芥子園畵傳)』¹ 가운데 「논화십팔칙(論畵十八則)」 중에도 가장 중요한 대문에 이런 말이 적혀 있다.

筆墨間 寧有穉氣 毋有滯氣 寧有覇氣 毋有市氣 滯則不生 市則多俗 俗尤不可浸染 去俗無他法 多讀書 則書卷之氣上升 市俗之氣下降矣 學者其愼旃哉

필묵 사이에는 치기가 있을지언정 꺽꺽한 기운이 있어선 안 되고, 패기가 있을지언정 시속기(市俗氣)가 있어선 안 된다. 꺽꺽하면 생동감이 없고, 시속기가 있으면 속되기 때문이다. 특히 속된 데 물들어선 안 된다. 속된 기운을 없애는 데 다른 방법이 없다. 독서를 많이 하면 되는데, 서권기(書卷氣)가 올라가면 시속기가 내려간다. 공부하는 사람은 이에 신중할진저!

서화라는 것은 치졸한 맛이 있거나 혹은 패기가 가득차거나 할 것이요, 체삽(滯澁)²하거나 시속기가 있어서는 못쓴다는 것이다. 왜 그러냐 하면 체삽한즉 생동하는 기운을 잃어버리기 쉬운 때문이요, 시기(市氣)가 있은 즉 속되기 쉬운 때문이니, 속되다는 것보다 더 천착(舛錯)스런 것은 없기 때문이다. 서화에서 제일 꺼리는 것이 이 속되다는 것인데, 그러면 속기를 없이 하는 방법은 무엇이냐, 독서를 많이 하여 현인군자의 기를 기르는밖에 도리가 없다 함이다.

추사의 「사란결(寫蘭訣)」³에는 이러한 대문이 있다.

인품이 고고특절(高古特絕)하여야 화품(畵品)도 높아지는 것인데, 세인이 공연히 형태만 같이하기에 애를 쓰거나 혹은 화법으로만 꾸려 가려고 애쓰는 이들이 있다. 또 비록 구천구백구십구 분(分)까지는 누구나 다 할 수 있는 것이나 구천구백구십구 분까지 갔다고 난(蘭)이 되는 것이 아니요, 그 구천구백구십구 분까지 간 나머지 일 분이 가장 중요한 난관이니, 이 난관을 돌파하고서야 비로소 난을 그린다 할 것이다. 그러나 일 분의 경지는 누구나 다 될 수 있는 것이 아니니, 말하자면 인력(人力)으로 되는 경지가 아니요, 그렇다고 또 인력 이외의 것도 아니라 하였다.(인품의 高下가 결정한다는 말이다.)

난 한 폭을 배우는 데 이렇게 괴팍스런 경지를 찾고, 그림 한 쪽을 배우는 데 이렇게 야단스런 교훈을 말하는 것이 동양예술의 특이한 점이다.

『개자원』에서 거속(去俗)을 말한 것이나 추사가 일 분의 경지를 말한 것이나 결국 마찬가지 종결로 돌아가겠는데, 이것을 쉽게 말하자면 품격의 문제라 하겠으니, 사람에게 품(品)이 있고 없는 사람이 있는 것과 같이 그림에도 화격이 높고 낮은 그림이 있다는 것이다. 복잡한 곳을 곧잘 묘사하였다고 격 높은 그림이 될 수 없는 것이요, 실물과 꼭같이 그려졌다거나 혹은 수법이 훌륭하다거나 색채가 비상히 조화된다거나 구상이 웅대하다거나 필력이 장하다거나 해서 화격이 높이 평가되는 것도 아니다. 이러한 것들은 서화에 있어서 가장 표면적인 조건에 불

---

1. 중국 청나라 초엽의 화가 왕개(王槪), 왕시(王蓍), 왕얼(王臬) 삼형제가 편찬한 화보(畵譜)로 전4권이다.
2. 시체(時體) 또는 문체(文體)가 기이하여 읽기 어려움. 삽체(澁滯).
3. 난초 치는 비결을 쓴 글을 말한다.

김정희『난맹첩(蘭盟帖)』중에서. 조선 18세기. 간송미술관.

과한 것이요, 이 밖에 아무리 단순하고 아무리 치졸하고 아무리 조잡하게 그린 그림일지라도 표면적인 모든 조건을 물리치고 어디인지 모르게 태양과 같이 강렬한 빛을 발산하는 작품들이 가끔 있으니, 이것이 소위 화격이란 것이다. 이 화격이란 것은 가장 정신적인 요소이기 때문에 문외인에게는 쉽사리 보여지는 것도 아니다.

지상에는 흔히 난을 그리는 데 난잎을 방불하게 만드느라고 애를 쓰는 이들이 많으나, 그림이란 것이 결코 응물상형(應物象形)4에서만 다 되어지는 것이 아니다. 서양의 논법이 동양의 논법과 다른 것은, 하나는 화법을 화법으로서 종시(終始)하는 데 그 특질이 있고, 하나는 화법을 화도(畵道)에까지 이끌어 가는 곳에 특질이 있는 것이다. 서법, 화법이 아니요, 화도요 서도인 것이다.

추사가 그 괴팍스럽기 짝이 없고, 일견에 잡초인지 난인지 구별할 수 없는 운현(雲峴)의 난(蘭)을 천하의 일품이라 극구 칭찬한 것도, 운란(雲蘭)에서 그 무서운 빛을 감지한 까닭이라 하겠다.

지상에는 그림이 많다. 글씨도 많다. 친구의 집엘 가 보든지, 요정엘 가 보든지 혹은 거리거리 혹은 골목골목 어느 곳에서나 그림과 글씨가 눈에 띄지 않는 곳이 별로 없다.

그러나 그 허다한 서화를 천 장 만 장 주워 모은대야 그 중에 번쩍 빛나는 격높고 거속된 그림이 한두 점이나 있을 것인가.

골동가가 도자기를 어루만지며 요새 사기들을 보고 탄식할 것과 마찬가지로, 나는 『개자원』을 뒤치다가 불과 오십 년 백 년을 격한 고인(古人)들의 훌륭한 작품들을 생각하면서, 요새는 서화가 무던히도 귀하구나 하는 생각이 난다.

---

4. 응물상형은 화가가 반드시 객관적인 모습에 근거하여 대상을 표현해야 한다는 것으로, 중국 남제(南齊) 화가 사혁(謝赫, 500년경-535년경 활동)의 화론서 『고화품록(古畵品錄)』에 제시된 육법(六法) 중 하나이다. 기운생동(氣韻生動), 골법용필(骨法用筆), 수류부채(隨類賦彩), 경영위치(經營位置), 전이모사(傳移模寫)가 나머지 법칙들이다.

한묵여담(翰墨餘談)

게으름과 예술

나는 때때로 게으름과 예술을 어떻게 관련시켜 볼까 하고 생각할 때가 많다.

과거나 현재에 있어 예술가들 중에는 퍽 게으른 사람이 많았고, 그러나 그들 가운데는 게으르면서도 훌륭한 작품을 많이 산출한 예술가가 또한 적지 않다. 가령 이정(李楨)[1] 같은 사람은 얼마나 게을렀던지 아호까지 나옹(懶翁)이나 나와(懶窩)라 하여 그림 그리기보다 게으름을 더 사랑하였다 한다. 그러나 그의 그림에는 폭풍우 같은 세찬 필력을 가진 것은 무슨 탓일까.

예술을 일삼는 이들에게 있어 부지런함보다 더 귀중한 것은 없을 것이다.

아무리한 천분을 타고난 사람일지라도 끊임없는 노력이 없고서는 되는 법이 있을 리 없다.

사실상 또 대다수의 예술가에 있어서는 부지런함이 그의 예술을 키워 준 예도 많다.

그러나 설사 그것이 움직일 수 없는 진리라 치더라도, 가다가는 극도로 게으른 사람들에게서

---

1. 1578-1607. 조선 중기의 화가로, 나옹(게으른 노인), 나와(게으른 사람의 집) 외에도 나재(懶齋), 설악(雪嶽) 등의 호가 있고, 자는 공간(公幹)이다.

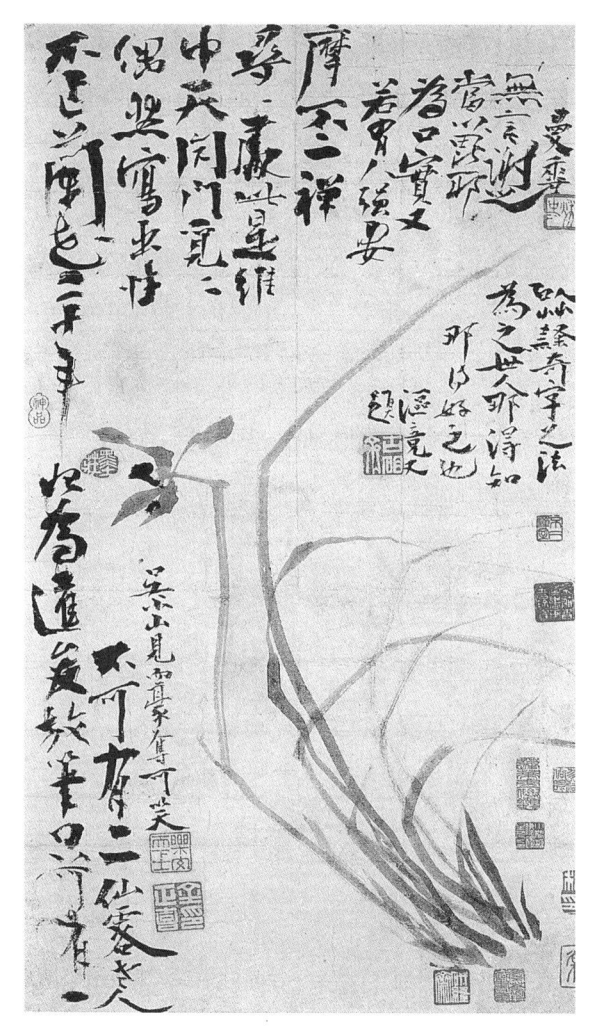

김정희 〈부작란도(不作蘭圖)〉 조선 19세기 중엽. 개인소장.

불세출의 걸작을 만날 수 있는 것을 보면, 예술가에 있어서의 게으름이란 단순한 나태로만 속단해 버릴 수는 없다.

그 중에는 무목적하게 게을러 버린 정신적 타락자도 없는 바는 아니나, 가장 명민(明敏)한 힘을 가진 화가들로서 가령 그의 일상생활이 세수하는 것으로부터 밥을 먹는 것까지도 귀찮아하는 게으름을 가진 사람들이 있다 치더라도, 그들의 정신만은 예술의 경지에서 염념불망(念念不忘)²하며 소요하고 있는 것이니, 남들이 수십 수백의 유형(有形)한 작품을 제작하는 동안, 그는 또한 무형한 수십 수백의 제작을 계속하고 있는 것이다. 그리하여 한번 재현욕(再現慾)이 터지는 때엔 그야말로 무서운 힘이 쏟아질 수 있는 것이다.

일찍이 추사가,

不作蘭花二十年	난초를 그리지 않은 지 이십 년 만에
偶然寫出性中天	우연히도 천성에서 나온 것을 그려내게 되었네.
閉門覓覓尋尋處	문을 걸어닫고 찾고 또 찾았더니
此是維摩不二禪	이게 바로 유마힐(維摩詰)의 불이선(不二禪)³이로군.

이라 한 것은 바로 이 경지를 말한 것일 것이다.

열 번 스무 번 무사고(無思考)한 운필을 하는 것보다도 일 년에 한 획을 그을지언정 뿌리 깊게 탐색한 곳이 있어야 할 것이다.

이러한 경향은 서양 사람에게보다 동양 사람에게 많고, 다작가(多作家)에서보다 과작가(寡作家)에 많다.

---

2. 생각하고 또 생각하고 하여 잊지 아니함.
3. '유마힐의 불이선'은 석가모니와 같은 시기에 살았던 유마거사(維摩居士)와 여러 보살들 간의 대화를 기록한 『유마힐경(維摩詰經)』 중의 「불이법문품(不二法門品)」에서 따온 것으로, 선(禪)을 여러가지 말로 설명하는 문수보살(文殊菩薩)에게 오직 침묵으로 대항하여 '둘이 될 수 없는 선', 즉 불이선의 참뜻을 보여주었다는 이야기이다.

예술작품의 가장 귀중한 미적 요소는 치기(稚氣)를 담은 곳이 있어야 하고, 무엇보다 천한 것은 교(巧)하여 보이는 것인데, 두뇌 없는 부지런하기만 한 예술가들이 흔히 손끝의 재주만이 능하여 자칫하면 교(巧)에 떨어지기 쉬운 것은 진실로 사고함이 없이 부지런하기만 한 탓일 것이다.

예술을 일삼는 자 모름지기 부지런함을 먼저 수업하여야 할 것이나, 그러나 그보다도 먼저 예술이 무엇임을 알려는 자 모름지기 참된 게으름의 요령을 체득하여야 할 것이다.

애주제가(愛酒諸家)

화가의 습벽에 게으름을 들추고 보니 문득 생각나는 것이 술이다.

술은 화가에 있어 어느 방면의 인사(人士)보다 뒤지기를 싫어한다. 그들의 애주벽은 고인(古人)과 금인(今人)이 한결같다.

현금(現今)의 화가로서 부주당(不酒黨)에 속하는 분은 김은호(金殷鎬) 씨, 김주경(金周經) 씨, 이여성(李如星) 씨 등 몇 분이 희한하게도 탈선을 했을 뿐, 그 외의 대부분의 작가는 애주열이 매우 격렬하다.

고희동 씨의 애주(愛酒)는 고(故) 관재(貫齋) 이도영(李道榮) 씨와 함께 쟁쟁한 바 있었고, 이종우(李鍾禹), 이병규(李昞圭), 황술조(黃述祚), 정현웅(鄭玄雄), 김중현(金重鉉), 이한복(李漢福), 이상범(李象範), 노수현(盧壽鉉), 장석표(張錫豹), 길진섭(吉鎭燮), 최우석(崔禹錫) 씨 등등 제씨는 한 말 술을 지고 가기보다는 마시고 가는 것이 한결 간편하다는 애주가들이다.

옛날 화가로도 술로써 병이 된 분이 한둘이 아니었고, 또 술을 잘하기 때문에 좋은 예술을 만들어 놓은 예도 많다.

술이란 대체로 권커니 잣거니 하는 흥취도 흥취이려니와, 그런 세속적인 흥취보다도 도연(陶然)히⁴ 취하는 가운데서 예술에 대한 정열은 더 뜨거워질 수 있고, 기개는 점점 더 호방하여져서 부지불식간에 생각지 않은 걸작을 획득할 수 있을 뿐 아니라, 종교가가 신앙의 힘으로써 마음의 터전을 점점 더 닦을 수 있는 것과 마찬가지로 예술가란 술에 의하여 예술적인 소지(素志)를 기를 수도 있고, 또 감흥을 얻을 수도 있는 것이다.

예술가의 특성이란 대개 애주와 방만함과 세사(世事)에 등한한 것쯤인데, 이러한 애주와 방만함과 세사에 등한한 기질이 없고서는 흔히 그 작품이 또한 자유롭고 대담하게 방일(放逸)한⁵ 기개를 갖추기 어려운 것이다.

안면에 나타나는 근골의 구조가 그 사람의 성격이나 혹은 장래할 운명까지를 지시하고 있는 것처럼, 그 사람의 습성 여하가 반드시 표현상으로 나타나는 것은 퍽 흥미있는 일이라 볼 수 있다.

침착한 성격을 소유한 김은호 씨 같은 분의 작품에는 어디인지 모르게 온화한 구석이 느끼어지는 것이라든지, 둥근 성격을 가진 고희동 씨의 작품에는 구석에서 구석까지가 무난하여 보이는 것이라든지, 좀 비천한 성격을 가진 분의 작품에는 역시 속일 수 없이 교(巧)함과 불성실한 공기가 화폭 전면에 떠돌고 있는 것이라든지를 보면, 성격이 그대로 표현으로 옮겨진다는 데에 무슨 조화나 있는 듯이 생각될 때도 있다.

이러한 성격상 영향을 불소(不少)하게 받는 것을 보아, 자유와 표일(飄逸)⁶과 방만과 무애(無涯)⁷함을 사랑하는 예술가들이 자연 술을 친하게 된다는 것은 조금도 무리함이 없을 것이다.

술에 의하여 예술가의 감정이 정화되고, 창작심이 풍부해질 수 있다는 것은 예술가에 있어 한낱 지대(至大)의 기쁨이 아니 될 수 없을 것이다.

그러나 나는 때때로 술을 악용하는 사람을 만

---
4. 거나하게.
5. 제멋대로 거리낌 없이 노는.
6. 세상 일을 마음에 두지 않고 태평함.
7. 넓고 멀어서 끝이 없음. 무제(無際).

난다. 술을 한 무기로 쓰려는 착오된 생각을 갖는 예술가를 본다. 이들은 예술의 가치를 떨어뜨리는 사람일 뿐만 아니라, 실로 술의 가치에 대한 모독자들이다. 불쾌한 일이다.

「서도전람회(書道展覽會)」

초기 「선전(鮮展)」[8]에 서(書)와 사군자 부(部)가 있었던 것이 없어진 지 오래고, 서화협회에 의하여 겨우 그 명맥을 붙들어 오던 서와 사군자가 금춘(今春)에 이르러 당국자들도 무슨 생각한 바가 있었던지 제1회 「서도전람회」란 것을 개최하였다.

전람회 체재로 보아 아직 원시 형태를 면치 못한 바 있으나, 그 중에 참고 진열로서 중국의 조자앙(趙子昻)이니 구양순(歐陽詢)이니 안진경(顔眞卿)이니 하는 대명가(大名家)[9]의 고법첩(古法帖)의 좋은 진열을 비롯하여 근대의 필가들의 진묵(眞墨)과, 조선에 있어서도 눌인(訥人), 자하(紫霞), 완당(阮堂), 이재(彛齋) 같은 명필가[10]의 일품이 나오고 현대 화가들의 역작도 많이 진열되어서 아무튼 근래에 드물게 보는 좋은 기회였다.

지금으로부터 삼십 년 전만 해도 가가호호에 벼루가 있고 학동(學童)마다 종이를 다듬어 글씨를 익히던 것인데, 너무나 갑자기 밀려온 서구식 교육은 종래의 유산에 대한 하등의 성찰과 비판도 없이 재래식 방법은 모조리 없이 하는 통에, 불과 기십 년을 지난 오늘에 있어 소·중학교의 습자(習字)란 것도 간판만 있을 뿐, 서도의 무엇임은 참담한 잔재뿐으로 되어 있다.

---

8. 「선전(鮮展)」은 일제기 조선총독부가 개최한 미술작품 공모전인 「조선미술전람회」의 약칭이다. 1922년부터 1944년까지 23회를 거듭했다.
9. 자앙(子昻)은 중국 원대의 서화가 조맹부(趙孟頫, 1254-1322)의 자로, 그는 왕희지에 근본을 둔 송설체(松雪體)라는 독특한 서체를 창안했다. 구양순(557-641)은 당나라 초기의 서예가로, 그의 서책 중 가장 유명한 것으로 『구성궁예천명(九成宮醴泉銘)』이 전한다. 안진경(709-784?)은 당나라 서예가로 자는 청신(淸臣)이며, 그의 행초서(行草書) 대표적 필적 세 가지인 삼고(三稿)가 전한다.
10. 모두 조선 후기의 인물들로, 눌인은 서예가 조광진(曺匡振, 1772-1840), 자하는 헌종 때의 문신이자 화가요 서예가인 신위(申緯, 1769-1845), 완당은 추사 김정희, 이재는 문인이자 서화가인 권돈인(權敦仁, 1783-1859)의 호이다.

신위 〈요화시(蓼花詩)〉 조선 18세기말-19세기초, 국립중앙박물관.

긴 가을밤 주인은 소리 없이 벼루로 더불어 침묵을 나누면서 책장을 뒤치고 먹을 갈 때에 어디서인지 모르게 떠오르는 향기—그것을 일러 전날 사람들은 "향생필연지간(香生筆硯之間)"이란 글까지 지었다. 지금 우리들의 교육과 정세가 그러한 회고적인 곳에도 적극적으로 탐닉할 것까지는 없다 치더라도, 동양 사람만이 가진 보배를 아주 몰살해 버리는 것은 너무나 과한 일이 아닌가.

채화(彩畵)를 찌꺼기 술이라면 묵화(墨畵)는 막걸리요, 사군자는 약주요, 서(書)는 소주 아니 될 수 없을 것이다.

글씨란 흰 종이에 종횡으로 그어지는 검은 획일 뿐인데, 형을 갖추지 못하였으나 만상을 모조리 갖춘 듯하며, 색을 지니지 않은 듯하나 능히 영롱한 오색을 능가한다. 담(淡)한 듯하나 농(濃)하며, 단순한 듯하나 변화가 무궁한 것이 글씨다.

먹으로 죽죽 그어진 것이 글씨이거늘, 어찌하여 어떤 글씨에는 정시(正視)하지 못할 만한 위엄을 갖춘 것도 있고, 어떤 글씨에는 그와 반대로 아첨과 비겁함이 역연히 보이고 있는가.

서(書)는 진실로 예술의 극치요 정화일 것이니, 어찌하여야 하루바삐 서가 다시 보급되고 이해를 받을 날이 올 수 있을까.

「서도전람회」가 생겨난 것은 근래에 드문 쾌소식이었다.

조선조의 산수화가

고려와 달라 조선조에 와서는 서화는 일종 천기(賤技)라 하여 그다지 숭상하지 않았다. 그러나 조선조 오백 년을 통해 본 서화가의 수는 명수(名手)라 이름을 날린 이만 해도 무려 천 명에 가깝고, 그 중에 그림을 그린 이가 또한 근 사백 명이나 된다. 사백 명 가운데는 혹은 화조(花鳥)만을 전공한 이도 있고 혹은 사군자만을 희롱한 이도 있고 하나, 대다수는 산수를 위주로 하였다 할 만큼 조선조의 선비들은 그림이라면 먼저 산수를 연상하게 되고, 화가라면 무엇보다 먼저 산석준법(山石皴法)부터 공부하여야 될 줄 알았다. 그러므로 조선조의 화가로서 산수화가를 손꼽자면 갑을을 불문하고 무비(無非)[1] 산수화가라 그 인선(人選)에 대단히 곤란할 지경이다. 그러나 우리들의 입에 항상 오르내리고 또한 그 전기로나 작풍으로나 가장 뛰어난 작가를 들어 잠깐 조선조 산수화가의 일면을 엿보기로 한다.

안견(安堅)은 거금(距今)[2] 약 사백오십 년 전 사람으로 자를 가도(可度), 호를 현동자(玄洞子) 혹은 주경(朱耕)이라고도 하며, 도화서(圖畫署) 화원(畫員)으로 있었다. 성품이 총명하고 화재(畫才)가 비상하여, 곽희(郭熙)를 본받으면 곽희가 되고 이필(李弼)을 본뜨면 이필이 되고, 혹은 유융(劉融)이 되고 혹은 마원(馬遠)이 되고 하여[3], 제가(諸家)의 법을 배우면서 제가의 장처(長處)[4]를 모아 절충하여 일가를 이루었는데 산수가 가장 장기였

전(傳) 안견 필(筆) 〈적벽도〉 조선 15세기. 국립중앙박물관.

고, 세인이 안견의 화(畵) 한 폭을 얻으면 금옥(金玉)처럼 귀중히 여겼다 한다. 문헌에 기록된 것을 보면 〈청산백운도(靑山白雲圖)〉와 〈이사마산수도(李司馬山水圖)〉 등 일품이 있는 모양이나 지금 얻어 볼 수 없고, 오직 일본인 소노다(園田) 씨 소장인 〈몽유도원도(夢遊桃源圖)〉[5]와 덕수궁박물관[6]에 있는 전(傳) 안견 필(筆) 〈적벽도(赤壁圖)〉와 〈설경산수도(雪景山水圖)〉가 가장 귀중한 유작으로 남아 있다. 〈몽유도원도〉는 세종의 셋째아들인 안평대군(安平大君, 호는 匪懈堂)이 학예를 좋아하여 시문(詩文), 서화(書畵), 금슬지기(琴瑟之技)[7]에 이르기까지 능하지 않은 것이 없고, 특히 서(書)에 이르러서는 왕우군(王右軍), 조자앙(趙子昻)의 필법으로 그 이름이 천하에 떨쳤던 명필로서 항상 안견을 끔찍이 사랑하더니, 어느 날 안평대군이 꿈에 인수(仁叟, 朴彭年)와 같이 도원을 구경하고 안견에게 명하여 꿈에 본 대로 그리게 한 그림이니, 천봉만학(千峯萬壑)[8]이 좌우에 참치(參差)[9]하고 원근에 도림(桃林)이 구름과 같으며 그 사이로 흐르는 계곡과 굽이굽이 돌아간 산간석경(山間石徑)[10] 등 전 화면에 기운이 생동하며 필의(筆意)가 창달(暢達)하고 더구나 구도가 웅대하여, 곽희, 이성(李成)을 배웠으되 오히려 청람(靑藍)이 상하를 다툴 만큼 희세의 명작이라 세인이 일컫는 것이다. 더구나 이 그림에는 안평대군 제발(題跋) 이하 당시의 석유(碩儒)[11]들인 박팽년, 성삼문(成三問), 김종서(金宗瑞), 서거정(徐巨正) 등 이십여 인의 발문이 적혀 있다.

안견 다음으로 강희안(姜希顔), 이상좌(李上佐) 등 쟁쟁한 화가들이 있었으나, 그보다는 뚝 떨어

---

1. 그렇지 않음이 없이. 모두.
2. 지금으로부터.
3. 이필(생몰년 미상)은 북주(北周) 낭평(襄平) 사람으로, 자는 경화(景和)이다. 유융(劉融, 생몰년 미상)은 중국 원대(元代)의 화가로 자는 백희(伯熙)이다. 마원(12세기 후반-13세기 중반)은 남송 때의 화가로, 산수, 인물, 화조를 모두 잘 했지만 특히 산수에 뛰어났다고 한다.
4. 장점.
5. 현재 일본 덴리대학(天理大學) 중앙도서관 소장이다.
6. 덕수궁박물관은 1948년 정부수립과 함께 문교부가 발족되면서 현 문화재관리국 소속이었다가 1969년 국립중앙박물관으로 통합되었다.
7. 거문고와 비파를 연주하는 기예.
8. 수많은 봉우리와 첩첩이 겹쳐진 골짜기. 만학천봉(萬壑千峯).
9. 길고 짧거나 들쭉날쭉하여 가지런하지 않음.
10. 깊은 산의 좁은 돌 길.
11. 이름난 유학자. 거유(巨儒).

져 지금으로부터 약 삼백오륙십 년 전 선조대왕(宣祖大王) 때에 난 유명한 화가 이정(李楨)을 말하기로 한다.

이정은 선조 11년 무인(戊寅, 1578)에 출생하고 성질이 게으르기 짝이 없어서 자호(自號)하여 나옹(懶翁), 나와(懶窩)라 하였다. 그는 그의 증조부 때부터 조부(祖父), 부(父)에 이르기까지 모두 이름 높은 화가의 집안이었고 그의 숙부까지도 유명한 화가이었다.

일찍이 부모를 여의고 숙부 흥효(興孝)의 집에 의(依)하여 자라더니, 오세 때 벌써 화재를 발휘하니 흥효가 기히 여겨 가법(家法)으로써 가르치니 십 세에 이미 대성하였다. 산수에 가장 능하고 인물과 불화를 잘하여 십일세 때 금강산에 들어가 장안사(長安寺)의 벽화 산수와 천왕제체(天王諸體)를 그렸다.12 시(詩)·서(書)를 다 잘하였고 불법(佛法)에도 조예가 깊었으며, 소성(素性)이 활달하고 술을 즐겨하여 일일(一日)에 두주(斗酒)를 불사하더니, 술로써 병이 되어 삼십 세 되던 해 서경(평양)에서 객사하였다.

이정은 기록에 있는바 "爲人慵 不肯畵 故筆跡之傳於世者亦少13 사람됨이 게을러 그림 그리기를 즐겨하지 않았다. 따라서 세상에 전하는 필적이 적다"라 한 것과 같이 그 작품으로 유전되어 오는 것이 극히 희소하나, 덕수궁박물관에 소장된 몇 폭 산수도는 그의 풍모를 추측하여 오히려 남음이 있을 만큼 그의 뚜렷한 개성이 전폭에 창일(漲溢)14되고 있다. 더구나 이정의 개성은 대작보다도 소품에 더 강렬하게 비치고 있으니, 『고적도보(古蹟圖譜)』15에 오른 〈의송망안도(倚松望雁圖)〉〈한강조주도(寒江釣舟圖)〉〈산수도(山水圖)〉 등을 보면 무질어진 붓끝으로 소호(少毫)의

12. 장안사는 강원도 회양군 내금강면에 있는 절로, 기축년(宣祖 22년, 1589)에 이 절을 고쳐 지을 때 이정이 그린 벽화 산수와 천왕의 여러 형상은 모두 날아 움직이는 듯하고 삼엄한 기상이 뚜렷했다고 허균(許筠)이 지은 「이정애사(李楨哀辭)」에 이르고 있다.
13. 吳世昌 編著, 『槿域書畵徵』 「李楨」條 참조.
14. 차고 넘침.
15. 일제시대 조선총독부의 주관 아래 일본 학자들이 우리나라 고적(古蹟)의 도판을 모은 『조선고적도보(朝鮮古蹟圖譜)』를 말하는 것으로, 전15권의 책이다. 낙랑시대부터 조선시대까지의 고적과 유물을 1915년부터 1935년까지 이십 년 간에 걸쳐 모았다. 근원은 당시 이 책에 실린 도판을 주로 참고하여 글을 썼으며, '고적도보'라 줄여 칭했다.

이정 〈산수도〉 조선 16세기말-17세기초. 국립중앙박물관.

용사(容赦)의 여지 없이¹⁶ 선획(線畫)과 점(點)과 발묵(潑墨)으로써 혹은 산이 되고 혹은 옥목(屋木)이 되며 혹은 수엽(樹葉)이 되어, 근자(近者)는 창울(蒼鬱)하고 원자(遠者)는 표묘(縹緲)¹⁷하되 또한 그 가운데 호리(毫釐)¹⁸만한 시기속취(市氣俗趣)가 없으며 여운이 넘치는 작품으로, 법을 배웠으되 오히려 법을 이탈하여 소위 전인미답(前人未踏)의 세계를 자유로 독보하였으니, 진실로 이정은 전부득문(前不得聞)하고 후부득견(後不得見)할 화경(畫境)에서 독왕독래(獨往獨來)한 사람이라 하겠다.

인품을 보아 그 작품의 어떠할 것을 알 수 있고, 작품을 보아 그 인품의 고하를 짐작할 수 있는 것은 동서고금의 일반적인 통칙이어니와, 이정의 그림을 보고 이정의 전기를 읽으매 족히 이 말의 헛되지 않음을 알겠다.

…雖貧困寄食於人 非義則一個不取 心有所不合 雖權貴薰天者 不屑而去之若浼…好施與 値寒者 解衣衣之 俗子輩以爲愚而不之恤也 嘗有權相招令畫 具絹素 饋以酒 楨佯醉倒 良久而起 畫一幅 作高門 二牛駄貨物而二人驅入狀 投筆去 相怒欲殺之 逃至西都 愛其佳麗不忍去 竟卒於此…¹⁹

…비록 빈곤하여 남에게 기식(寄食)하는 처지이나, 의(義)가 아니면 한 물건도 취하지 않았고, 마음에 들지 아니하면 권세가 하늘을 찌르는 자라도 마땅치 않게 여겨 오물에 더러워지기라도 한 듯 떠나갔다. … 남에게 베풀기를 즐겨 추위에 떠는 자를 만나면 옷을 벗어 입혔다. 속된 무리가 그런 그를 멍청이라 말해도 개의치 않았다. 일찍이 한 정승이 그를 불러 그림을 그리게 하여 비단을 갖다 놓고 술을 내왔다. 이정이 거짓 취해 쓰러졌다가 한참만에 일어나 한 폭 그림을 그리되 대문으로 물건을 실은 소 두 마리를 두 명이 끌고 들어가는 형상이었다. 그리고는 붓을 던지고 달아났다. 정승이 노하여 이정을 죽이고자 하니 도망하여 평양에 이르렀다.

16. 조그만 붓질도 흐트러짐 없이.
17. 끝없이 넓어서 있는지 없는지 환히 알 수 없다.
18. 자 또는 저울 눈금의 호(毫)와 이(釐)로서, 매우 적은 분량의 비유임. 호리(毫釐).
19. 吳世昌 編著,「槿域書畫徵」「李楨」條 참조.

평양의 아름다움을 사랑하여 떠나지 못하더니 결국 거기에서 죽었다.…

이것은 이정의 기록 중에서도 가장 재미있는 대문이니, 이 글을 보면 그가 비록 게으르고 가난한 사람일지언정 의(義)에 이르러서는 무섭기가 칼날 같은 사람임을 알겠고, 추위에 떨고 있는 자를 볼 때는 입은 옷을 그대로 벗어 주었다니, 아무리한 권력의 앞에서도 자기의 성깔을 굽힐 줄 모르는 꼬챙이 같은 성격이나, 그 반면에는 부드럽기 풋솜과 같은 인도심(人道心)이 가득 찬 것을 엿볼 수 있다.

우리는 조선조의 회화사를 통하여, 혹은 인재(仁齋)[20]라, 혹은 겸재(謙齋), 현재(玄齋)라, 혹은 단원(檀園)이라 오원(吾園)이라 하여 기간(其間)에 거벽(巨擘)[21]이 배출하였으나, 대기(大器)와 소기(小器)의 구별은 있다 치더라도 이정의 그림만큼 여운이 넘치는 작품을 못 보았고, 필력에 있어 이정만큼 간경(簡勁)[22]하고, 화재(畵才)에 있어 이정만큼 발랄한 천재는 드물었으리라고 믿는다.

가인재자(佳人才子)[23]에 박명한 이가 많다 하거니와, 연(年) 불과 삼십에 요사(夭死)한 이정의 작품이 어느 작가의 것보다 발군(拔群)하게 완성된 것을 보면, 이정은 확실히 조선조 화계(畵界)의 빛나는 한 천재일 것이다.

다음으로 인조(仁祖) 때 사람으로 연담(蓮潭) 김명국(金明國)이 위인(爲人)이 소방(疎放)하여[24] 해학을 즐겨하고, 기주(嗜酒)[25]하여 능히 일음수두(一飮數斗)[26]하였으며, 필력이 창경(蒼勁)[27]하여 가관(可觀)할 점이 있으나, 이보다도 우리가 더욱 친한 작가로서 겸재 정선(鄭敾)과 현재(玄齋) 심사정(沈師正)을 찾아보기로 한다.

20. 인재는 조선 초기의 문신 강희안(姜希顔, 1418-1465)의 호이다. 시서화에 능하여 삼절(三絶)로 불리었다.
21. 어떤 전문적인 분야에서 남달리 뛰어난 사람.
22. 문장이나 말투 또는 화풍이 간결하고 힘참.
23. 아름다운 여인과 재주있는 젊은이.
24. 사람됨이 너그러워서.
25. 술을 즐김.
26. 한번에 몇 말 술을 마심.
27. 푸르고 힘참.

정선은 숙종(肅宗) 2년(1676) 병진(丙辰)에 출생하여 영조(英祖) 35년 (1759) 기묘(己卯)에 졸(卒)하니 졸년이 아흔넷이라 이만큼 장수한 화가도 드물 것이다.

자를 원백(元伯), 호를 겸재 혹은 난곡(蘭谷)이라 하며, 금강산 많이 그리기와 잘 그리기로 유명하다. 겸재는 조선조의 어느 화가들보다 응물상형(應物象形), 즉 사생하기에 힘쓴 작가이며 또한 조선화풍 창시자이니, 강세황(姜世晃) 제발(題跋)28에 "鄭謙齋最善東國眞景 정겸재는 동국의 진경을 가장 잘 그렸다" 운운한 것을 보든지, "中國人入我境者 見山川日 始知鄭筆之爲神也29 중국인으로 우리나라에 온 자가 산천을 구경하고는 '이제사 정겸재 그림의 신필을 알겠다'고 하였다"라 한 것을 보든지, 또는 우리가 흔히 보는 겸재 산수의 그 독특한 준법을 보든지, 과연 그가 명가의 각체를 본받음이 없이 오로지 사생에 의하여 자성일가(自成一家)하였다는 점을 발견할 수 있다. 겸재의 준법은 완전한 그의 창작적인 것으로, 서희(徐熙)에게서도 유송년(劉松年)에게서도 혹은 마원(馬遠)이나 하규(夏珪)30나 그 어느 작가의 준법에서도 찾을 수 없는, 오직 정선의 독특한 준법이라 하겠다. 다소 난시준(亂柴皴)31에 가까우나 그보다도 더 평행 수직선의 준법을 쓰되 명암향배(明暗向背)32의 묘체(妙諦)를 얻은 작가다.

겸재의 화풍의 특징은 누구보다 뛰어나게 화보식(畵譜式)인 법규를 초탈한 곳에 있으며, 누구보다 예리하게 조선 사람의 성질을 필단(筆端)으로 나타나게 한 곳에 있다 할 것이니, 그가 가장 득의(得意)로 하는 소나무를 보면 우리의 성격이 한 개 한 개 소나무를 통하여 여실히 엿보이고 있음

---

28. 표암(豹菴) 강세황이 쓴 『겸재화첩(謙齋畵帖)』의 발문을 말한다. 吳世昌 編著, 『槿域書畵徵』「鄭敾」條 참조.

29. 조선 후기 문신 박준원(朴準源)의 시문집 『금석집(錦石集)』에 쓴 겸재의 산수도에 대한 기문(記文)에서 발췌한 것이다. 吳世昌 編著, 『槿域書畵徵』「鄭敾」條 참조.

30. 서희(10세기 중후반경 활동)는 중국 송대의 화가로 사생(寫生)에 능하였고, 유송년(12세기 중반-13세기 초반)은 남송대 화가로 인물과 산수를 잘하였고, 하규(12세기 후반-13세기 초반)역시 남송대의 화가이다.

31. 마치 잡목이 무수히 섞여져 있는 듯한 형세로 표현된 준필로, 매우 자유분방한 난필. 크게는 피마준의 한 종류이다.

32. 어둡고 밝은 부분과 앞과 뒤. 음양향배(陰陽向背).

전 정선 필 〈여산폭포도〉 조선 18세기. 국립중앙박물관.

을 알 것이다.

그의 화풍의 특질은 구도의 웅대함과 묵색의 창윤(蒼潤)[33]함에 있으니, 현존한 작품 중에 그 대표적 걸작이라 할 만한 것은 덕수궁박물관 소장의 〈여산폭포도(廬山瀑布圖)〉일 것이다. 동양화로서 그 묵색의 창윤함이 이 그림에 비길 작품을 보지 못하였고, 구도의 웅대 장엄함이 이 그림만한 것을 보지 못하였다.

겸재의 다음으로 유명한 화가 심사정은 자를 이숙(頤叔), 호를 현재라 하며, 숙종 33년(1707) 정해(丁亥)에 출생하고 육십삼 세에 졸(卒)하였다. 그의 작품의 범위를 보면 산수, 인물, 영모(翎毛)[34], 화훼, 초충(草蟲) 등 각체가 구장(俱長)[35]하였으나 특히 산수 잘하기로 이름을 날렸다.

그는 처음 겸재 정선에게 사사하여 수묵 산수를 배웠으나, 점차 고인의 명적(名蹟)을 깊이 연구하여 동국(東國) 화가의 산만한 결구(結構)와 무잡(蕪雜)한[36] 낙관(落款)에 소호(少毫)의 관심을 갖지 않는 누폐(陋弊)[37]를 일소(一掃)하고 능히 대성한 경지에 이르렀는데, 그가 이렇게까지 대성하기에는 그의 오십여 년의 화생활(畵生活)을 통하여 갖은 고난과 빈고, 오욕을 무릅쓰고 하루 한시도 화필을 잡지 않은 날이 없었음에 있다 할 것이다. 그가 서거하였을 때는 빈핍(貧乏)이 극하여 장비(葬費)[38] 한푼 가산(家産)으로 남은 것이 없었다.

이처럼 불우한 생활에서 한평생 고생한 그이였으나 회화에 대한 탐구와 정열은 실로 놀랄 만한 것이었는데, 강표암(姜豹菴)의 현재(玄齋) 제발(題跋)[39]에 보면, 그는 심석전(沈石田)을 배워서 처음 피마준(披麻皴)[40]을 공부하고 차츰 미불(米芾) 부자(父子)의 대혼점(大混點)[41]으로, 중년에

33. 묵색이 푸르고 시원한 맛이 돌며, 윤기가 흐름.
34. 새나 짐승을 그린 그림.
35. 모두 뛰어남.
36. 뒤섞여서 거칠고 어수선한.
37. 좁고 낮은 생각.
38. 장사를 지내는 데 드는 비용.
39. 강세황이 쓴 『현재화첩(玄齋畵帖)』의 발문을 말한다. 吳世昌 編著, 『槿域書畵徵』 「沈師正」條 참조.

는 대부벽준(大斧劈皴)⁴²을 공부하였다 하며, 그의 탐구의 경로를 피쇄(披瀉)⁴³하고 또한 그는 겸재에 사사하였으나 호매임리(豪邁淋漓)⁴⁴한 점은 겸재에 불급(不及)하겠지만 경건아일(勁健雅逸)⁴⁵한 편은 훨씬 겸재를 뛰어난다고 말하였다.

요즈음도 우리가 가끔 구경할 수 있는 현재의 진적(眞蹟)⁴⁶을 보면, 대·소폭을 막론하고 그 교묘한 결구와 방일경건(放逸勁健)⁴⁷한 필력과 각체의 화법이 모두 어느 화가보다도 뛰어난 것을 보아, 현재의 자랑은 조선왕조만의 자랑이 아니요 조선의 자랑이라 할 만하다.

현재의 다음으로 영조조(英祖朝)의 유명한 산수화가요 그 기벽(奇癖)이 이정과 유사한, 역시 요사한 천재 화가로 호생관(毫生館) 최북(崔北)을 말하고 싶으나, 최북은 후일 고(稿)를 다시 하여 음미해 보고 싶은 화가이므로 이에 약(略)하여, 끝으로 역시 영조조(英祖朝)의 이름 높은 산수화가로 유춘(有春) 이인문(李寅文)을 말함으로써 이 고(稿)를 막으려 한다.

이인문은 호를 유춘, 혹은 고송유수관도인(古松流水館道人)이라 하며, 칠십칠 세까지 장수한 이다. 그의 화제평(畵題評)을 보면, "渴筆寫山 潑墨點樹 得明暗向背之妙諦⁴⁸ 갈필(渴筆)⁴⁹로 산을 그리고 발묵(潑墨)⁵⁰으로 나무를 그려 명암향배의 묘체를 얻었다"라 하여, 극히 짧은 말이로되 유춘의 화경을 단적으로 관파(觀破)한 평이다.

『금릉집(金陵集)』⁵¹이란 책에,

40. 석전은 중국 명대의 문인화가인 심주(沈周, 1427-1509)의 호이다. 그가 창시한 피마준은 산수화에서 대체로 같은 방향으로 약간 구불구불한 선을 길게 긋는 준법으로, 대체로 흙이 많은 토산(土山)을 묘사할 때 많이 쓰인다.
41. 미불 부자는 북송의 화가인 미불(1051-1107)과 그의 아들 미우인(米友仁, 1086-1165)을 말한다. 대혼점은 미불이 창시하고 미우인이 계승하여 이룩한 미점(米點), 미점준(米點皴)으로서, 횡으로 큰 점을 찍어 멀리 보이는 산이나 나무를 묘사하는 준법이다.
42. 산과 바위의 굳세고 뻣뻣한 모습을 표현하는 데 사용하며, 도끼로 찍어서 갈라 터진 것처럼 그리는 준법이 부벽준이다. 대부벽준은 붓터치가 더 큰 것을 말한다.
43. 펼치고 나누어 낱낱이 드러냄.
44. 호탕하게 뛰어나며 간조하지 않고 환하게 트이어 보임.
45. 굳건하고 우아하게 빼어남.
46. 진필(眞筆). 친필(親筆).
47. 제멋대로 거리낌 없이 노닐면서 굳세고 힘참.
48. 조선 후기 실학자 박제가(朴齊家, 1750-1805)의 『정유당집(貞蕤堂集)』에 실린 이인문의 잡화(雜畵)에 대한 평을 인용한 것이다. 吳世昌 編著, 『槿域書畵徵』 「李寅文」條 참조.
49. 붓에 먹물을 슬쩍 스친듯이 묻혀서 쓰거나 그리는 기법.
50. 글씨나 그림에서 먹물이 번져 퍼지게 하는 것.

李生貌癯心亦奇	수척한 체구에 마음 또한 기이한 이생(李生)은
巾笠弊落不遇時	해진 초립 쓰고 다니는 불우한 신세라지만
雙眸炯炯老不枯	두 눈동자 번쩍번쩍 늙어서도 빛이 안 죽어서
畵不人師造化師	그림은 남을 본받지 않고 조화옹을 본받았네.

라 한 것을 보든지, 그의 호가 '고송유수관도인'이란 것을 보든지 하여 족히 그의 기골 풍채와 위인의 탈속한 것을 짐작할 수 있겠다. 그러나 그보다도 더 그의 성격을 웅변으로 말해 주는 것은 그의 독특한 화풍일 것이니, 유춘의 그림만큼 소름이 쪽쪽 끼칠 만치 강철 같은 무서운 필력은 다른 그림에서 일찍이 얻어 보지 못한 바다.

그의 필법이 역시 다른 어느 작가에게서도 얻어 보기 어려운 독자(獨自)의 경지를 지니고 있으며, 혹 예운림(倪雲林)에 방불한 점도 보이나 그러나 예운림에서 보는 측필(側筆)52이 아니요 어디까지 정봉(正鋒)53으로써 그야말로 천랑기청(天

51. 조선 후기 문신이자 문장가인 남공철(南公轍, 1760-1840)의 시문집이다.
52. 서예 또는 수묵화에서 붓초리의 끝은 획의 바깥쪽을, 붓초리의 매는 획의 안쪽을 지나가도록 쓰거나 그리는 방법.
53. 화폭과 수직으로 붓을 쥐고 그리는 것.
54. 하늘이 구름 한 점 없이 개고 날씨가 화창하여 대기가 상쾌함.
55. 붓이 좋고 벼루가 정갈함.
56. 간사함으로써.
57. 잘 조화됨.

이인문 〈강산무진도〉 부분. 조선 18세기말. 국립중앙박물관.

朗氣晴)⁵⁴하고 필량연정(筆良硯精)⁵⁵한 데 단아히 앉아 한 개 한 개 선획을 그려 나아간 곳에 사(邪)로써⁵⁶ 도저히 범하지 못할 무서운 기개와 명암향배(明暗向背, 遠近·濃淡·深淺·對比 등의 諧調⁵⁷)의 묘체를 얻은 신필(神筆)이 전개되는 것이다.

지금 간혹 고송유수관의 소품들이 항간에 산재하나 금고(今古)의 인사로서 애화가(愛畵家)치고 그의 화격의 높음을 찬앙(讚仰)하지 않는 이가 없다.

덕수궁박물관 소장의 〈강산무진도(江山無盡圖)〉는 근 삼십 척의 길이를 가진 횡축대작(橫軸大作)이면서도 심원한 화면과 변화무궁한 구상과 세밀한 필치와 단아한 설채(設彩)와 고매한 화격은 실로 이 작품으로 하여금 천고불변(千古不變)할 국보적 지위를 갖게 하는 일품이라 하여 과언이 아닐 것이다.

조선시대의 인물화
주로 신윤복, 김홍도를 논함

이왕가박물관(李王家博物館)이 신축한 덕수궁진열관¹으로 옮겨 가기 전 창경궁에 있을 동안에 그 최종의 진열된 회화를 구경한 이면 대개 짐작이 되겠지만, 당시의 진열 작품은 근 이백 점 되는 그림들이 모조리 인물풍속도만을 진열하여서 이런 계획은 드물게 얻어 보는 좋은 기회였다.

때마침 나는 어떠한 동기로 풍속화를 좀 모사할 필요가 있어서 한 십여 일 동안 매일 화첩을 들고 드나들었다. 이 동안에 본뜬 그림이 한 삼십여 점 되고, 그후로 혹은 『고적도보(古蹟圖譜)』에서, 혹은 개인의 소장품을 베낀 사진에서, 혹은 이곳 저곳 산재한 잡종 서적에서 본을 떠 본 놈도 있고, 보고 지나친 놈도 있고 하여 그럭저럭 전후 하면 이제까지 구경한 조선 풍속화의 수는 대략 이백여 점 되리라고 추측된다.

이 밖에도 조선년간의 풍속도로 내가 얻어 볼 기회가 없는 작품들이 얼마나 많이 있는지 가히 알 길이 없으나, 이상의 것들을 작가별로 나누어 보면, 둔재(遯齋) 성세창(成世昌, 거금 약 사백 년 전), 긍재(兢齋) 김득신(金得臣), 혜원 신윤복, 단원 김홍도(모두 거금 백삼사십 년 전)² 등 4인의 작가가 풍속화가로의 중요한 위치를 점령하겠고, 이 외에도 영조년간의 경암(鏡巖) 김익주(金翊胄), 순조 때의 송석(松石) 이교익(李敎翼), 희원(希

園) 이한철(李漢喆), 임당(琳塘) 백은배(白殷培), 고람(古藍) 전기(田琦), 석연(石然) 양기훈(楊基薰), 기곡(箕谷) 오명현(吳命顯, 연대미상) 등 작가가 남기고 간 약간의 풍속도가 있다.

이 외에 전(傳) 이성근(李成根) 필(筆) 〈임진란수군행렬도(壬辰亂水軍行列圖)〉란 대작을 구경하였고, 이곳 저곳 도보(圖譜)에 나타난 것으로 화재(和齋) 변상벽(卞相璧), 소당(小塘) 이재관(李在寬), 석지(石芝) 채용신(蔡龍臣), 한정래(韓廷來), 김진여(金振汝) 등 제인이 그린 초상화 등도 구경하였다. 그리고 필자와 연대가 모두 미상인 작품들이 내가 본 풍속도의 태반을 점령하고 있다.

이 중에서 혹 어떤 작가의 작품은 불과 한두 점을 본 데 불과하고, 혹 어떤 작가의 것은 오륙 점 내지 십여 점을 구경한 것도 있고 하여, 일일이 그 개별적 인상을 지금 피력하기 곤란하나, 대체로 그 윤곽이 떠오르는 기억되는 작가로서는 위에 말한 둔재, 긍재, 혜원, 단원, 송석(이교익) 등이니, 무릇 조선의 화가로서 인물풍속을 희작(戲作)[3]이나마 시사(試寫)해 보지 않은 이가 없을 것이나, 이상의 몇 작가는 후학도로의 본 바에 의하면 가장 농후하게 인물화란 곳에 진중한 작화적 태도를 보여주는 연고로 지금 오히려 뚜렷이 그들의 작품이 안전(眼前)에 전개되는 것이다.

둔재 성세창은 거금(距今) 약 사백 년 전 사람으로, 천자영위(天資英偉)[4]하여 불구영생(不求營生)[5]하고, 학식(學識)이 초매(超邁)[6]하고 문장이 전아(典雅)[7]하며, 서화(書畵), 음률(音律)이 갖추

---

1. 1908년 9월 대한제국의 마지막 황제 순종이 창경궁 내에 황실박물관을 발족시키면서 우리나라 박물관의 시초를 이루었는데, 1915년 조선총독부가 경복궁 내에 총독부박물관을 신축하면서 황실박물관은 이왕가박물관으로 격하 개칭되었다. 그후 1938년 덕수궁을 일반에게 공개하면서 석조전에 일본의 근대미술품을 진열하여 상설 미술관으로 문을 열었고, 같은 해 3월 석조전 서관(西館)이 새로 완공되면서 이곳으로 창경궁의 이왕가박물관에서 미술품만을 골라 이관하여 이왕가미술관을 발족시키게 된다. 이것이 여기서 말하는 덕수궁진열관이다.
2. 여기에 적힌 연도는 근원이 이 글을 쓴 1938년을 기준으로 계산된 것이다. 4인의 생몰년은 차례대로 다음과 같다. 1481-1548. 1754-1822. 1758-?. 1745-1806?.
3. 유희삼아 그린 그림.
4. 타고난 기품이 영명하고 위대함.
5. 생계에 얽매이지 않음.
6. 보통보다 월등하게 뛰어남.

조선시대의 인물화 217

김득신 〈투전도〉 조선 18세기말-19세기초. 국립중앙박물관.

갖추[8] 능하다 하였으니 가히 그 위인됨을 짐작할 수 있으며, 내가 본 풍속도 병(屛)에서도 그 둔중한 필치와 웅건한 구상이 족히 당대의 화계(畵界)를 대변할 만한 작가라 믿을 수 있었다. 그러나 둔재는 인물화로써는 그다지 이름을 날리지 못하였으나 긍재 김득신(거금 백이삼십 년 전)은 특히 인물화로 유명했으니 내가 본 팔기도(八技圖) 외에 많은 신선도를 그린 분이다. 다소 섬세한 필법으로 위기(圍棋)[9], 쌍륙(雙陸)[10], 골패(骨牌)[11], 투호(投壺)[12], 축구(蹴毬), 투전(投箋)[13], 척사(擲柶)[14], 회사(會射)[15] 등 팔기도를 여실히 묘사하고, 더구나 조선풍의 도학취(道學臭)[16]가 전 화면에 방불케 한 것 등 좋은 참고자료였다.

다음으로 송석 이교익(거금 약 팔구십 년 전)[17]은 산수에 능하고 화접(畵蝶)[18]으로 이름을 날렸다 한다. 내가 본 팔구 매(枚)의 풍속도에서 보면 역시 인물에도 능한 이로 볼 수 있으며, 더구나 해학미(諧謔味)를 띄운 묘사 같은 것은 다른 작가에게서 잘 보지 못하는 점이었다.

그러나 이들 모든 작가에서 뛰어나고 조선 오백 년을 통하여 가장 뚜렷하게 인물 풍속화의 큰 공적을 남긴 화가는 세인의 주지하는바 혜원 신윤복(영조 34년, 1758년생)과 동대(同代)의 단원 김홍도일 것이다.

신윤복은 자(字)를 입부(笠父), 호를 혜원이라 하며, 그 전기를 참고할 만한 문헌이 전혀 없고 『서화징(書畵徵)』[19]에 의하여 겨우 선풍속화(善風俗畵)[20]란 넉 자의 간단한 말이 적혀 있을 뿐이

---

7. 법도에 맞아서 아담함.
8. 고루고루 갖추어.
9. 바둑을 두는 것.
10. 두 사람이나 두 편이 각자 열다섯 개의 말을 가지고 두 개의 주사위를 굴려 나오는 사위대로 판 위에 말을 써서 먼저 나는 사람이 이기는 놀이. 쌍륙(雙六).
11. 납작하고 네모진 작은 나뭇조각 서른두 개에 각각 흰 뼈를 붙이고, 여러 가지 수효의 구멍을 판 노름 기구. 또는 그 노름.
12. 화살을 던져 병 속에 많이 넣는 수효로 승부를 가리는 놀이.
13. 사람, 물고기, 새, 꿩, 노루, 별, 말, 토끼를 그린 여든 장의 투전으로 네 사람이 노는 놀이로, 보통 수투(數鬪) 또는 수투전(數鬪箋)이라고 불린다.
14. 윷놀이.
15. 모여서 활쏘기.
16. 도학적인 분위기.
17. 이교익은 순조 7년인 1807년에 났으며, 몰년은 미상이다.
18. 나비 그림.
19. 『서화징』은 서예가, 언론인, 독립운동가인 위창(葦滄) 오세창이 우리나라 역대 서화가의 사적과 평전을 모아 편찬한 사서(辭書)인 『근역서화징』을 말한다. 이 책은 오세창이 1917년 편집하여 1928년 계명구락부(啓明俱樂部)에서 출판되었다. 근원은 그의 글에서 이를 보통 '서화징'이라 줄여 칭했다.

다. 그러나 그의 풍속화는 다른 어느 작가보다도 많아서 내가 본 것만 하여도 족히 오륙십 매에 달할 것이다.

혜원은 풍속화 외에 산수에도 능한 듯하였으나 주로 풍속화에 전심하였고, 그 취재 내용은 극히 평민적이고 자유주의적이어서 시정항간(市井巷間)의 하층사회와 기방정취(妓房情趣)를 잘 묘사하였고, 그 필의(筆意)가 완미(婉媚)하여[21] 다소 염정적(艶情的)인[22] 일면과 해학조를 가미하면서 자유자재 당시의 사회상을 여실히 묘파하는 등 실로 조선 인물화계의 제일인자일 것이다. 혹 전문가의 간(間)에서는 혜원에게서 기운 높은 작품을 찾을 수 없다 하나, 과도히 엄격한 도학자적 견지에서 떠나 한층 더 낭만적인 예술적 견지에서 혜원을 볼 때, 당시와 같은 무서운 존유세력(尊儒勢力)[23] 하에 있는 작가로서, 더구나 인물화라면 신선도란 방정식밖에 없고 모든 산수점경(山水點景)에까지 당의(唐衣)만을 입힐 줄 알던 당시의 작가로서, 단연 그들의 존유사상을 일축하고 현실에서 보는 의상과 현실에서 보는 풍속과 동작과 배경과 심지어는 일초일목(一草一木)에 이르기까지 조석(朝夕)으로 대하고 친(親)하는 눈앞의 현실을 그렸다는 것이 이 작가의 가장 위대한 점이요, 가장 혁명적 정신이 풍부한 작가라 추대하지 않을 수 없다.

사혁(謝赫)의 화륙법(畫六法) 중에 기운생동(氣韻生動)[24]이란 말과 응물상형(應物象形)이란 말이 있다. 조선의 화가는 오로지 기운생동이란 곳에 붙들려서 응물상형하는 귀중한 대문을 잊어버리고 일(一)도 기운이요 이(二)도 기운하여 그 정신이 너무나 관념화하고 추상화하여서, 회화에 있어서의 창작적 정신과 개성의 중대성을 전연 몰

---

20. '선풍속화' 라 함은 '풍속화를 잘 그렸다' 는 의미로, 「화사보략(畫士譜略)」에서 인용한 것이다. 吳世昌 編著,「槿域書畫徵」「申潤福」條 참조.
21. 고상하고 아름다워.
22. 이성(異性)을 그리워하며 사모하는. 연정적(戀情的)인.
23. 엄격한 유가(儒家)의 지배적 분위기.
24. 육법 중 사혁이 맨 위에 놓는 항목으로, 신운(神韻) 즉 인물화에서 인물의 정신적 기질이 살아있어야 한다는 것이다. 이는 후에 산수화나 화조화로 확대, 전체적 회화의 예술성을 평가하는 가장 중요한 기준이 되었다.

신윤복 〈청금상련(聽琴賞蓮)〉 조선 18세기말-19세기초, 간송미술관.

각(殼却)하고 그리고 오직 관념적인 기운에만 충실하였기 때문에, 조선회화의 말로(末路)는 조그만 발전도 향상도 없이 쇠퇴에로 쇠퇴에로 전락하여 온 것이다. 물론 회화에 있어 기운 문제가 첫번 논의될 것은 당연한 문제일지나 항상 여기에 가감이 필요하고 비판이 필요하고 타개의 노력이 필요할 것이어늘, 안견(安堅) 이후 오백 년간의 화계는 실로 이 중대한 요소를 잊어버린 채 온 죄가 또한 크지 않을 수 없을 것이다. 기운은 마땅히 찾을 것이다. 그러나 관념화한 기운은 기운을 위한 기운에 그치고 조금도 신국면을 타개해 줄 여운 없는 기운일 것이다. 기운을 찾자면 먼저 응물상형하여 상(想)을 넓히고 진(眞)에 핍(逼)하여[25] 개성의 힘으로 뚫어 나가는 곳에 비로소 참된 기운이 생동할 것이다. 나는 이런 관점에서 보아, 하필 혜원이 당대의 풍속을 우리에게 고증자료로 남겨 주었다는 민속학적 공적 이외에, 그가 얼마나 안타까웁게 눈앞의 현실과 구석구석에서 풍기는 향토미(鄕土味)를 그려 보고 싶은 욕망이 불 일 듯하였기에 이다지도 아기자기한 그림들을 남겨 둔 것인가 할 때, 감탄이라기보다 도리어 눈물겨워진다. 그가 취한 소재의 대부분인 사내, 여편네, 기생, 놈팽이, 술에미 들이며, 쟁반같이 틀어 얹은 머리, 치마, 속곳, 단속곳의 곡선, 갸우뚱 앉은 모양, 쓰개치마 속으로 반쪽만 엿보이는 뽀얀 얼굴, 한 옆으로 빼뚤어진 당혜(唐鞋), 가야금을 집는 손가락, 조록조록 주름잡힌 소매, 볼록이 솟은 젖가슴 위로 굽이치는 자주 고름, 후리쳐 감아 잡은 뒤 틀어진 치마주름, 그리고 상투쟁이, 촌놈, 건달, 삐뚤어진 통량(統凉)갓[26], 나부끼는 두루마기, 중초막[27], 도포자락, 초립동이 곱게 여민 버선, 잘록 묶은 대님, 그리고 고요한 사랑채, 뜰과 오동나무와 파초와 세렴(細簾)과 겹방과 따스한 초당과 조그만 사립문과 이끼 낀 돌 들과 이러한 모든 것을 보고 느끼고 애상하는 나머지 어찌 화가로서 그 순박하고 전아(典雅)한 향취를 그리고 싶은 욕망이 없었을쏘냐. 이런 모든 정서가 혜원의 그림의 씨가 되고 날이 되어, 혹은 분방자재(奔放自在)하며 혹은 정치교려(精緻巧麗)[28]하며 혹은 단아하며 혹은 완미(婉媚)하여, 후인(後人)의 보는 자로 하여금 당시의 풍속이라기보담 오히려 우리의 적라(赤裸)한 성격과 그 시대의 가장 향토적인 문화적 공기를 이 그림을 통하여 넉넉히 호흡하고 이해하고 사랑할 수 있는 것이다.

조선의 유생들은 혜원의 그림을 통하여 그가 다만 화류항리(花柳巷裡)[29]에 출입하는 일개 탕자로밖에 보지 않았을는지 모르나, 그렇게 속단하기에는 혜원의 작품의 예술적 향기가 지나치게 높은 것이다. 유탕(遊蕩)[30]을 일삼는 배(輩)에게 예술이 창조되기 불가능하기 때문에, 혜원의 예술의 심각한 묘사를 통하여 그를 범속한 탕자로 속단하는 오류를 넉넉히 발견할 수 있는 것이다.

조선의 화가로서는 그들의 작품을 보아 사생을 힘쓴 작가가 희소한 중 오직 겸재(謙齋) 정선(鄭敾)이 산수 사생을 힘썼고, 혜원이 또한 인물 사생에 힘쓴 흔적이 보인다.

혜원의 인물화는 인물 묘사의 가장 중요한, 체구의 구조와 균형과 비례와 근육과 골격과 표정에 소호(少毫)의 무리함이 없을 뿐 아니라, 더구나 의상을 통한 근골의 운동과 의벽(衣襞)[31]의 변화와의 연락(聯絡)[32]을 가장 정확하게 묘사하였으며, 또한 그 표정에 있어 소탈(素脫)하고 아담한 맛을 가미하는 등 인물 묘사의 수법에는 가히 득신(得神)의 묘(妙)를 얻었다 할 수 있으며, 그 구상에 있어서의 극적인 것과 때로 유머러스한 공기를 취입(吹入)하면서 아무리 다수의 인물을 배치하면서라도 오히려 인물마다의 특이한 표정을 살리는 동시에 전 화면을 통한 유기적 연락을 조금도 무리함이 없이 통일시키는

---

25. 진실에 가까이하여.
26. 경상남도 통영(統營)에서 만든 양태가 달린 갓.
27. 중치막으로 도포의 일종.
28. 정세(精細)하고 치밀하며, 묘하면서 우아함.
29. 노는 계집이 모여서 사는 거리 안.
30. 음탕하게 노는 것.
31. 옷주름.
32. 긴밀한 관계.

등, 실로 혜원이 남긴 조선 인물화의 공적은 가히 위대하다는 찬사를 불석(不惜)[33]하여 족하겠다.

혜원과 동시에 조선 인물화계의 거장으로 우리의 입에 회자되고 있는 단원 김홍도는 자를 사능(士能) 호를 단원(檀園) 혹은 단구(丹邱), 서호(西湖), 고면거사(高眠居士)라고도 하며, 영조 36년 경진년(庚辰年) 생으로 혜원보담은 한두 해 후에 탄생한 분이다. 전기에 의하면 그는 풍채가 수려하며 기격(氣格)[34]이 뇌락불기(磊落不羈)[35]하여 세인으로부터 신선 가운데 사람이란 말을 들었다. 산수 인물로부터 화훼(花卉), 영모(翎毛)에 이르기까지 그 어느 것이나 진묘(臻妙)[36]치 않은 것이 없으며, 더구나 신선도는 그의 가장 득의(得意)하는 화재(畫材)로서 구간의문(軀幹衣紋)[37]의 묘사에 전인(前人)의 법을 답습치 않았으며 가장 독특한 화풍을 자성(自成)하였다. 그는 해상군선(海上群仙)을 그리매 농묵(濃墨) 수승(數升)[38]을 풀어 풍우(風雨)같이 필봉을 휘둘렀다. 가재(家財)가 빈핍하여 조반석죽(朝飯夕粥)을 오히려 단속(斷續)하지 못한[39] 그이면서도, 매화 한 분(盆)을 사기 위하여 그림으로 얻은 지전(贄錢)[40] 삼천으로써 이천으로 매화를 사고 팔백으로 수두(數斗)의 술을 사서 친구들을 모아 매화음(梅花飮)[41]을 작(作)하되 겨우 이백 전으로 쌀과 나무를 샀다 하니, 그의 기질이 얼마나 호방함을 가히 알지라.

당시는 화가가 족출(簇出)[42]하여 혁혁한 성명을 날리던 화가로서 긍재 김득신, 호생관 최북, 고송유수관도인 이인문 등이 있었는데, 단원은 이 모든 화가들 중에서도 단연 발군한 위재(偉才)[43]를 발휘하였으니 단원은 실로 조선 후기의 제일

33. 아끼지 않음.
34. 기품과 인격.
35. 마음이 활달하여 작은 일에 거리끼지 않으며, 도덕이나 사회 관습에 얽매이지 않음.
36. 오묘한 지경에 이름.
37. 몸통과 옷의 주름.
38. 여러 되. 많은 양.
39. 변변치 않은 끼니조차 제대로 때우지 못한.
40. 어떤 부탁의 대가로 내놓는 돈.
41. 매화가 핌을 기뻐하여 베푸는 주연(酒宴).
42. 떼를 지어 연달아 출현하는 것.
43. 훌륭한 재주. 또는 그런 재주를 가진 사람.
44. 요염하게 아름다움.
45. 꾸밈없이 수수함.
46. 서로 다름.
47. 대담함이 뛰어나 견줄 데가 없음.

인자라기보담 조선을 통한 제일인자라 함이 마땅하겠다. 그는 산수, 영모, 초충(草蟲)에 이르기까지 그 준법(皴法), 발묵(潑墨)에 독특한 화풍을 이루었을 뿐 아니라 인물에서도 역시 단원만으로서의 독특한 한 신경지를 가지고 있다.

그가 취재한 인물은 혜원과는 전연 소재를 달리하였으니, 주로 혜원에서 보는 염려(艷麗)[44]와 섬세한 타입의 인물이 아니요, 강건하고 질소(質素)[45]하고 순직(純直)하고 어리석은 농민층의 사람을 많이 그렸다.

혜원의 선(線)이 섬세하고 우미(優美)하고 유창하다면, 단원의 선은 간경(簡勁)하고 고졸하고 웅건한 맛이 있다.

혜원이 시정과 촌락의 간아(閒雅)한 장면을 묘사하는 동안에, 단원은 괭이를 든 농부와 밭 가는 소와 왁살스런 머슴들과 소를 타고 가는 농가 부녀와 경상도풍의 무지스런 농악의 장면과 씨름판, 엿장사, 대장간 등 자못 수선스런 장면을 사양함이 없이 닥치는 대로 묘파한다. 그러나 우리는 혜원과 단원의 이보다 더 큰 상원(相遠)[46]을 발견한다면, 가령 혜원은 비록 농가의 부녀를 그렸을지라도 그 인물에는 손바닥에 못 박인 사람이 없으나, 단원은 그가 비록 글 공부하는 책방 도련님을 그렸을지라도 그 도련님의 손바닥에는 반드시 굳은 못이 박였으려니 싶은 것이다. 그는 혜원에 못지않게, 결코 못지 않게 인물 묘사에 가장 중요한 해부학적 인식이 적확한 작가이다. 그의 〈무악도(舞樂圖)〉 혹은 〈씨름도〉를 보면 혜원의 〈검무도(劍舞圖)〉와 같이 운동하는 순간의 표정을 가장 교묘하게 포착하여 묘사하였으되 의상과 구간(軀幹)과의 관계를 소호(小毫)의 무리함이 없이 표현하였다. 단원의 인물에는 결코 타협성이 있는 선 한 개 발견할 수 없다. 그의 고결한 인격과 같이 분방자재하게 대담무비(大膽無比)[47]한 선으로써 한 개 소박한 농부들을 창조한다.

김홍도 〈무악도〉『풍속화첩』중에서. 조선 18세기말-19세기초. 국립중앙박물관.

그러므로 우리는 단원의 인물에서 안일을 구할 수 없다. 나약함을 볼 수 없다. 경건한 무엇이 전 화면을 창일(漲溢)한다. 단원이야말로 우리의 일반적 특성인 어수룩하기 짝이 없고 착하고 또한 남에게 영악하게 하지 못하는, 어떻게 보면 바보요 어떻게 보면 순한 양과 같이 순정적인 우리의 기질을 선과 형을 통하여 가장 웅변으로 말하여 주는 대변자라 할 것이다.

단원은 확실히 조선 화계의 혹성(惑星)이 아닐 수 없다.

나는 끝으로 내가 조선 풍속화를 보는 동안에 절실히 느낀 몇 가지를 말하려 한다.

하나는 필자와 연대가 미상한 그림들이니, 내가 본 중에도 거의 태반이 필자 미상인 걸 보면 조선의 화가들은 대개가 공명욕(功名慾)이 없다는 것이다. 이것을 혹은 겸양의 미덕이라 할까. 훌륭한 수법으로 그린 작품이 얼마든지 있건만 어찌하여 그들은 자기의 이름을 그다지도 숨기려고 하였는가.

순조 때 사람으로 신의(申懿)라는 이는 박학(博學)이요 서화(書畵)를 다 잘하였는데 임졸(臨卒)에 진분서화(盡焚書畵)[48]하였다 하였으니, 필자가 미상하게 전해 오는 작자들의 심경과 죽을 임시(臨時)에 서화를 모조리 태워 버린 이의 심경이 일맥상통하는 곳이 있다고 볼 수 있다. 우리는 조선 화가의 이러한 은둔벽(隱遁癖)을 일면으로 공격만 할 것이 아니라 오히려 충분히 이해할 필요가 있으리라고 믿는다. 그들의 이름과 연대를 양수(讓受)하지 못한 반면에 위대한 겸허의 덕을 배우리라.

다음으로 느낀 것은 조선 회화는 그 보존이 심히 불완전하였다는 것이다.

내가 본 것들 중에도 대다수의 훌륭한 작품들이 어느 집 어느 벽에 어떻게 붙다가 짓궂은 아이

---

48. 글씨와 그림을 불태워 버림.
49. 일 년 동안의 세월. 또는 햇수를 셀 때 쓰이는 말.
50. 슬프도다.
51. 음력 섣달.

놈들의 손아귀에 걸려 들었는지는 모르나, 눈깔을 뽑고 귀를 오리고 입을 찢고 먹붓으로 혹은 연필로 이리저리 휘갈기고 개칠을 하여 거무뭉툴하게 하는 등 침을 발라 문질러 놓는 등, 애장가(愛藏家)를 못 만난 탓으로 말없는 명화들이 갖은 굴욕을 당하며 수백 년 성상(星霜)[49]을 인고하여 왔으리라고 하고 생각하니, 말 못 하는 작품일지언정 비탄함을 금치 못하였다. 작화(作畵)될 당시에는 응당 좋은 주인을 만났으련만, 대를 거르는 동안에 주인이 갈리고 시대가 바뀌고 그러자 또한 사람들의 교양이 낮아지고 하여 나중에는 제 성명 한 자 똑똑히 못 쓰고, 서화 한 장 간직할 줄 모르는 세상이 되니, 희(噫)라,[50] 후일에 고인(古人)의 자취를 밟는 자 정히 비창(悲愴)함을 금할 길이 없도다.

― 무인(戊寅) 납월(臘月)[51] 어(於) 노시산장(老柹山莊)

최북(崔北)과 임희지(林熙之)

예술가에 두 가지 타입이 있으니, 하나는 생활을 통해 예술을 찾는 자요 다른 하나는 예술이 곧 생활 될 수 있는 자다.

다 같이 정열을 토대로 함에는 다름이 없을 것이나, 전자는 보다 더 이성적이요 후자는 보다 더 감성적이라 할 수 있다.

생활을 통해 예술을 찾는 자는 고고한 예술을 산출하기 위하여 그의 생활이 점점 더 힘과 빛을 얻을 것이요, 예술이 곧 생활 되는 자는 생활이 예술의 범위를 떠날 수 없으므로 행동이 곧 예술 되는 것이다.

후자에 비하여 전자는 대기적(大器的)인[1] 수확이 있기는 하나 후자에서와 같은 가장 예술적이요 높은 방향(芳香)을 가진달 수는 도저히 없는 것이다.

아래 말하려 하는 호생관(毫生館) 최북(崔北)과 수월도인(水月道人) 임희지(林熙之)는 후자에 속하는 향기 높은 화가들이다.

최북은 세인이 그 족계(族系)와 관현(貫縣)[2]이 어디인지도 알지 못하였으므로 그의 생년이 어느 때인지 모호함은 물론이다. 대략 숙종(肅宗) 경자년(庚子年, 1720) 전후인 듯하다는 것이다. 그는 초명(初名)을 식(埴)이라 하였고 자를 성기(聖器) 또는 유용(有用)이라 하였으나, 후에 개명하여 이름을 북(北)이라 하였고 자는 칠칠(七七)이라 하였으니, 칠칠이라 함은 북(北) 자를 좌우로 파자(破字)하여 이른 것이다.

졸년(卒年)이 공교롭게도 사십구 세였으므로, 세상에서는 그 자(字)가 칠칠인 것으로 비추어 그를 선지(先知)의 힘이 있는 이라고 전하기도 한다.

호는 성재(星齋), 기암(箕庵), 거기재(居其齋), 삼기재(三奇齋) 등이라 하고, 후년에는 호생관이라 하였으니 붓끝으로 먹고 산다는 뜻을 취함이다.

자로부터 호에 이르기까지 이렇게 기벽(奇癖)을 가진 것을 보면 그가 얼마나 기괴한 인물이란 것을 알 것이다.

네덜란드의 화가 반 고흐의 일화를 듣고 놀란 이라면 지금 최북의 많은 일화에서는 더 한층 놀라지 않을 수 없을 것을 나는 믿는다.

최북은 언제든지 유리 안경을 끼고 다닌 애꾸였다. 일찍이 권세 있는 사람이 북에게 그림을 청하였을 때 응하지 아니하니, 그가 세도(勢道)로써 협박하므로 북이 대노하여 "내 몸은 오직 나만이 마음대로 할 수 있다" 하고 눈을 찔러 한 편이 멀게 된 까닭이었다.

술을 즐겨 하여 음주하는 양이 매일 대여섯 병이 넘으니 시중에 있는 술장수란 술장수는 모조리 최북의 집으로 몰려왔고 세인은 그를 주광(酒狂)이라 하였다.

한번은 금강산을 유람할 제, 구룡연(九龍淵)에서 극음대취(劇飮大醉)[3]하여서 혹곡혹소(或哭或笑)[4]하다가 소리를 높여 부르짖기를, 천하명인 최북이가 천하명산 금강산에서 안 죽는다니 말이 되느냐고 외치고 불현 듯 몸을 날려 시퍼런 못물 속으로 뛰어드니, 이때에 마침 동반한 친구가 붙들어주지 않았던들 그는 구룡연 중의 고혼(孤魂)이 되었을 것이다.

천성이 이렇듯 술 마시기와 놀기를 즐겨 하니 가산(家産)이 점점 궁색하지 않을 수 없는지라,

---

1. 큰 스케일의.
2. 본관(本貫).
3. 술을 지나치게 많이 마셔서 크게 취함.
4. 혹은 소리쳐 울기도 하고 혹은 웃기도 함.
5. 조선시대 종칠품 하급 벼슬.
6. 마음에 거리끼거나 신경을 씀.

빈곤이 극도에 달하매 행장을 수습하고 북으론 평양까지 동으론 동래(東萊)까지, 크다는 도시는 샅샅이 들르니 가는 곳마다 그림을 받고자 하는 사람이 연락부절(連絡不絶)하였다 한다.

그의 열풍처럼 무서운 성격은 어떠한 빈고와 아무리한 권력에도 굽힐 줄을 몰랐으니, 한번은 서평공자(西平公子)와 내기 바둑을 희롱하다가 기세가 북에게 유리하게 전개될 즈음에 서평이 실수한 한 수를 무르려 하니 북은 단번에 흑백을 흐트려 버리고 "바둑이란 본래 장난인 것을 한 수 한 수 무르기 시작하면 끝날 날이 어찌 있소" 하고 그후로는 평생 서평과 기(棋)를 희롱하지 않았다.

어느 때는 어떤 귀인의 집을 찾을 제 하인 놈이 주인께 누구인지 말하기 어려워서 덮어 놓고 최 직장(直長)5이 왔소 하는 것을 듣고 북이 노하여, 이놈아 최 정승이 오셨다 하지 않고 직장이란 무어냐 하니, 하인 놈이 껄껄 웃으며 정승을 언제 하셨습니까 하였다. 북은 글쎄 이놈아 그럼 내가 언제 직장을 했단 말이냐. 이왕 헛이름을 댈 바에야 왜 높직이 못 대느냐 하고 훨훨 가 버렸다.

그는 최산수(崔山水)란 이름을 들은 만큼 산수에 능하였고, 그 외에도 화초, 초충, 괴석, 영모에 모두 초속(超俗)한 필법을 가졌다. 그는 산수를 구하는 사람이 있으면 흔히 산은 그리되 물을 그리지 아니하니 그 연고를 물으매, 종이 밖에는 모두 물이 아닌가 하고 해학(諧謔)하는 것이었다.

그는 자기의 득의작(得意作)으로 생각되는 그림에 대하여 예(禮)가 박할 때는 두말 없이 그림을 찢어 버리었으나, 그 반면으로 변변치 못한 그림을 그려 받고 좋아라고 후히 대접하는 이가 있으면 도리어 그 사람의 뺨을 치고 "그림 값도 모르는 되지 못한 놈이로군" 하고 가가대소(呵呵大笑)하면서 받은 돈을 도로 지워 내쫓는 것이었다.

그의 성격이 이처럼 호방하여 소절(小節)에 구니(拘泥)⁶되지 않고 야성적이기 때문에 세인은 그를 미친 환쟁이라 혹은 주광이라 하여 욕하였지만, 그는 이렇게 외면으로는 농조로 세상을 대하는 듯하였으나 그 심저에는 무섭기 칼날 같은 진실됨과 비판의 힘이 언제든지 숨어 있었다.

7. 두드러지게 예스러운.
8. 『수호전』은 중국 명대의 장편 무협소설인 『수호지(水滸誌)』를 말한다.
9. 넘칠 듯 힘참.
10. 서예가 손재형(1903-1981) 씨 소장이던 〈금강산전도〉와 함석태 씨 소장이던 〈금강산선면〉은 현재 북한에 있는 것으로 추정된다.

그림 밖에 또 기고(奇古)한⁷ 시를 지었고, 평생에 『서상기(西廂記)』와 『수호전(水滸傳)』⁸을 애독하였다. 유작으로 남은 것은 많지 않으나 현재 덕수궁박물관에 있는 수묵 산수는 비교적 대작이요 묵색의 임리(淋漓)함⁹이 그의 성격을 방불하게 하는 것이 있다. 국립박물관에 진열된 〈화조도〉와 손재형(孫在馨) 씨 소장의 〈금강산전도〉, 함석태(咸錫泰) 씨 소장의 〈금강산선면(金剛山扇面)〉¹⁰ 등을 보면, 비록 필력의 세련된 점은 다른 작가에 미치지 못한다 할지라도 필세가 대담하며 자유분방하여 그 저류에는 조그만 구애도 아첨도 보이지 않는, 치졸하되 패기가 용솟음치고 있는 기개를 느낄 수 있다.

최북은 실로 거속(去俗)된 화가였다.

崔北賣畵長安中	최북이가 장안서 그림을 팔아 사니
生涯草屋四壁空	사는 꼴이 초가집에 네 벽만 덩그렇네.
閉門終日畵山水	문 닫고 종일토록 산수화를 그리니
琉璃眼鏡木筆筩	유리 안경에 나무 필통뿐이구나.
朝賣一幅得朝飯	아침 나절 한 폭 팔아 아침 밥을 얻어먹고
暮賣一幅得暮飯	저녁 나절 한 폭 팔아 저녁 밥을 얻어먹네.

최북 〈금강산전도〉 조선 18세기말-19세기초. 개인소장.

天寒坐客破氈上　　　날은 추워 손님은 해진 담요 위에 앉아 있는데
門前小橋雪三寸[11]　　문 밖의 작은 다리 위에 눈은 세 치 쌓였구나.

이라 함이 최북을 두고 어디서 또 구할 시이랴.

　최북의 뒤로 약 사십여 년을 격하여 또 한 사람의 정열의 화가가 있으니 그는 수월도인(水月道人) 임희지였다.

　지금으로부터 175년 전, 영조 41년(1765) 을유(乙酉)에 출생했고, 자호(自號)하여 수월도인이라 하였다.

　성미가 청렴하고 강개(慷慨)한 기절(氣節)이 있으며, 삼각 수염에 신장이 팔 척이나 되는 끼끗한 선비였다.

　술을 대하면 주야를 구별하지 못하여 이삼 일씩 취하는 것은 항다반사였다. 난죽(蘭竹)을 전문(專門)하였으나 죽(竹)은 표암 강세황과 비견하며 난(蘭)은 훨씬 표암을 능가하였다. 그 필법은 그의 청렴 강직한 기개와 같이 유아(幽雅)[12]함이 구석구석에 창일하고 있다.

　그는 화법이 또한 기괴하여 그의 기록한 수월(水月) 두 자는 인간 세상의 글자 같지 않을 만큼 자획이 기고(奇古)하였다.

　서화 이외에 음율(音律)을 잘하여 생황과 거문고를 벗을 삼았고, 집이 가난하여 세간이라고 이를 만한 것이 없으나 오직 금(琴), 경(鏡), 검(劍), 연(研)과 고옥(古玉)으로 만든 필가(筆架, 붓걸이) 하나가 유일한 가장집물(家藏什物)이었다. 장서(藏書)로는 오직 『진서(晉書)』[13] 한 부가 그의 서가를 장식하였을 뿐이요, 집이라고는 수연두옥(數椽斗屋)[14]을 면하지 못하였고, 뜰이 없으매 화초 한 포기 변변히 심을 공지(空地)가 없었으나

---

11. 조선 영조 때 문인 신광수(申光洙)의 시문집인 『석북집(石北集)』에 실린 「최북설강도가(崔北雪江圖歌)」의 일부이다. 吳世昌 編著,「槿域書畵徵」「崔北」條 참조.
12. 그윽하고 우아함.
13. 당 태종의 칙명으로 방현령(房玄齡) 등이 지은 진대(晉代)의 정사(正史)로 전 130권이다.
14. 두어 칸의 아주 작은 집.
15. 전답 넓이의 단위. 삼십 평.
16. 비어 있는 땅. 공지(空地).

임희지 〈묵죽도〉 조선 18세기말-19세기초, 간송미술관.

반 묘(畝)¹⁵가 될락말락 남은 극지(隙地)¹⁶에다 두어 자 평방 되리 만한 못〔池〕을 파고 못 물이 없으매 쌀뜨물을 붓고 그 물 흐르는 소리에 응하여 지반(池畔)¹⁷에서 피리〔笛〕를 불며 노래를 부르고 "내가 수월(水月)을 저버리지 않거늘 달이 어찌 물을 골라 비추일까 보냐" 하는 것이었다.

그의 풍류가 이러하고 호방함이 이 같았으니 그 위인이 얼마나 탈속함을 짐작할 수 있다.

한번은 배를 타고 교동(喬洞)¹⁸이란 곳을 가는 때이었다.

중류에 다달았을 때 홀연히 폭풍우를 만나서 배는 이리 기우뚱 저리 기우뚱하여 도저히 살아날 희망은 없고, 배를 탄 여러 사람들은 혼비백산하여 수중 고혼(孤魂)이 될 바에야 죽어 극락에나 가리라고 모두 나무아미타불을 불러 염불을 하였다.

이때에 수월은 홀연히 소리쳐 웃으면서 검은 구름 사이로 흰 물결이 우레같이 쏟아지는 가운데서 일어나 너풀너풀 춤을 추는 것이었다.

이렇게 얼마를 지나 천행으로 폭풍이 잠자고 물결은 다시 고요해졌을 때 주중(舟中)의 사람들이 희지의 행동을 해괴히 여겨 물었더니 수월은 흔연히 대답하기를 "여보, 죽음이란 언제든지 있는 것이 아니요. 그러나 해중(海中)의 그 기절장절(奇絕壯絕)¹⁹한 경치는 어디서 얻어 보겠소. 그런 기경(奇景)을 보고 어찌 춤을 추지 않고 견디겠소" 하였다 한다. 또 어느 때는 거위털〔鵝毛〕로 옷을 만들어 입고 쌍상투를 쪽찌고 맨발로 달 밝은 밤에 대로상(大路上)을 흥겨워 피리를 불며 돌아다니면 보는 사람마다 귀신으로 알고 사람 살리라고 소리를 치며 도망을 갔다 한다.

수월은 이와 유사한 행동이 비일비재라 광탄(狂誕)²⁰함이 이러하였으나, 그러나 세정에 물들지 않고 술과 농(弄)으로 한 세상을 지내며, 오직

---
17. 연못의 변두리. 지변(池邊).
18. 교동은 경기도 강화군 교동면에 속한 섬인 교동도(喬洞島)를 말한다.
19. 매우 신기하고 장함.
20. 망녕되고 허황됨.

그의 호소하고 싶은 감정은 그것을 필묵에 맡겨 버리고 만 것이다.

　예술가와 세인과의 현격한 차이는 요컨대 예술가는 성격의 솔직한 표현이 그대로 행동 되는 것이요, 세인의 상정(常情)은 성격이 곧 행동 될 수 없는 곳에 있다.
　예술가가 예술작품을 창작할 수 있는 능력은 이 솔직한 성격의 고백이 가능하기 때문이다.

오원(吾園) 일사(軼事)[1]

오원(吾園)의 그림을 처음으로 본 것은 십여 년 전 내가 서양화를 공부하는 학도이었을 때 친구들의 동반으로써 대구서 한 이십 리쯤 떨어진 월촌(月村)이란 동리(洞里)의 모 부호가(富豪家)에서였다.

그것은 십 절(折)로 된 기명절지병(器皿折枝屛)[2]이었는데, 나는 그때 사실 동양화란 어떠한 그림인 것까지도 모를 때라 반분(半分) 이상의 모멸(侮蔑)을 가지고서도 다만 그가 조선의 유명한 화가였고, 또 오원 장승업(張承業)은 일자무식의 화가로서 어느 작품을 막론하고 그 자필의 낙관이 별로 없다는 말을 그때 누구한테선지 들은지라, 반 이하는 그에 대한 호기심을 가지고서 본 것이었다.

그러나 작품을 보고 나서 나는 그때까지 가졌던 자부심을 일조에 꺾는 수밖에 없었다. 선과 필세(筆勢)에 대한 감상안을 갖지 못한 나로서도 오원화(吾園畵)의 일격에 여지없이 고꾸라지고 말았다.

사측면(斜側面)으로 바라보는 항아리의 입을 방정(方正)한 타원을 그린다기보다 극단으로 삼각을 그려 버린 그 대담한 패기와, 그런가 하면 반면으로는 해부해 놓은 고기의 무섭게 치밀한 사실력 등을 보고서는 놀라지 않을 수 없었다.

그후 늘 나는 그 병풍화와 오원 장승업이란 이름을 잊을 수 없었던 것인데, 이번에 또 내가 한두 분에게 들은 이야기만으로써 오원에 관한 이야기를 쓴다는 것은 너무나 경박하다고도 생각된다. 그러나 오원을 논하고 그의 전기를 쓸 사람은, 후일 그에 관한 진지한 연구가가 나타날 것으로 믿고 나는 오직 그를 추모하는 나머지 지금 이 일문(一文)을 적는 데 불과하다.

지금으로부터 근 육십 년 전, 그때는 한국 말엽의 공기가 임오군란의 태풍이 지나간 뒤 삼 년이 멀다 하고 연거푸 갑신정변이 뒤를 따르는 소란스런 세대였다.

어느 몹시 추운 날 종로 탑골공원 맞은편 나직나직한 기와집이 나란히 붙어 선 좁다란 골목을 들어서서 관수동(觀水洞) 천변(川邊)을 끼고 푸른 벽돌을 한 일자로 쪽 박아서 싼 기와집을 남으로 한두 고피3 꼬부라지면서 둘째 번인가 셋째 번인가 한 낡은 대문 집을 향하고 발을 옮겨 놓는, 나이나 사십여 세쯤 되어 보이는, 보기에 대단히 호기스러운 선비가 있었으니 그가 곧 오원 장승업이었다. 그는 얼굴 모습이 약간 기름한데다가 조선 사람에게서는 좀처럼 볼 수 없는 노오란 동공(瞳孔)을 가진 것과, 주독(酒毒)인 때문인지 코끝이 좀 불그스레하고 우뚝한 코밑에는 까무잡잡한 수염이 우스꽝스레 붙은 것이 특색이었다. 그다지 잘생긴 얼굴은 아니었으나 어디인지 모르게 맑고 동탁한 빛이 떠오르는 듯하여 멀리서 보아서도 그가 서기(瑞氣)4 도는 사람처럼 훤해 보인다는 것이 더 한층 큰 특색이었다. 짱짱한 대낮인데도 불구하고 거나하게 술이 취하여 세상사가 어찌 되든 나에게는 언제든지 청풍과 명월이 있다는 듯 소방한 걸음걸이로 발을 옮겨 놓는 것도 보는 사람의 흥미를 끌거니와, 그보다도 그는 취월(翠月, 청록에 가까운 빛) 창의(氅衣)를 입었다는 것이 더욱

---

1. 세상에 널리 알려지지 아니한 일. 일사(逸事).
2. 보배롭고 귀한 그릇과 꺾인 꽃가지, 풀, 과일 등을 조화롭게 그린 정물화 병풍.
3. 구비. 모퉁이.
4. 상서로운 기운.

장승업 〈쌍치도(雙雉圖)〉 조선 19세기 후반. 호암미술관.

이채이었다.

일찍이 오스카 와일드는 새빨간 양복을 입고 런던 거리를 산보하였다는 것과 같이 오원도 파아란 창의를 입은 것이 그의 취미였던 것이다.

장승업은 지금으로부터 구십칠 년 전 헌종(憲宗) 9년 계묘(癸卯, 1843)에 났다. 그의 출생지가 경기도 광주라고 전하는 이도 있고 혹은 황해도 모처(某處)라고 하는 이도 있어서 아직 적확한 출생지를 알 수 없다. 그가 다만 대원 장씨(大元 張氏, 德水 張氏인 듯)였다는 것과 『일사유사(逸士遺事)』[5]에 의하여 그의 가문이 무반(武班)이었다는 것, 그리고 일찍이 부모를 여의고 집안이 심히 빈한하여 의탁할 곳이 없으매 연소할 때 벌써 경성에 표박(漂泊)[6]해 왔다는 것 등을 알 뿐이다. 경성에 와서는 혹은 모 한약국에서 심부름을 하였다는 말도 있고, 수표정(水標町) 이응헌(李應憲)[7] 가(家)에 기식하였다는 말도 있으며, 혹은 변원규(卞元奎)[8] 가에서 고용살이를 했다는 말도 있다.

그는 어릴 때부터 천애에 의탁할 곳 없는 고아로 취학할 기회를 얻지 못했다. 『서화징』에 "自幼不解文字 然博覽名人眞蹟 亦能强記 어릴 적부터 글을 해득치 못하였으나 명가의 진적을 널리 보았기에 기억을 잘하였다"라 한 것을 보면, 그는 일자무식이면서도 변원규, 이응헌 등 가(家)로 유(留)할 동안에 옛날 명서화(名書畵)를 많이 보고, 또 한두 번 본 것은 꼭 그의 뇌리에 깊이 새겨져서 자기의 화경(畵境)을 개척하여 주었으니, 그의 타고난 천재가 걷잡을 수 없이 터져 나온 것은 결코 이상한 일도 우연한 일도 아닐 것이다.

대개 천재란 환경의 불리와 수학(修學)의 유무를 불문하고 결국 그의 타고난 역량을 모조리 발

---

5. 장지연(張志淵, 1864-1921)이 편찬한 조선시대의 중인을 비롯한 하층민들의 전기를 모은 열전(列傳)류의 책이다.
6. 정처 없이 떠돌아다니며 사는 것.
7. 수표정은 조선 세종 때 서울 청계천에 놓았던 돌다리인 수표교(水標橋) 일대 지역을 가리킨다. 수표동(水標洞). 이응헌은 조선시대 중추부에 속한 종이품 벼슬인 동지중추부사(同知中樞府事)를 지내던 이었으나.
8. 생몰년 미상. 조선 말기의 문신으로, 자는 대시(大始), 호는 길운(吉雲)이다. 시와 글씨에 능하였다고 한다.

휘하고야 마는 것이니, 우리의 화가—조선조의 화인전(畵人傳)을 끝막이 하는 천재 장승업도 결국 이러한 자연 생장적 천재의 범주에 속할 수 있는 인물인 것이다.

그는 일찍이 단 한 자도 글을 배운 적이 없었으나 능히 자기가 보고 싶은 책의 뜻을 이해하였으며, 단 한번도 채관(彩管)을 들어 화법을 연구한 적이 없었으나 유숙한 집에 있는 원(元), 명(明) 이래의 명인의 서화를 항상 구경한 것뿐으로서 한번 채관을 잡아 휘쇄(揮灑)9하매 범재(凡才) 십 년의 습득으로써 얻은 이상의 필세로써 산수, 인물, 매란, 죽석(竹石), 영모가 신운(神韻)이 표일(飄逸)하게 그려지는 것이다.

조선조의 회화사를 통하여 특기할 만한 큰 천재는 중엽 이전은 잠깐 덮어두고 중엽 이후로 보면, 영조(英祖)조에 고일(高逸)한 화가들이 족출(簇出)한 가운데 특히 발군한 천재는 단원 김홍도일 것이요, 단원이 간 뒤로는 명화가가 많았으나 특기할 만한 작가가 없고 차츰 기울어지는 국운과 함께 화계도 지지부진하는 형편에 있었다.

오원 장승업을 전후한 우리가 흔히 듣는 화가로서는 소당(小塘), 희원(希園), 소치(小癡), 일호(一壕), 북산(北山), 고람(古藍), 몽인(夢人), 임당(琳塘), 소림(小琳) 등10 제가(諸家)가 오직 당대의 화계를 지도하는 중견들이었다. 이때에 오원이 웅혼(雄渾)한11 화풍으로써 혜성과 같이 나타난 것이다.

그는 변원규 가에 유할 동안에 원, 명 이래의 중국의 명화를 특히 많이 보았고 명가의 필법에 대한 치밀한 연구를 게을리하지 않았다. 그의 필법은 조선 화가의 통벽(通癖)12인 고루협애(固陋

9. 붓을 휘둘러 글씨를 쓰거나 그림을 그리는 것. 휘호(揮毫), 휘필(揮筆).
10. 모두 조선 후기의 서화가들의 호로서, 나열된 순서대로 이재관(李在寬, 1783-1837), 이한철(李漢喆, 1808-?), 허유(許維, 1809-1892), 남계우(南啓宇, 1811-1888), 김수철(金秀哲, 생몰년 미상), 전기(田琦, 1825-1854), 정학교(丁學敎, 1832-1914), 백은배(白殷培, 1820-?), 조석진(趙錫晉, 1853-1920)을 가리킨다.
11. 글씨나 그림이 웅장하고 막힘이 없다.
12. 일반에게 공통되게 나타나는 버릇.
13. 생각하는 것이 낡고 새것을 받아들이지 않으며, 마음씨가 너그럽지 못하고 매우 좁다.
14. 빛깔과 맛이 좋은 술. 녹주(綠酒). 가주(佳酒).
15. 술을 파는 늙은 여자.

狹隘)¹³한 곳이 없고 규모가 웅대하며 대담 솔직하거나 혹은 그 반면으로 고요한 선율(旋律)을 듣는 듯 우미(優美)한 작품도 있다.

그는 화가들의 호에 원(園) 자가 많은 것을 보고 나도 원 자를 붙여 보자 하여 스스로 오원(吾園)이라 하였고, 한번 화명(畵名)이 날리매 그림을 받으러 오는 사람이 조석(朝夕)으로 성시(成市)하다시피 하였다.

술을 즐겨 하기에 밤낮을 가리지 아니하나, 그러나 폭음하는 법이 없고 또한 폭음하지 않는 반면으로 깨는 날도 없으니, 일 년 하면 열두 달에 어느 날이 취하지 않은 날이 없을 만큼 소맷자락에 늘 술병을 넣고 다니면서 거리를 가다가도 술이 깰 만하면 남의 집 추녀 밑에 들어서서라도 한두 모금 쭉 들이키고 가는 것이었다.

더구나 그림을 그릴 동안은 반드시 술이 옆에 놓여야 하고, 술이 놓였으면 반드시 미인이 그 옆에 있어야 하는 법이었다.

그가 어느 때 어떤 부인과 결혼을 하고 어느 정도로 가정을 이루었는지는 아직 미상하나, 설령 가정이 있었다 치더라도 그는 결코 가정에 매일 인물이 아니었다.

그에게는 가정도 돈도 아무런 필요를 느낄 수 없었다. 오직 여색(女色)과 미주(美酒)¹⁴와 그림뿐이 그의 유일한 벗이었다. 때때로 그림으로 하여 얻은 돈은 얼마가 되든지 불계(不計)하고 그것을 술집에 맡겨 두고 날마다 가면 오면 먹는 것인데, 그러는 동안에 맡긴 돈이 다 없어지고 주파(酒婆)¹⁵가 돈이 다 됐노라 하면 그는 내가 돈을 알 필요가 있느냐, 술이나 먹여 주면 그만이 아니냐 하는 것이었다.

그는 성격이 극히 소방(疎放)하여 그림을 그리되 그림에 붙들리는 법이 없었다. 작품의 성과에 반드시 기대를 가지는 법이 없었다. 그러므로 그는 무수한 그림을 그렸으나 휘호(揮毫) 도중에 미완성인 채 집어치우는 수도 많았고, 어느 한구석이 잘못되었다 하여 그것을 계념(繫念)¹⁶하고 다시 붓질을 대는 법도 없었다.

말〔馬〕을 그리다가 다리 하나를 잊고 안 그려진 일이 있을지라도 무관심하였고, 남의 청으로 꽃을 그리다가 도중에 무슨 일로 자리를 떠나게 된 때면 꽃과 줄기만 그린 채 잎을 그려야 할 것은 그후 영영 잊어버리고 마는 것이었다. 그는 어느 때나 삼청(三青)¹⁷과 석간주(石間硃)¹⁸와 도장을 회중(懷中)¹⁹에 지니고 다니었는데, 아무런 곳에서나 누구의 집에서나 흥이 나서 휘호를 하게 될 때는 채기(彩器)가 없으면 장판 바닥에라도 쓱쓱 채색을 풀고 서슴지 않고 설채(設彩)²⁰를 하는 것이었다. 그러면서도 때때로 낙관을 한 후 도장을 잃어버리는 수가 곧잘 있었다. 위창(葦滄) 옹이 그의 도장을 고쳐 새겨 준 것은 한두 번이 아니었다 한다.

그의 기질이 이렇게 방일하고 뇌락(磊落)하기 때문에 어떠한 사람이 그림을 청하든지 거절하는 법이 없었으나, 그러나 오직 세력과 부귀의 힘을 빌려 그림을 청하는 이가 있으면 비록 그 세력에 못 이기어 생명을 빼앗기는 한이 있을지언정 예술을 허여(許與)²¹하지는 아니하였다.

오원의 화명(畫名)이 장안에 진동하매 그는 곧 천(薦)을 받아 화원(畫員)이 되었고 그후 고종 황제께서 오원에게 어병(御屏)²² 십수 첩(疊)을 그리게 하사 금중(禁中)²³에 부르시어 일실(一室)을 채우고 찬감(饌監)²⁴에게 명하사 오원에게 하루 두어 차례씩만 두서너 잔 술을 주도록 하시었다. 그는 얼마 동안 화필을 잡고 있었으나 도저히 주는 술만으로는 마른 목을 견딜 길이 없어 채색을 사오겠노라고(오원은 그 때 水標洞 있는, 魚蟹로 유명한 화원 張駿良²⁵ 家

---

16. 마음에 두고 걱정하거나 잊지 않음. 괘념(掛念).
17. 그림 그릴 때 쓰는 진채(眞彩)의 하나. 하늘빛같이 푸른빛임.
18. 분말로 된 안료로 붉은 빛을 띰.
19. 품 속.
20. 먹으로 바탕을 그린 다음 색을 칠하는 것.
21. 허락해 줌.
22. 임금의 자리 뒤에 놓는 병풍.
23. 대궐의 안. 금액(禁掖). 궁중(宮中).
24. 궁중에서 음식물의 진상에 관한 일을 맡아 하던 벼슬아치.
25. 1802-1870. 어해와 금조로 유명한 인동(仁同) 장씨 화원 집안 출신이다.

장승엽 〈산수도〉 1890. 간송미술관.

에 彩具를 사러 다녔다) 금졸(禁卒)을 꾀어서 야반에 탈주를 하여 그가 평소에 잘 다니는 술집으로 일사천리 달음질하는 것이었다. 그런 줄을 상(上)이 들으시고 오원을 잡아 오게 하시고 더 한층 엄중히 경계케 하시었으나, 이번에는 가만히 입었던 옷을 모조리 벗고 금졸들이 입는 옷을 훔쳐 입고 달아나기를 여러 차례 하니 상이 그만 노하시어 오원을 포청(지금 경찰서와 같음)에 잡아다 가두게 하시었다.

그때 충정공(忠正公) 민영환(閔泳煥)[26]이 상께 주(奏)하기를, 오원의 소성(素性)을 신(臣)이 잘 아옵기로 신의 집에 불러 놓고 그림을 마치게 하리이다 하고, 오원을 불러 후원 별당에 있게 하고 감시를 엄하게 한 후 그의 의관을 모두 장 속에 감추고 매일 주효(酒肴)[27]를 넉넉히 하여 주니, 오원이 처음에는 그 후대(厚待)에 퍽 기뻐하여 그림을 그리기에 잠심(潛心)하였으나 수일이 못 되어 그의 머리에 문득 떠오르는 것은 뜨끈뜨끈한 술국에 안주 굽는 냄새와 옆에서는 왁자지껄하고 떠들며 노래하고 춤추는 광경들이었다. 그 광경을 생각하매 오원은 한시 반시를 지체할 수 없었다. 자기의 몸이 지금 사로잡힌 새와 같이 자유를 잃고 있다 하고 생각될 때 그림이 그려질 리도 없고 술 맛이 있을 리도 없었다.

그는 몰래 감시하는 자의 조는 틈을 타서 얼른 그놈의 방립(方笠)[28]과 상복(喪服)을 훔쳐 입고 나는 듯 술집으로 발길을 옮겨 놓았다.

충정공이 대관에서 돌아와서 이 말을 듣고 사람을 놓아 여러 번 오원을 붙들어다 놓았으나 끝끝내 그는 부자유한 환경에서 어병을 그릴 것을 마치지 못한 채 말았다.

그의 득의(得意)의 작(作)은 어느 것이나 반드시 그의 말과 같이 넉넉한 술이 옆에 있고 아리따운 목소리와 분(粉) 냄새가 흘러 오는 자리에서라야 생겨나는 것이었다.

오원의 작품으로 세상에 전하는 것을 보면 산수, 인물, 어해(魚蟹), 영모, 절지(折枝), 기완(器玩) 등 다방면에 능하지 않은 것이 없었는데, 그 중에도 산수나 혹은 인물의 유는 그 정치(精緻)함이 비할 데 없는 것이 많고, 어해, 영모, 기명, 절지 등은 거개가 분방한 필치로 되어 있다.

한때는(甲午年間인 듯) 오원이 고(故) 김가진(金嘉鎭)[29] 씨 병풍에 평생 보지도 못한 원숭이를 그렸다 하여(당시에는 서울에 원숭이가 없었다) 장안 안에 한참 이야깃거리 된 적도 있고, 그때까지 기명과 절지는 별로 그리는 화가가 없었던 것인데, 조선 화계에 절지, 기완 등 유(類)를 전문으로 보급시켜 놓은 것도 오원이 비롯하였다. 그가 절지, 기명 등의 그림을 그리게 된 것은 그의 나이 사십 고개를 넘었을 때(壬午 이후) 고(故) 오경연(吳慶然) 씨 댁에 자주 출입하게 되었던 것이 인연이었다.(오경연 씨는 호를 苣庵이라 하며 亦梅 吳慶錫 씨의 제4弟요 지금 葦滄 吳世昌 씨의 阮丈[30]으로 일찍이 古藍 田琦에게 산수를 배운 이다) 오씨 댁에는 중국으로부터 가져온 명가의 서화가 많았는데, 오원은 그 중에서도 기명, 절지 등을 흥미를 가지고 깊이 연구하였다. 그는 명가의 작품을 방모(倣摹)하였을 뿐 아니라 깊이깊이 탐구하는 열은 실재한 물상(物象)에 응하여 사형(寫形)하기를 또한 게을리하지 않았으니, 그가 흔히 화단 앞에 모란이나 작약 등을 열심으로 사생하고 있었다는 것은 자주 듣는 이야기다.

『일사유사』에 의하면, 오원은 나이 사십이 넘어 비로소 취처(娶妻)하였으나 겨우 하룻밤을 동숙하고는 부자유함을 못 이기어 서로 작별하고 말았다 하나, 기실은 관수동(觀水洞)에 소가(小家)를 두고 내왕한 일도 있고, 그 집이 오원이 작고한 뒤에는 원남동(苑南洞) 부근으로 이사하여 산 것도 사실인 듯하니,

---

26. 1861-1905. 조선 말기의 문신으로 자는 문약(文若), 호는 계정(桂庭)이다.
27. 술과 안주. 주찬(酒饌).
28. 옛날 상제가 밖에 나갈 때에 쓰던 삿갓 모양의 큰 갓으로 가는 대오리로 만들었다. 방갓.
29. 1846-1922. 조선 말기의 문신, 독립운동가로, 호는 동농(東農)이다.
30. 남의 삼촌을 높여 이르는 말.
31. 아직까지.

그에게 본처인의 유무는 필자의 상금(尙今)[31] 밝히지 못한 바이나 그에게 가정이 있은 것만은 사실이고 그러나 그에게 후예(後裔)가 없는 것도 또한 사실이다.

오원은 광무(光武) 정유(丁酉, 1897)에 오십사 세로서 몰(歿)하였다고 하나, 실은 사(死)한 것이 아니요 그의 행방이 불명한 채 없어졌다고 하는 말이 더 신빙되엄직하다.

그것은 오원이 평상시에 늘 말하기를, 사람의 생사란 부운(浮雲)과 같은 것이니 경개(景槪) 좋은 곳을 찾아 숨어 버림이 가(可)할 것이요, 요란스럽게 앓는다 죽는다 장사를 지낸다 하여 떠들 필요가 무어냐고 했다는 말과, 또는 그와 친교를 매우 깊이 맺었다는, 청일전쟁 당시에 종군기자로 갔다가 경성에 거주한 일이 있는 고(故) 우미우라 아츠야(海浦篤彌)란 이의 말에 의하면, 매일같이 상봉하던 오원이 수년래로 거처가 불명되었으니 그는 필연코 신선이 된 것이라고 한다는 말을 전문(傳聞)하고 보면, 사실에 있어 그가 정말 신선이 되어 갔는지도 또한 모를 일이다.

이리하여 오원은 전생의 숙업인 것처럼 배운 적 없는 그림에 천성으로 종사하다가 그 세상을 버림이 또한 신선이 잠깐 머물다 가듯 하였으니, 장수한 그라면 지금 생존했대야 구십칠 세밖에 안 되었을 최근년의 인물이면서도 너무나 기발한 그의 생애가 마치 신화 속의 인물이나 되는 것처럼 우리에게 일종 신비적인 선모심(羨慕心)을 자아내게 한다. 아마도 오원은 신선이 되었나 보다.

청전(靑田) 이상범(李象範)론

생활이나 성격이나 교양이나 혹은 취미 같은 것을 투철히 모르고서 한 작가를 논한다는 것이 얼마나 무모하고 어리석은 짓인지를 모른다. 작가를 논함에 무엇보다 중요한 조건은 그의 작품의 과학적인 비평보다도 그의 인간으로서의 전면을 음미해 보는 것이 가장 현명한 견해일 것이다.

내가 지금 우리의 유일한 화가 청전을 말하려 함에도 마땅히 이러하여야 하겠거늘, 그러나 불행히 나의 청전론은 여상(如上)한[1] 여러 조건을 구비치 못함을 유감으로 여긴다.

청전을 알게 된 지는 어느덧 십 년도 넘는 옛일이지만, 그와 나와의 교유(交遊)는 간혹 어떤 석상에서 삼사 차 만나거나 그렇지 않으면 노상의 주막에서 한두 차례 만났을 뿐, 그러나 그럴 때마다 의식적(儀式的)으로 한두 잔 술을 나누었을 뿐 피아(彼我)의 친교는 의연 생소한 채 있다. 이것은 청전과 나와의 걷는 길이 다르다는 데 중요한 원인도 있는 탓이겠지만, 그보다도 더 큰 원인은 내가 술을 못하는 데 있지 않을까 한다.

그러나 술을 못하기 때문에 십 년을 두고도 깊이 사귀지 못한 청전은, 내가 술을 못하기 때문에 보다 더 청전을 안다 함이 결코 무리가 아닐지도 모르겠다. 누구보다 그의 작품을 사랑해 온 나는 그와의 친교 여하를 초월하여 그에 관한 지식을 얻기에 노력해 온 때문일 것이다.

청전은 그 오 척 미만으로밖에 안 보이는 왜소한 체구에 비해 보면 음주하는 양은 엄청나게 많다. 속소위 두주(斗酒)를 불사하리만큼 그는 술을 즐기는 것이나, 그러나 그는 결코 항간의 음주배(飮酒輩)처럼 단번에 한두 승(升)²을 마셔 버리는 통음한(痛飮漢)³은 아니다. 마시고 놀고 자고, 자고 놀고 마시고 하여 두주가 되든 석주(石酒)⁴가 되든 주야를 불고하고 끝없이 즐기는 선음한(善飮漢)⁵에 속한다. 그를 잘 아는 친구의 말을 빌리면 그는 온량(溫良)한 음주가라 하는 것이다.

예술가이면 으레 그러하다시피 청전도 역시 부요(富饒)한 가정은 아닌 모양이다. 부요라느니보다 차라리 그는 빈한(貧寒)하다 하여 실례되지 않을 것이다.

청전은 그 분(分)에 맞지도 않는 삽화기자(揷畵記者) 생활에 조반(朝飯)과 석죽(夕粥)을 매달고 있었다.⁶ 그러나 그는 기자 생활을 하는 도중에서 하루하루 기초공사를 하고 있었다.

초석을 놓고 기둥을 세우고 기와를 이기까지, 그리하여 청전풍의 화경(畵境)이 토대를 완전히 잡기까지가 전부 기자 생활을 하는 가운데서였다.

지금 솔직하게 말하자면, 청전은 철두철미 산수화가요 결코 인물화가 될 자격은 없다. 한층 더 바로 말하자면, 청전은 차라리 꾸준한 노력의 화가일지언정 산뜻한 재조(才操)가 넘치는 화가는 못 된다. 십유여(十有餘) 년을 두고 하루같이 그린 그의 삽화가 한 장도 삽화다운 그림이 없었다면 청전에게 대해 너무 혹평인지도 모르나, 이것은 아마 자타가 공인하는 바일 것이다. D사 사원 중에 삼불변(三不變)이 있으니, X씨의 소설과 Y씨의 지각(遲刻)과 그리고 청전의 삽화의 세 가지는 십 년 하루같이 변할 줄도, 늘 줄도, 고칠 줄도 모르니,

1. 위와 같은.
2. 한두 되.
3. 술을 턱없이 마시는 이.
4. 석(石)은 열 두(斗)에 해당되므로, 석주는 두주보다 많은 양의 술을 가리킨다.
5. 애주가.
6. 청전은 동아일보사에서 삽화 그리는 일을 하면서 근근이 생활해 나가고 있었다.
7. 재주는 있으나 덕이 부족함.

지긋지긋한 삼불변이라고 Z씨의 입에서 흘러나온 말이 있다 한다.

나는 그의 오늘날의 독특한 화경이 이렇게도 재조 없고 변통수 없는 그이기 때문에 생겨난 것이 아닌가 하고 생각한다.

이 점으로 보아 화도(畵道)란 결코결코 재조만으로써 도달할 수 있는 길이 아니란 것을 역설하여도 좋다. 풍부한 화재(畵才)를 가진 작가는 조선에도 얼마든지 있다. 무명(無名)한 이슬로 사라진 화가들 중에도 무서운 재조를 가진 사람은 얼마든지 있었으리라고 믿는다.

화재의 다과(多寡)는 화가가 되는데 혹 첩경이 될 수 있을는지 모르나, 그러나 화재가 많음으로써 반드시 성가(成家)한다는 법은 없다. 도리어 방해가 되는 수도 얼마든지 있다. 재승덕박(才勝德薄)[7]하기 쉬운 예일 것이다.

무릇 화가가 되는 데는 세 가지 요소가 필요할 것이니 예술에 대한 양심과 열애와 고집인 것이다. 이 셋 중에 하나만이라도 결(缺)할 때는 그의 예술은 성가할 수는 없다. 예술에 대한 양심이 없이는 첫째, 화격을 갖출 수 없고, 예술을 열애하는 근면과 노력이 없이는 대성할 수 없고, 예술에 대하여 고집하는 바가 없고서는 자기의 세계는 창조하지 못한다.

그런데 청전은 이 세 가지 요소를 갖추갖추 갖추고 있다. 그의 세사(世事)에 대하여 말없고 원만한 성격은 그의 예술의 본질을 결정했고, 기자 생활을 하는 여가를 얻어 꾸준히 노력해 온 것은 그가 얼마나 예술을 열애하였는가를 반증하는 것이요, 그 수묵이 임리(淋漓)한 유원(幽遠)한 화풍은 그의 대롱 같은 고집이 아니었던들 생겨날 수 없었을 것이다.

지금 잠깐 청전의 화풍의 특징을 살피면, 그는 남화계(南畵系)의 계승자이면서도 남화에서 가장 중요시하는 선(線)을 구사하지 않는다. 아니 그는 선을 자유로 구사할 재기(才氣)를 갖지 못한 작가다. 그의 전 화면은 대소(大小)의 미점(米點)만이 혼혼연(渾渾然)하게 늘어서 있어서 그것이 산이

이상범 〈잔추(殘秋)〉 1930. 개인소장.

되고 골이 되고, 혹은 이지러 가는 초가집이 되고, 혹은 소조(蕭條)한[8] 나무들이 되고 또 혹은 초부(樵夫)가 되고 한다.

그는 화재(畵材)를 곧잘 모연(暮煙)[9]에 어린 황한적막(荒寒寂寞)[10]한 산간소로(山間小路)에서 취한다. 그의 그리는 산은 웅대하되 뼈대없는 부드러움을 감춘 듯한 산이며, 이 산과 산 들 사이로는 흔히 좁다란 산길이 외로운 초부를 데리고 양장(羊腸)처럼[11] 꼬부라져 사라진다.

때로는 청전도 거울 같은 수면을 그리고 그 위로 한 잎 쪽배를 띄우는 풍류가 없는 바도 아니지만, 그러나 십중팔구 그의 구도는 천편일률로 꼭같은 양식을 가지고 있다. 이것을 혹 매너리즘이라고 공격하는 이도 있고 너무 보수적이 되어 창작적 정신이 안 보인다고 하는 이도 있지만(사실 이것이 청전의 큰 결점이기도 하다), 아무튼 우리는 청전의 화면에서 옛날 서당(書堂) 취미를 연상하게 되거나 혹은 도포자락 길게 늘인 선비님을 만난 듯한 순결한 조선적인 감정을 느끼는 것만은 부인할 수 없다.

말하자면 이것이 곧 청전의 독자의 세계인 것이다.

청전은 「선전(鮮展)」의 초창기에서부터 연달아 특선을 거듭할 때 세인은 모두 그 작품의 어느 점이 특선될 곳인가를 의아한 사람이 많았을 것이다. 그러나 심사원은 진작부터 이 특이한 조선 사람의 예술감정이 붓끝으로 나타나 있는 것을 무엇보다 반가워하였던 것일 것이다.

우리는 때때로 전람회장에서 자기네의 길이 어느 곳에 있는지를 밝히지 못하고 남들의 만들어 놓은 예술을 그대로 추종하지 아니치 못하는 경우에 있는 우리 작가들로 더불어 비탄함을 마지않는 것이어니와, 이렇게 혼미한 세대 가운데서 유독 청전이 의식적으로든 무의식적으로든 바른 길을 확고히 붙잡고 왔다는 것은 진실로 우리의 공통된 자랑이라 아니할 수 없다.

8. 매우 호젓하고 쓸쓸한.
9. 저녁 어스름의 연기.
10. 황량하고 서늘하며 적막함.
11. 양의 내장처럼.

나는 청전의 화경을 결코 위대하다고 보지는 않는다. 그러나 청전만큼 자기의 세계를 순수하게 개척한 사람이 없다는 데 찬사를 불석(不惜)하는 바이다.

그는 일찍이 심전(心田) 안중식(安中植) 문하에 사사하였다. 그러나 지금 그의 화면에서 털올만큼도 심전의 화법을 그대로 전수한 곳은 없다. 심전은 오히려 화보식인 그야말로 매너리즘의 화가라 할 수 있으나, 청전에 있어서는 그 평원한 취재(取材)로부터 고갈(枯渴)한 점획과 유원한 발묵법에 이르기까지 모조리 청전이 아니면 할 수 없는 독자성을 가지고 있다.

심전은 심전으로의 세계가 따로히 있고 청전은 또한 청전으로의 세계가 따로히 있기 때문에 오늘날 청전의 영광이 빛날 수 있는 것이다.

지금 청전문(靑田門)을 거쳐 나온 화가도 무려 십수 인(人) 되는 모양인데, 그들은 한결같이 청전의 화풍을 그대로 답습하여 근자(近者)의 「선전(鮮展)」은 자못 청전 유행시대를 이루고 있다.

말은 잠깐 기로(岐路)로 나간 듯하나, 이것은 청전의 문제(門弟)들이 오로지 무자각한 탓이겠고 아무튼 청전 화풍의 매력은 이처럼이나 큰 파문을 일으키고 있는 것만은 사실이다.

대개 한 사람의 강렬한 개성 밑에서는 범속한 화가들이란 부지불식간에 그에 추종되기 쉬운 것이다. 청전의 문제(門弟)들이 청전 화풍에서 한걸음도 헤어나지 못하는 것도 이러한 연유일 것이다. 이 점이 한층 더 청전의 지반(地盤)의 굳은 것을 설명해 주게 되는 것이다.

청전은 지금 한창 제작에 전일(專一)할 시기에 있다. 자기의 세계를 더 수정하고 전개시켜 윤이 흐르게까지 만들어 놓는 것은 온전히 앞으로 오는 날에 있을 것이다. 나는 청전이란 과실(果實)이 보기좋게 익어 주기를 가만히 기원하며 이만 각필(擱筆)한다.

승가사(僧伽寺)의 두 고적(古蹟)

자하문(紫霞門) 밖을 나서면 먼저 생각나는 것이 세검정(洗劍亭)[1]이다. 승가사를 가려면 세검정에서도 십오 리쯤 올라가야 한다.

승가사 바로 뒷봉에 해마다 마멸해 간다는 진흥대왕(眞興大王) 순수관경비(巡狩管境碑)[2]를 찾아가는 길에 이삼십 년 전 앉아 놀던 세검정에 다다르니 정자는 간 곳이 없는데 예나 이제나 무심히 흐르는 물을 바라보면서 주춧돌만이 외롭게 서 있다. 그 아담하던 정자는 벌써 삼사 년 전에 불의의 화재를 만나 타 버렸다는 것이다.

허무하게 없어질 정자인 줄 알았다면 학생 시절에 파스텔로 사생해 둔 것이나마 고이 간직해 두었더라면 싶다.

옛날부터 조지서(造紙署)가 있던 곳이라 지금도 인가(人家)가 있는 데까지는 하얀 종이를 뜨는 것이 제법 볼 만하여 지루한 줄 모르게 걸음을 옮기게 한다. 절 어귀에 가기까지는 그다지 험로도 아니고 하루의 원족(遠足)[3] 길로는 꼭 알맞은 곳이다.

절에 당도하니 먼저 눈에 띄는 것이 절 뒤 마애(磨崖)에 새긴 유명한 부조(浮彫) 석불[4]이다.

---

1. 자하문은 서울 종로구 창의동에 있는 조선시대 성문(城門)인 창의문(彰義門)의 별칭이다. 세검정은 이 창의문 밖 삼각산과 백운산의 두 산 사이에 위치한 정자로, 조선 영조 때 서울을 방비하던 총융청(摠戎廳)의 군사들이 쉬는 자리로 지은 것이다. 1941년 화재로 타 버렸으나 1977년 옛 모습대로 복원되었다.
2. 국보 3호인 북한산 신라 진흥왕순수비를 말하는 것으로, 근원이 이 글을 쓰던 당시에는 서울 종로구 구기동 북한산 비봉에 있었으나 1972년 국립중앙박물관으로 이전하고, 그 자리에는 유지비(遺址碑)가 세워져 있다.
3. 소풍.
4. 보물 215호인 북한산 구기리 마애여래좌상을 가리킨다.

사승(寺僧)에게 물으니 석불은 옛날 이곳에 몽고승(蒙古僧) 승가대사(僧伽大師)가 굴을 파고 수도를 하며 대사 손수 저 바위에다 부처님을 새겼다는데 절은 후에 창건된 것이라 한다. 일본인 세키노 다다스(關野貞)[5]는 이 석불을 고려 초기 불상으로 잡고 고려 조각으로서는 신라 것에 비등할 만한 우수작이라 하였다. 무엇을 근거로 이런 말을 하였는지 모르나, 내가 보기에 이 마애불은 확실히 신라 조각에 틀림이 없다. 미목(眉目)으로부터 코, 입술이 모두 다 예쁘고 시원스런 표현이라든지, 신라 석조의 특색인 턱 아래 한 곡선을 그어 아래턱을 만든 솜씨며 상모(相貌)[6]는 턱이 꽉 받치고 원후(圓厚)하고[7] 복스러운 맛이라든지, 의습(衣褶)[8]과 가부좌(跏趺坐)의 자세며 팔각형으로 된 천개(天蓋)[9]를 반쯤 돌을 파고 넣은 것과 연좌(蓮座)의 유려한 선 등이 모두 다 신라의 감각이 역력히 드러나고 있다.

마애 전면이 바로 급한 낭떠러지로 되어 이십여 척이나 되는 높이를 조각하기에 여간 힘들 곳이 아닌데도 그 면상의 우미한 각법(刻法)은 놀라지 않을 수 없다. 그래서 그런지 어깨 아래의, 더구나 손의 각법은 대단히 소홀히 했다. 이 소홀히 한 것을 보아 고려 조각이라 속단하였는지 모르나, 경주 남산의 석불들도 하체를 소홀히 한 것이 적지 않으며 고려조 불상이란 은진미륵(恩津彌勒)[10]을 보든지 마하연(摩訶衍)에 있는 마애불로 나옹조사(懶翁祖師)의 작이라고 이르는 묘길상부각(妙吉祥浮刻)[11] 등을 보아도 그 면상의 졸렬함은 말할 것도 없거니와 손으로 보더라도 이 조각과 비할 바 못 된다.

고려 불상의 대표격으로 치는 폐적조사(廢寂照寺) 철조여래상(鐵造如來像, 현 국립박물관 소

5. 1867-1935. 일본의 건축가, 미술사학자로서, 1902년 우리나라에 와서 미술, 건축 등을 연구하였으며, 『조선고적도보』의 간행으로 프랑스 학사원상을 수상했다.
6. 얼굴의 생김새. 용모.
7. 둥글면서 두툼하고.
8. 옷주름.
9. 불·보살상의 머리 위를 장엄하게 하거나 사원의 천장을 장식하는 장식물.
10. 은진미륵은 충청남도 논산군 은진면 관촉사(灌燭寺) 경내에 있는 고려의 석조미륵보살입상(보물 218호)의 별칭이다.
11. 묘길상부각은 강원도 회양군 내금강면 장연리 금강산 마하연의 동쪽에 있던 사찰인 묘길상암(妙吉詳庵) 절터에 위치한 마애여래좌상을 말한다.

북한산 구기리 마애석가여래좌상. 신라 10세기. 서울 구기동.

장)¹²을 필두로 한 다수의 고려불은 전체적으로 미목(眉目)과 구비(口鼻)가 모두 한 군데 모여들거나 그렇지 않으면 양편 볼이 빈약하고, 더구나 코는 짜부라지다시피 작고 가난하다. 귀도 신라불처럼 길고 넉넉하지 못하여 사람으로 치면 궁기(窮氣)가 든 얼굴처럼 촌스럽고 우울하고 오종종한 인상을 주는 것이 고려 불상의 특징이요, 각법의 스케일이 웅대하지 못하고 부분적으로 자꾸 둥글리는 데 여조(麗朝) 예술의 특징이 있어, 이런 점에서 신라불과 그 감각을 달리하는 것이다. 『여지승람(輿地勝覽)』¹³에는 이러한 문구가 적혀 있다.

僧伽寺 在三角山 高麗李䫨 重修記有云 按崔致遠文集 昔有新羅狼跡寺僧 秀台 飫聆大師之聖跡 選勝于三角山之南面 開岩作窟 刻石模形 大師道容 盆照東土 國家如有乾坤之變 水旱之災 禱以禳之 無不立應

승가사는 삼각산에 있다. 고려의 이오(李䫨)가 지은 『중수기(重修記)』¹⁴에 이렇게 씌어 있다. 『최치원 문집』에 따르면, 옛날 신라의 낭적사(狼跡寺) 스님 수태(秀台)가 승가대사의 위대한 행적을 실컷 듣고서 삼각산의 남쪽에서 승경지를 골라 바위굴을 파고 돌에다 대사의 형상을 새기니, 대사의 도용(道容)¹⁵이 우리나라에 더욱 빛나게 되었다. 국가에서 커다란 변고가 생기거나 수재, 한발의 재앙이 있을 때 기도를 하면 즉각 영험이 있었다.

지금 이오의 『중수기』는 찾을 길이 없으나 『승람』의 이 대문을 보면 신라승 수태라는 사람이 승가대사의 위대한 행적을 많이 듣고 북한산, 지금 승가사 자리에 와서 굴을 파고 승가대사를 숭앙하는 나머지 그 상을 각(刻)하니 승가대사의 이름

12. 이 불상은 '적조사 철조여래좌상'이라는 명칭으로 국립중앙박물관에 소장되어 있다.
13. 근원은 이 글에서 『동국여지승람』을 '여지승람' 또는 '승람'으로 약칭했다.
14. 이오(?-1110)는 고려시대의 문신으로 호는 금강거사(金剛居士)이다. 승가사는 창건 이후 여러 차례의 중건·중수를 거치게 되는데, 그의 『중수기』는 11세기 말경에 있었던 이 절의 중수를 기록한 문헌으로 보인다.
15. 덕망이 높고 인품이 고상한 면모.

이 조선 땅에 더욱 빛났다는 뜻으로서, 이로 보면 신라의 수태란 승(僧)은 훌륭한 조각의 명수이었던 모양이고, 사승의 전한 바 승가가 이 땅에 온 것이 아니라 수태가 바로 여기에서 수도한 것을 와전함이 분명하다.

승가란 중은 속성(俗性)은 하(何)씨요 서성(西城)의 고승(高僧)으로서 서기로 628년에 나서 팔십삼 세나 산 사람으로, 삼십여 세 때 중국에 와서 당나라의 여러 제왕의 존숭(尊崇)을 받다가 서기 710년에 입적했는데, 세칭 관세음보살의 화신이란 말을 들은 만큼 여러 번 이적(異蹟)을 나타냈다는 것이다.

'국가에 불측(不測)의 변(變)이 있을 때 기도를 올리면 반드시 영험이 있다'는 말과, 또 그의 전기에 당말 이후로 정사(精舍)[16]를 조건(造建)하는 사람이면 반드시 대사의 진상(眞相)을 만들어 세워 놓고 걸원(乞願)[17]하면 효(效)를 얻는 수가 많다는 것 등을 보아, 이 마애불은 『최치원 문집』에 있는 말대로 추종한다면 석가상이라고 하기보다 확실히 승가의 상을 각한 것임이 틀림없다.

그러나 이 조각은 상모(相貌)나 법의(法衣)나 촉지항마인(觸地降魔印)[18]의 좌세(坐勢) 등 모두가 재래의 여래상에서 많이 볼 수 있는 양식이니만큼 이상의 전제조건만 없으면 확실히 여래불상임에 틀림없다. 종래로 불상 이외의 한낱 수도승의 상을 이러한 스타일로 조각한 것을 보지 못하였기 때문이다.

그러면 『최치원 문집』에는 어찌하여 이러한 연유가 기록되었는가. 수태가 개암작굴(開岩作窟)하고 각석모형(刻石模形)하였다는 것은 틀림없이 이 조각을 말하는 것인 듯한데, 그렇다면 수태가 승가의 상을 각(刻)할 때 불상을 각조(刻造)하던

---

16. 학문을 가르치고 수양하려고 마련한 집.
17. 소원을 빎.
18. 부처가 악마의 장난을 물리지고 깨달음에 이르는 순간을 상징하는 수인(手印)으로, 왼손은 손바닥을 위로 향하게 하여 결가부좌한 다리에 놓고, 오른손은 무릎 밑으로 늘어뜨리면서 땅을 가리키는 모양이다.

북한산 신라 진흥왕순수비. 신라 6세기 중엽. 현재 국립중앙박물관 소장.

수법으로 그대로 각을 하고 만 것일까. 그러나 신라는 불교의 나라라 그만한 착오가 용허될 리 없다. 만일 그렇다면 우리는 이러한 해석을 내릴 수밖에 없다.

신라의 조각승 수태가 승가대사를 숭앙하여 삼각산, 지금 승가사 자리에다 터를 잡고 대사를 본받아 수도를 하면서 그 굴 부근에 석가의 상을 만들었다고 한 것이 아닐까.

아무튼 이 조각은 누구를 각하였던지가 문제가 아니다.

우리가 알고 싶어하는 것은, 한 개의 차디찬 석면을 통하여 천 수백 년이 훨씬 넘는 그 옛날 신라 조각수(彫刻手)의 정질과 흘린 땀으로 빚어진 신라 사람의 따뜻한 피를 느끼고 싶고, 그들의 느낀 미에 대한 감각이 오늘날 우리에게 어떠한 모양으로 우리들의 정서를 흔들어 주는가 하는 것이다.

마애석불을 끼고 가파로운 뒷봉을 십여 분 기어 올라가니 마루턱에 유명한 진흥대왕의 순수관경비가 우뚝 서 있다.

일찍이 추사 김정희 선생이 이 비를 발견한 이래로 여러 학자들이 탁본을 찍어내고 연구를 거듭하여 온 비(碑)다.

우리 민족의 손으로 세운 석비는 그 최고(最古)한 것이 만주 통구(通溝)에 있는 고구려 광개토왕비요, 그 다음이 신라 진흥왕의 사적을 기록한 비들로서, 진흥왕비는 이 북한산비 외에 경남 창녕비(昌寧碑)와 함남 이원(利原)에 있는 마운령비(磨雲嶺碑)와 또 하나 함흥 황초령비(黃草嶺碑)가 있다.

이 네 비 중에 북한산비가 제일 만환(漫漶)[19]이 심하여서 얼른 보아서는 몰자비(沒字碑)[20]같이 보인다.

높이 오 척 남짓한 비로서 근래의 비와 달라 두께가 적당한 정도로 얇다.

그러나 경박하여 보이지 않고 늘씬한 품이 어디인지 모르게 신라적 감각을 전해 준다.

신라의 석물(石物)은 조각이든 탑파든, 심지어는 이런 단비잔갈(斷碑殘碣)21에까지 깎을 곳을 시원스럽게 깎아 뽑아서 그들의 미의 목표가 어느 곳에 있는지를 말하듯 보여주고 있다.

백제 석물이 능각(稜角)22의 모난 곳을 약간 죽여서 온화한 맛을 내는 것이나, 고려의 수법이 구석구석에 토실토실한 둥근 맛을 내는 특색을 발휘하는 것이나, 조선조의 예술이 우둔하리만큼 중탁(重濁)한23 견실미(堅實味)를 가진 모양으로, 신라는 신라대로 미끈하고 단조한 한 개 돌을 깎는 데도 그들의 미의 감각을 약여(躍如)24하게 보여주는 것은 신비에 가까우리만큼 예술의 힘이 위대하다는 것을 증명하는 것이다.

이 비는 비수(碑首)25도 없고 부석(趺石)도 없다. 바닥 바위를 그대로 파서 비부(碑趺)26로 삼고 그 위에 비신(碑身)을 세우고 뒤에 방첨(方簷)27을 올렸던 것이 떨어져 있다고 옛날 완당 선생은 말하였는데 지금 방첨은 어느 구렁에 떨어져 묻혔는지 찾을 길 없다.

전액(篆額)28도 없고 음기(陰記)29도 없다.

완당 선생은 병자년 삼십일 세 때 김경연(金敬淵)30이란 분과 같이 갔다가 이 비를 발견하고 처음에는 무자비(無字碑)같이 보았으나, 천년고색(千年古色)이 어린 이끼 낀 석면을 손으로 만지고 더듬어서 희미하게 나타나는 글자들을 발견하였다. 삐치고 꺾고 한 자획이 이끼를 따라 움직인 자취를 보고 종이를 덮어 찍고 또 찍어서, 마침내 이 비는 황초령비와 서체가 같은 것을 발견하고

19. 닳아서 글씨가 잘 보이지 않는 모양.
20. 글씨가 새겨 있지 않은 비.
21. 조각난 비(碑)와 깨진 갈(碣).
22. 물체의 뾰족한 모서리.
23. 걸쭉하고 뻑뻑한.
24. 눈앞에 사실처럼 생생하게 나타나는 것 같이.
25. 비의 머리. 이수(螭首).
26. 비의 받침.
27. 사각형의 처마.
28. 전자체(篆字體)로 쓴 현판이나 비갈(碑碣)의 제액(題額).
29. 비갈(碑碣)의 등 뒤에 새긴 글.
30. 조선 순조 때의 문신으로 호는 동리(東籬)이다. 금석학에 관심이 많았다고 한다.
31. 1782-1850. 조선시대 문신으로, 자는 희경(羲卿)이고 호는 운석(雲石)이다.
32. 자세히 조사하여 판정함.

다시 진흥왕의 진(眞) 자를 찾아서 이 비가 천 수백 년 동안을 신라의 한 페이지 역사를 품은 채 세인의 눈에서 사라졌던 것을 발견하고, 금석학(金石學)이란 것이 얼마나 귀중한 학문인가를 환희로써 설파하였다.

그리고 비의 측면 우편에,

此新羅眞興大王巡狩之碑丙子七月金正喜金敬淵來讀
이는 신라 진흥대왕의 순수비이다. 병자년 7월에 김정희, 김경연이 와서 읽었노라.

이라는 제지(題識)를 각하고 그 이듬해 다시 조인영(趙寅永)[31]과 같이 가서 예순여덟 자를 발견하고 다시 측면 좌편에 예서로,

丁丑六月八日金正喜趙寅永同來審定殘字六十八字
정축년 6월 8일에 김정희, 조인영이 함께 와서 잔존한 글자 예순여덟 자를 심정(審定)[32]하였노라.

라 첨각하였다.

완당 선생은 그뒤 다시 두 자를 더 발견하여서 도합 칠십 자를 찾았다 하였으나, 지금은 선생의 제각(題刻)도 백사십 년이나 지나는 동안 자형이 거의 똑똑치 못한지라 당시에 찾았다는 일흔 자도 지금은 그 형적(形跡)을 더듬어 볼 길이 없다.

비신(碑身) 좌하(左下)에 제법 똑똑한 듯한 글자가 있어 묵랍(墨蠟)으로 문질러 보았더니 겨우 '造作'의 두 자를 희미하게 짐작할 수 있을 뿐 기여(其餘)의 글자는 구탁(舊拓)의 대조 없이는 알아볼 글자가 한 자도 없다.

그리고 비측(碑側)에 완당 선생의 각지(刻識)의 양행(兩行) 중간에 흡사히 원비(原碑)의 서체인 육조해(六朝楷)[33] 비슷한 글씨로,

己未八月□日□濟鉉龍仁人

기미년 8월 □일에 □제현 용인 사람이 쓰다.

이란 열두 자의 각자(刻字)가 있는데, 이 각자는 어느 때 된 것인지 완당의 『금석과안록(金石過眼錄)』[34]에도 기록되지 않고 기외(其外)의 제가의 논고에도 기록된 곳이 있는지 미상(未詳)하다. 식견 없는 탐승배(探勝輩)[35]의 소위 기념제명(紀念題名)인 듯도 하나 서체로나 각법으로나 정중하게 행간을 차지한 품으로 보나 작희(作戱)로만 보아 버릴 수는 없다. 어느 때인지는 모르나 역시 호고가(好古家)의 제명인 듯싶다.

　진흥왕은 신라의 제24대의 영주(英主)로서 불교를 독신(篤信)하였고 국력을 날로 길러서 후에 태종 무열왕(武烈王)의 통일을 가져오게 된 것도 오직 진흥왕 때에 그 기초를 닦은 것이라고 볼 수 있다.

　신라의 애국정신으로 천고에 빛나는 화랑 사상이 이때에 비롯하였으며 그 찬란한 불교 예술도 이 왕대에 된 것이 많으니, 건축으로의 흥륜사(興輪寺), 기원사(祇園寺), 실제사(實際寺), 황룡사(皇龍寺)[36] 등이 다 이때 되었고, 사상(史上)에 유명한 황룡사 장륙상(丈六像)[37]은 황룡사와 함께 지금은 찾아볼 길이 없으나 모두 이때에 만들어진 것이다.

　이렇게 찬란하던 신라의 면모는 오늘날 남은 것이 그리 많지 못하다.

　쪽이 부스러지고 글자가 마멸된 한 개의 잔석(殘石)일 망정 이 한 개의 돌은 우리가 아무 데서나 볼 수 있는 돌과는 다르다. 위대한 신라의 정신과 신라의 미가 숨어 있고 다른 한편으로는 우리나라의 지보(至寶)인 완당 선생의 피가 또한 숨

33. 중국 육조시대에 쓰이던 해서체(楷書體).
34. 김정희가 진흥왕순수비 가운데 황초령비와 북한산비의 두 비문을 판독·고증한 책이다.
35. 경치가 좋은 곳을 찾아다니는 무리.
36. 흥륜사는 544년에, 기원사, 실제사, 황룡사는 566년에 완공되었다.
37. 574년에 주조된 황룡사 장륙상은 신라시대 최고의 국보로 숭앙되던 불상으로, 고려 때 몽고의 침략으로 사라지고 현재 이를 받치던 석조대좌만 금당지(金堂址)에 남아 있다.

어 있다.

　이끼가 서리면 만져 보고 싶고 바라다보고 싶거늘 하물며 이 비에 이끼가 천 년을 두고 중중첩첩으로 싼 데다가, 찬란한 역사를 지니고 고(古)나 금(今)이나 동심지인(同心之人)이 못내 회고(懷古)하고 어루만진 자취가 또한 어리어 있으니, 이 비의 귀하고 중함이 어찌 천만 황금에 비할 바이랴.

광개토왕 호우(壺杅)에 대하여

학서(學書)에는 반드시 먼저 예(隸)의 정신을 배워야 한다. 예법은 모름지기 방경고졸(方勁古拙)¹함이 으뜸이요 이 고졸하다는 것 그것이 무엇보다 어려운 것이다.

한예(漢隸)가 좋다는 것은 고졸한 맛이 담뿍 실려 있기 때문이다.

그러나 한예 중에도 파책(波磔)²이 심한 동경예(東京隸)보다는 파책이 없는 서경예(西京隸)³를 더 상승(上乘)으로 치는 소이는 소위 "隸之無波之爲貴者 卽留有餘不盡之意 예서에는 파책이 없는 것을 귀하게 여기니 넉넉하여 끝이 없는 뜻을 가지고 있다"이기 때문이다.

우리 동인(東人)이 덮어놓고 만호제력(萬毫齊力)⁴이란 껍데기 논리만 들어 가지고 현완(懸腕)⁵이라든지 엽압구게(擪壓鉤揭)⁶라든지 구궁간가(九宮間架)⁷라든지 하는 서법의 진수는 모르고서 덤비는 것은 방필일소(放筆一笑)⁸할 일이다.

언언구구(言言句句)이 이렇게 역설한 완당 선생은 이십사 세 때에 그의 아버지의 연행(燕行)⁹에 좇아 중국에 가서 완원(阮元)¹⁰, 옹방강(翁方

1. 모가나고 굳세며 예스럽고 질박함.
2. 중국 서법인 영자팔법(永字八法) 가운데 여덟번째인 '책(磔)'으로, 왼편에서 오른편으로 삐친 형상인 파임(\)을 말한다. 파별(波撇).
3. 동경예는 후한시대의 예서를, 서경예는 전한시대의 예서를 말한다.
4. 서예에서 한 획을 긋는 데 붓의 모든 털이 획에 사용되는 것.
5. 붓글씨를 쓸 때 팔을 바닥에 대지 않고 붓을 곧게 쥐고 쓰는 것.
6. 붓글씨를 쓸 때 적절히 붓을 누르고 드는 것.
7. 붓글씨를 쓸 때 선과 선 사이의 공간을 적절히 형성하는 것.
8. 붓을 던지고 웃음.
9. 사신이 중국의 연경(북경)에 가던 일. 또는 그 일행.
10. 1764-1849. 중국 청나라의 학자·정치가·서예가·문학자로, 자는 백원(伯元)이고 호는 운대(芸臺)이다.

綱) 같은 당대 홍유(鴻儒)[11]들을 만나 금석학 서법에 관한 오의(奧義)[12]를 공부하고 우리 조선에 글씨가 없음을 개탄하여 마지않았는데, 그가 서거한 지 불과 삼십여 년에 고구려의 고도(古都) 통구(通溝)에 우뚝 솟은 광개토왕비가 천오륙백 년을 두고 황폐한 고도를 내려다보며 그 웅위기굴(雄偉奇崛)[13]한 수천 자의 고례(古隸)[14]를 가슴에 품은 채 잡초 우거진 가운데 숨어 있었던 줄 누가 알았으랴. 그리고 또 그후 육칠십 년이 다 못 된 오늘에 남쪽 끝 신라의 고도 경주의 고분에서 같은 고례로 씌어진 동조(銅造) 광개토왕 호우(壺杅)[15]가 발견될 줄 누가 짐작하였으랴.[16]

오봉이년각석(五鳳二年刻石)[17]을 비롯하여 잔금영석(殘金零石)[18]이 많지 않은 고례의 정신을 끔찍이 사랑하던 완당 선생이 오늘날 생존하였던들 얼마나 광희작약(狂喜雀躍)[19]하였을 것인가.

'國岡上廣開土境平安好太王碑'[20]는 세인이 이미 주지하는 바다.

비수(碑首)나 비부(碑趺)의 수식도 없이 고구려 사람의 진취적 기상과 독창적 정신을 웅변으로 말하는 이 비는 수십 척 높이의 한 덩어리의 자연석 그대로다.

후한(後漢) 때에 비롯하여 수(隋)·당(唐) 이후 오늘날까지 동양 일판에 이런 형제(形制)의 비가 어디 있느냐.

비라면 먼저 생각나는 것이 원수(圓首)나 규수(圭首)[21] 혹은 반리(蟠螭)[22]의 비수(碑首)와 천공(穿孔) 비신(碑身) 귀부석(龜趺石)[23] 등이요, 비신

---

11. 이름난 유학자. 거유(巨儒).
12. 매우 깊은 뜻. 오지(奧旨).
13. 씩씩하고 뛰어나며 기이하고 웅장함.
14. 예서(隸書)의 한 종류로, 전서(篆書)에서 예서로 옮겨가는 시기인 전한(前漢) 중기의 파책없이 아직 소박한 모양을 지닌 서체.
15. 음식을 담는 뚜껑달린 합(盒).
16. 1946년 광복 이후 한국인에 의해 최초로 실시된 발굴인 경주시 노서동(路西洞) 소재의 고분 조사에서 광개토왕 호우가 출토되었는데, 지금 불리는 호우총(壺杅塚)이라는 고분 이름은 이 청동 호우에서 딴 것이다.
17. 오봉은 중국 전한 선제(宣帝)의 연호(BC 57-54)로서, '오봉이년각석'은 '五鳳 二年'으로 시작되는 노(魯) 효왕(孝王)의 각석이다. 전한 예서(隸書)의 대표적인 예로 꼽힌다.
18. 전해져 내려오는 얼마 되지 않는 금석문(金石文).
19. 미칠 듯이 기뻐하여 뛰며 좋아함.
20. 이것은 광개토왕릉비의 묘호(廟號)로서, 마지막 세 글자를 본떠서 일명 '호태왕비'라고도 부른다.
21. 네모난 비의 머리.
22. 비신(碑身)을 휘감듯이 얹어진 비의 용트림 머리.
23. 돌 거북 모양의 비 받침.

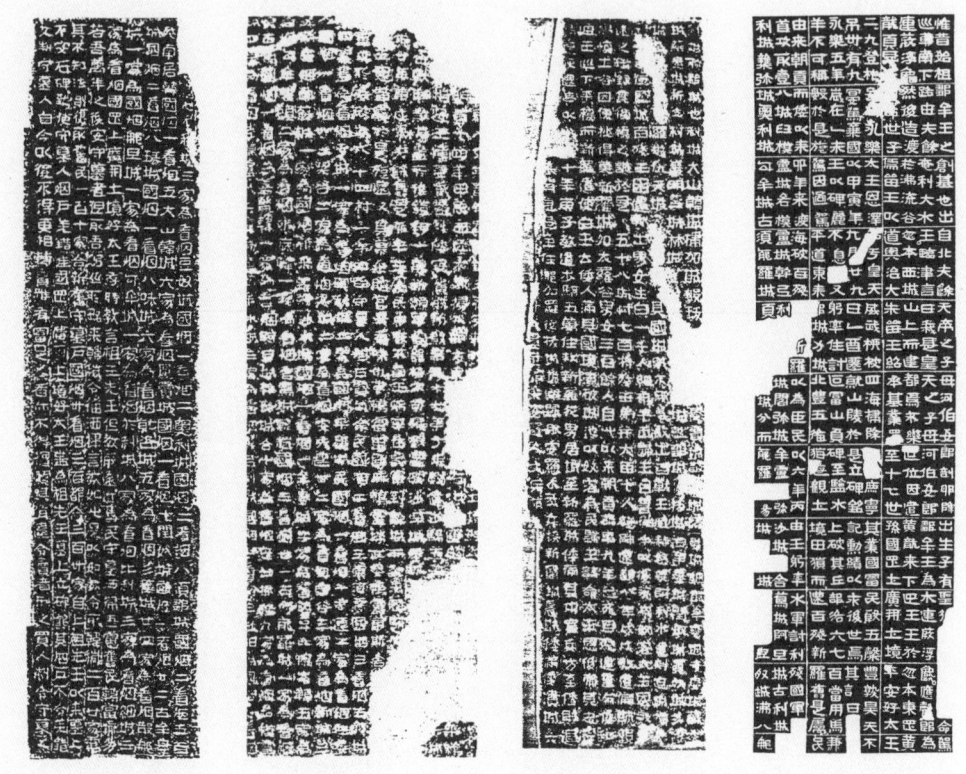

광개토대왕릉비문 탁본.(오른쪽부터 순서대로 제1~4면)

은 으레 사각으로 다듬는 것이 항례다.

무두무미(無頭無尾)한 한 덩어리의 돌이 의기충천하는 기상으로 홀연히 용립(聳立)한[24] 이렇게 무모한 비를 일찍이 본 사람이 있느냐!

무명소졸(無名小卒)[25]의 묘표(墓標)라면 또 모르겠거니와 용감하기 비할 곳 없는 고구려 사람, 그 중에도 제왕, 제왕 중에도 전무후무한 영주(英主)인 광개토왕—이 분의 기적비(紀績碑)가 포효하는 사자처럼 아무렇게나 생긴 돌로 우뚝 세워졌다는 것은 고구려의 감각이 아니고서는 상상키도 어려운 일이다.

1910년대의 광개토대왕릉비 모습. 고구려 414년. 만주 집안현 통구.

그들의 미(美)는 곧 힘이다. 힘이 없는 곳에 그들의 미는 성립될 수 없다.

그들의 이러한 힘, 즉 미의 이상은 글씨로도 나타난다.

시대는 비록 분례(分隸)[26]가 생긴 훨씬 뒤인 진대(晉代)라 할지라도, 이 석문의 패기있고 치졸웅혼(稚拙雄渾)[27]한 맛은 도저히 후한비(後漢碑)의 유(類)가 아니다. 공주비(孔宙碑)나 조전비(曹全碑)나 예기비(禮器碑)[28]에서와 같은 염려(艶麗)하다거나 간경(簡勁)한 맛이라고는 약에 쓸래야 찾아볼 수 없다.

혹자 말하기를 호태왕비(好太王碑)는 분서(分書)라 한다.

혹자 말하기를 호태왕비는 분례이면서도 고례(古隸)에 가깝다고 한다.

이 비의 서체가 가다오다 파별(波撇) 같은 것이 있는 것으로 하여 혹은 분서라 하는지도 모른다. 또 어느 한계까지 분서의 내용은 다소 가졌는지도 모른다.

그러나 이것을 그대로 분례에 규정하고 말해야 옳을 것인가.

심한 만환(漫漶)으로 인하여 혹은 분례같이 느껴지는 면이 있지나 않은가.

우리는 다시 경주 고분에서 나온 비의 서체와 꼭같은 호우의 서체를 음미하지 않을 수 없다.

乙卯年國岡上廣開土地好太王壺杅十

이 동제(銅製) 호우 바닥에 명기(銘記)된 열여섯 자의 글씨는 최대한 글자가 한 치 평방밖에 안 되는 작은 규모인데도 불구하고 그 웅대한 기상은 보는 사람의 눈을 아찔하게 한다.

일점일획(一點一劃)의 파별이 없다. 글자마다 우렛소리가 들리는 듯하다. 가사(假使) 파별 같은 인상을 주는 곳이 있다 치더라도 이것을 누가 분례에 가깝다 할 것인가. 고(古)하고 졸(拙)하며 기(奇)하고 위(偉)하다.

그러면 이 두 금석문은 동일인의 필적이라야 하지 않겠는가.

호우의 전문적 고증은 발굴 당사자의 조사 보고서와 제 대방가(大方家)의 연구를 기다릴 수밖에 없거니와, 우선 문외한의 호고심(好古心)은 먼저 사서(史書)의 페이지를 뒤치는 수밖에 없다.

호태왕 비문에는 "以甲寅年九月廿九日乙酉遷就山陵 於是立碑銘記勳績以示後世焉 갑인년 9월 29일 을유에 산릉을 천장(遷葬)하였다. 이에 비를 세우고 공적을 새겨 기록하여 후세에 보이노라"이란 대문이 나오는데, 호우에는 '乙卯年國岡上廣開土地好太王壺杅

24. 우뚝 솟은.
25. 이름이 알려지지 않은 하찮은 사람.
26. 전한 말기 파책을 수반하는 기법이 발달하고 형식이 정비되던 시기의 예서. 팔분(八分).
27. 어린아이 같고 예스러우며 욱장하고 막힘이 없음.
28. 후한비는 중국 후한시대의 예서(동경예) 법첩(法帖)을 통칭하는 것이다. 공주비, 조전비, 예기비가 그 법첩들이다.

광개토왕 청동 호우(위). 고구려 415년. 국립중앙박물관.
호우 바닥의 명문(아래 왼쪽)과 그 탁본(아래 오른쪽).

十'이라는 기년명(記年銘)이 있어 이 호우가 주조된 것은 호태왕 천장 익년(翌年)에 해당한다. 그리고 글씨의 자양결구(字樣結構)²⁹의 일점일획이 모조리 꼭같은 것을 보아, 이 두 금석문의 필자는 동일인임에 틀림없고 호태왕 당시의 고구려의 이름높은 서가(書家)임이 확실하다. 사승(史乘)³⁰이 전하지 아니하여 당대의 서화가의 이름을 찾아낼 도리가 없으나 모든 고증이 앞서기 전에 나는 대담하게 말하노니, 이것이 동일인의 서(書)라는 것은 나의 직관의 힘이 틀릴 리가 없다고 믿는다.

그러면 어찌하여 고구려의 호우가 그때의 상대 세력의 나라인 신라에 와서 묻혔느냐.

이 점은 발굴 당사자의 추측도 대략 그러하거니와 나 역시 그 추측을 동감으로 하여 사서(史書)를 더듬어 가는 수밖에 없다.

신라 내물왕(奈勿王) 37년 임진(壬辰, 公元 392, 고구려 광개토왕 2년)에 고구려의 강대한 세력은 신라의 이찬(伊飡) 대서지(大西知)의 아들 실성(實聖)을 인질로 데려간다.

그러나 실성은 그를 인질로 보내는 내물왕에게 원심(怨心)을 품게 된다.

십 년 만에 돌아온 실성은 공교롭게 내물 왕자가 어린 것을 기회로 왕위에 오르게 된다.

그의 보복 수단은 즉위하자 바로 왜국의 트집에 내물왕의 셋째아들로 십 세밖에 안 되는 미사흔(未斯欣)을 왜에게 인질로 보내고 그후 십일 년 만에 또 내물왕의 둘째아들인 복호(卜好)를 고구려에 인질로 보낸다. 복호가 인질로 가던 해 광개토왕은 승하하고 그후 삼 년 만인 장수왕(長壽王) 2년 갑인(甲寅)에 호태왕의 능은 통구로 천장(遷葬)하고, 그 익년인 을묘년에 호우를 주출(鑄出)하고, 그후 사 년 만인 신라 눌지왕(訥祇王) 2년(戊午, 公元 418, 고구려 장수왕 6년)에 복호는 인질로 간 지 칠 년 만에 고국에 돌아오고, 일본으로 갔던 미사흔도 동년(同年)에 도망해 귀국한다.

신라의 이 두 왕자가 동년에 고국에 돌아오게 되는 데는 『사기』와 『유사』³¹에 재미난 이야기가 있다.

나는 다시 신라의 의사(義士) 박제상(朴堤上)을 등장시키지 않을 수 없다.

박제상은 신라 시조(始祖) 혁거세(赫居世)의 후예로 신라의 충의지인(忠義之人)으로 뚜렷한 자리를 차지하는, 잊을 수 없는 인물이다.

실성왕은 내물왕의 두 왕자를 고구려와 일본에 보냈으나 첫째 왕자인 눌지마저 죽여 버리려 하여 여인(麗人)과 밀약하고 고구려로 보냈는데, 눌지의 신채(神采)가 비범함을 본 여인(麗人)은 도리어 눌지에게 그 비밀을 폭로해 준다.

눌지는 귀국하자 자기를 해(害)하려던 실성왕을 시(弑)하고 자립하게 된다.

왕은 즉위하자 두 왕제(王弟)를 그리워 비감해 마지않더니 마침 삽량(歃良, 『遺事』에는 羅로 적혔음)군 태수로 있던 박제상(『遺事』에는 金으로 되어 있음)이 자원하여 왕자 복호를 구하러 떠난다.

제상은 어전(御前)에서 왕과 잔을 나누고 악수로써 고별하고 북행하여 고구려왕을 만나 일촌설(一寸舌)³²로써 여왕(麗王)의 마음을 돌리게 하여 쾌락(快諾)을 받고 복호와 동귀(同歸)하게 된다.

왕제 복호를 만난 눌지왕은 한편 기뻐하면서 한편 좌우 팔 같은 두 아우를 하나만 만났으니 어찌하자느냐고 탄식하여 마지않는다.

이에 제상은 개연(慨然)히 아뢰기를 신(臣)이 비록 노재(奴才)³³이오나 기위(旣爲) 나라를 위해 몸을 바친 바니 어찌 봉명(奉命)³⁴하지 않으리요.

---

29. 글자의 모양과 짜임새.
30. 사기(史記).
31. 근원은 『삼국사기』와 『삼국유사』를 각각 '사기'와 '유사'로 약칭했다.
32. 한 마디의 말.
33. 열등한 재주. 또는 그 사람.
34. 임금 또는 윗사람의 명령을 받드는 것.

그러나 고구려는 대국이요 임금도 현군(賢君)이라 일언지하에 쾌락을 얻었거니와 왜놈은 의로운 말로써 감동되지 못할 놈들이니 사모(詐謀)[35]로써 왕자를 데려오리다 하고, 만일 성공하지 못하는 날에는 죽음으로써 맹세할 것을 약속하고 바다를 건너 멀리 왜국을 향한다.

이때 제상은 미처 처자(妻子)도 만날 여가 없이 떠나니 그의 부인은 율포(栗浦)의 포구(浦口)까지 쫓아오면서 대성통곡을 한다.

그러나 제상은 아내에게 최후의 결별을 하고 표연히 떠나고 만다.

제상은 왜왕 앞에 나아가 그가 신라를 배반하고 왜국의 신하 되기를 원하는 뜻을 말하고 왜왕이 의심하지 않는 때를 기다려 하루는 왕제 미사흔과 배를 타고 고기잡이를 하는 체하다가 미사흔에게 도망하라고 권한다.

미사흔은 그대도 같이 가자 하였으나 제상은 같이 가면 반드시 잡힐 것이라 하여 미사흔은 울면서 제상과 작별하고 고국으로 도망해 온다.

그 익일(翌日) 왜왕은 미사흔이 도망한 것을 발견하자 제상을 포박하고 고문을 심히 하니 제상은 "신(臣)은 계림(鷄林)의 신이요 왜왕의 신이 아니라. 군왕의 명을 좇아 왕제를 도망시켰노라" 대답한다.

왜왕은 "네가 나의 신하가 되겠다면 중록(重祿)[36]을 줄 것이요, 계림의 신이라면 오형(五刑)[37]에 처하리라" 하였으나 제상은 차라리 계림의 모진 매를 맞을지언정 왜왕의 중록을 원하지 않노라 한다.

뜨겁게 달군 쇠로 찌르고 지지고 하였으나 종래 굴하지 않는지라 필경 목도(木島)에서 태워 죽이고 만다.

후일 이러한 소식을 들은 눌지왕은 심히 애통(哀慟)하고 제상의 유가족에게 후사(厚賜)를 내리고 대아찬(大阿湌)의 직위를 추증(追贈)[38]하는 동시에 제상의 둘째딸로써 미사흔의 아내를 삼게

---

35. 남을 속이려는 꾀.
36. 후한 녹봉.
37. 옛날 범죄자를 처벌하던 다섯 가지 형벌. 곧 태형(笞刑), 장형(杖刑), 도형(徒刑), 유형(流刑), 사형(死刑).
38. 나라에 공로가 있는 벼슬아치가 죽은 뒤에 벼슬을 높여 주는 것.
39. 「우식곡」은 현재 전해지지 않으며, 보통 「우식악(憂息樂)」이라고 칭한다.

하였다.

그리고 미사흔이 환국하였을 때는 대연(大宴)을 베풀고 왕이 자작가무(自作歌舞)를 하였으니 향악으로 「우식곡(憂息曲)」[39]이란 것이 곧 눌지왕의 소작(所作)이다.

두 왕자의 이야기는 대략 이러하거니와, 이것이 『삼국사기』 「열전」에 있는 것과 『삼국유사』 「내물왕」조에 있는 것이 여러 군데가 서로 조금씩 다르다. 인질로 간 연대도 다르고 『사기』에 미사흔과 복호가, 『유사』에는 미해(美海)와 보해(寶海)로 되어 있으며(이것은 한자로 取音한 관계이리라), 『유사』에는 복호도 도망온 것으로 되어 있다.

아무튼 이 두 왕자 중에 복호가 고구려에서 돌아온 것이 신라 눌지왕 2년(公元 418)이고 보면 호태왕릉을 천장한 해로부터 오 년, 호우를 만든 해로부터 사 년 만으로서, 호우명(壺杅銘)에 '乙卯年…壺杅十'이란 것을 보아 아마 호태왕의 위적(偉績)을 기념하기 위하여 호우 열을 만들었는데, 그 중에 하나를 복호가 얻어 두었다가 고국으로 가져온 것이 아닌가 싶다.

그렇다면 이 호우가 나왔다는 경주의 고분은 필시 복호의 무덤이 분명할 것이다.

그리고 또한 종래로 호태왕 비문에 '以甲寅年…遷就山陵 於是立碑銘記勳績… 갑인년에…산릉을 천장하였다. 이에 비를 세우고 공적을 새겨 기록하여…'운운을 보고 입비(立碑) 연대를 갑인년(公元 414)으로 잡던 것은 호우를 만든 을묘년(415)에 입비하였는지도 알 수 없는 일이다.

입비란 반드시 장례와 동시에 하는 것이 아니요 추후로 세우는 것이 보통이니, 서체로 보아 동일인의 필적이요 기념 호우를 을묘년에 만들었다면 입비와 동시에 이 동호우(銅壺杅)를 만들었을 것이라고 믿고 싶다.

발(跋)

*『근원수필』(1948)에 실린 발문임.

내가 수필을 쓴다는 것은 어릿광대가 춤을 추는 격이다.

문학을 전공하는 사람들의 말을 듣든지, 내 경험으로 보아서든지 아무튼 수필이란 글 중에도 제일 까다로운 글인 성싶다.

그림 한 폭을 변변히 못 그리는 주제에 무슨 염치로 책으로까지 내게 되는지 나 자신으로서도 알 길이 없다.

다방면의 책을 읽고 인생으로서 쓴맛 단맛을 다 맛본 뒤에 저도 모르게 우러나는 글이고서야 수필다운 수필이 될 텐데….

그러나 불행인지 행인지 모르나 마음속에 부글부글 괴고만 있는 울분을 어디에다 호소할 길이 없어, 가다오다 등잔 밑에서 혹은 친구들과 떠들고 이야기하던 끝에 공연히 붓대에 맡겨 한두 장씩 끄적거리다 보니 그것이 소위 내 수필이란 것이 된 셈이다.

옛날 세상 같으면 서러운 심회를 필묵에 맡겨 혼쇄(渾灑)[1]하기도 하고, 그렇지 않으면 강저(江渚)에[2] 낚대로 벗을 삼아 한평생 꿈결같이 살아 나갈 수도 있을 터인데, 현대라는 괴물은 나에게 그렇게 할 여유조차 주지 않는다.

예나 이제나 우리 같은 부류의 인간들은 무엇보다도 자유스러운 심경을 잃고는 살아갈 수 없다.

---
1. 발묵(發墨)으로 흐리게하고 필선(筆線)으로 선명하게 함. 좌혼우쇄(左渾右灑).
2. 강가에.

"남에게 해만은 끼치지 않을 테니 나를 자유스럽게 해달라."

밤낮으로 기원하는 것이 이것이언만 이 조그만 자유조차 나에게는 부여되어 있지 않다.

언제나 철책에 갇힌 동물처럼 답답하고 역증이 나서 내 자유의 고향이 그리워 고함을 쳐 보고 발버둥질을 하다 보니 그것이 이따위 글이 되고 말았다.

이 중에는 묵은 글도 있고 새 글도 있고, 수필 비슷한 것도 있고 화인전(畵人傳) 비슷한 것도 있고 군소리 비슷한 것도 있어 잡채 무치듯 뒤죽박죽으로 버무려 놓았다.

이것을 밉다 아니하고 음으로 양으로 책이 되도록 은근히 힘을 도와 준 여러 친구에게 마음속으로 사의(謝意)를 표하지 않을 수 없다.

무자(戊子) 음(陰) 2월 초(初) 3일
반야초당(半野草堂)에서

수록문 출처

* 이곳에 출처를 밝히지 않은 나머지는 『근원수필』(을유문화사, 1948)에 수록되었던 글들임.

말과 소 『조광(朝光)』 조선일보사, 1939년 6월호.

선부(善夫) 자화상 『여성(女性)』 조선일보사, 1939년 1월호.

『강희자전(康熙字典)』과 감투 『학풍(學風)』 을유문화사, 1949년 4월호.

털보 『학풍』 1948년 10월호.

신세일가언(新歲一家言) 『조선일보』 1936년 1월 5일.

한운야학(閑雲野鶴)의 연명(淵明)을 본받아 『조광』 1936년 2월호.

석분음재(惜分陰齋) 『조광』 1939년 1월호.

고독 『문장(文章)』 문장사, 1939년 8월호.

표정(表情)과 의상(衣裳) 『조광』 1940년 1월호.

모델과 여성의 미 『여성』 1936년 9월호.

쓰리꾼의 도덕 「스리꾼의 도덕」 『조선일보』 1949년 4월 26/27일.

서울 사람 시골 사람 『조광』 1936년 1월호.

동일(冬日)에 제(題)하여 『여성』 1939년 12월호.

화가와 괴벽(怪癖) 『조광』 1939년 7월호.

백치사(白痴舍)와 백귀제(白鬼祭) 『조광』 1936년 8월호.

화가의 눈 『조선일보』 1949년 5월 4/6일.

기도(碁道) 강의 『학풍』 1949년 3월호.

십삼 급(級) 기인(碁人) 산필(散筆) 『학풍』 1950년 2월호.

미술 『조광』 1938년 8월호.

회화적 고민과 예술적 양심 『문장』 1939년 10월호.

한묵여담(翰墨餘談) 『문장』 1939년 11월호.

조선시대의 인물화 「이조시대의 인물화」 『문장』 1939년 2월호.

청전(靑田) 이상범(李象範)론 『문장』 1939년 9월호.

김용준 연보

1904 2월 3일 경북 선산(善山)에서 부친 김이도(金以燾, 1853-1933)와 모친 김옥순(金玉順, 順天 金氏, 1860-1933) 사이에 이남사녀 중 막내로 태어남. 조부는 김진수(金振壽), 조모는 박선화(朴仙化). 본관은 김녕(金寧). 본적은 대구(大邱) 남산동(南山洞) 174번지. 초명은 '瑢畯'이었으나 후에 '瑢俊'으로 개명함. 부친은 농사를 지으며 조그마한 한약방을 했음.

1906 이 무렵, 어느 날 누이의 등에 업혀 개울물을 건너 집으로 돌아오자, 개울에서 보았던 송사리를 마당에 그렸다는 일화가 있을 정도로 그림에 소질이 있었음.

1908 부친의 지도로 천자문을 학습함.

1915 이 무렵, 한약 재료 도매상을 했던 형 김용수(金瑢洙, 1890-1931)를 따라 충북 영동(永同) 황간(黃澗)으로 옮겨 황간공립보통학교에 입학함. 여기서 그림에 소질이 있음을 인정받음.

1919 2월, 황간공립보통학교 졸업.

1920 4월, 경성 중앙고등보통학교 입학. 전교 2등의 수재였음.

1923 고려미술원(高麗美術院)에서 이마동(李馬銅) 구본웅(具本雄) 길진섭(吉鎭燮) 김주경(金周經) 등과 함께 미술 수업.

1924 도화교실에서 이종우(李鍾禹)로부터 미술 수업. 학생 신분으로 제3회 「조선미술전람회」에서 〈동십자각(東十字閣)〉(원제 〈건설이냐, 파괴냐〉)이 입선되어 화제가 됨.

1925 중앙고보 졸업. 중앙고보 시절, 진명여자고등보통학교에 재학 중이던 진숙경(秦淑卿, 1904-?)을 만남. 진숙경의 빨간 댕기를 주워 댕기에 그림을 그려 돌려준 것이 인연이 되어 연애를 하게 되었다는 일화가 있음.

1926 진숙경(南原 秦氏)과 결혼. 도쿄 미술학교 서양화과 입학. 김주경·길진섭·이마동과 동기. 표현파를 추구하는 유학생들의 모임인 백치사(百痴社)를 조직. 여기서 소설가 이태준(李泰俊)을 만남.

1927 「화단개조(畵壇改造)」「프롤레타리아 미술 비판」을 발표. 당대의 프로예맹 이론가들을 비판하는 글로 임화(林和) 등의 반격을 받았으며, 이때 논객으로서 국내 화단에 깊은 인상을 심어 줌.

1928 대구에서 열린 제2회 「영과회전(O科會展)」에 참가. 이후 1938년까지 「녹향전(綠鄕展)」「동미전(東美展)」「향토회전(鄕土會展)」「서화협전」 등에 지속적으로 참여, 출품함.

1930 동미회(東美會), 향토회(鄕土會), 백만양화회(白蠻洋畵會)를 조직하고 주도해 나감. 관념적

신비주의 사상과 미학을 취하여 이른바 조선향토색론을 펼침으로써 조선 제일의 논객으로 부상함.

1931 2월, 도쿄 미술학교 졸업. 졸업작품으로 '달리는 기차가 전복되는 그림'을 그려 제출했으나 자본주의 사회의 부패상과 멸망상을 보여주었다 하여 압수당하고, 이후 〈여인상〉으로 대체하여 제출함. 귀국하여 중앙고보 미술교사로 재직. 3월, 형 김용수가 42세의 나이로 작고함. 「「동미전」과 「녹향전(綠鄕展)」」「「서화협전」의 인상」「미술에 나타난 곡선 표징(表徵)」 「화단 일 년의 회고」 발표. 신비주의 경향의 조선향토색론을 앞장서 이끌어 나감.

1933 백우회(白牛會) 참가. 뒷날 재동경미술협회로 발전. 3월, 향년 81세로 부친 김이도 작고. 6월, 향년 74세로 모친 김옥순 작고.

1934 도쿄 미술학교 출신들과 함께 목일회(牧日會)를 조직.

1935 제14회「서화협전」에 정회원으로 참가. 「화단 일 년의 동정」 발표.

1936 「회화로 나타나는 향토색의 음미」 발표. 당대 상고주의자(尙古主義者) 이태준과 더불어 골동 취미에 빠지기 시작, 민족정서를 조선향토색의 핵심으로 내세움. 수필「서울 사람 시골 사람」「백치사(白痴舍)와 백귀제(白鬼祭)」 발표. 이 무렵부터 수필을 꾸준히 발표함.

1937 보성고보 미술교사로 재직.

1938 「이마동 개인전」평 발표.

1939 3월, 딸 석란(夕蘭)을 입양함. 2월, 월간 문학잡지『문장(文章)』이 창간되면서, 길진섭과 함께『문장』의 표지화를 그리기 시작함. 화단 내 소집단 활동을 중단함. 「이조시대의 인물화」 「청전(靑田) 이상범(李象範)론」 발표. 미술사 관련 논문을 발표하기 시작해 미술사학자로 깊은 인상을 심어 줌.

1940 「전통에의 재음미」를 발표하여 조선 고전 전통의 부활을 제창함.「김만형(金晩炯) 군의 예술」 발표.

1944 성북동 자택 '노시산방(老柿山房, 당시 경기도 고양군 숭인면 성북리 65-2)'을 수화(樹話) 김환기(金煥基)에게 넘겨주고 의정부로 이주.

1945 해방 뒤 조선미술건설본부에 참가.

1946 보성중학교 교사를 퇴직하고 서울대 예술대학 미술학부 교수 취임. 미술애호회 참가.

1947 「민족문화 문제」「광채 나는 전통」 발표. 식민잔재 청산을 제창함.

1948 월간 종합지『학풍(學風)』에 수필을 기고하며 표지화를 그림. 6월,『근원수필』(을유문화사) 출간. 국대안(國大案) 반대운동의 여파로 서울대 교수직을 사퇴하고 동국대학교 교수로 취임하여 역사학과에서 미술사를 강의함.

1949 동국대학교 강당에서『근원수필』출판기념회 가짐. 6월,『조선미술대요』(을유문화사) 출간.

1950 「단원 김홍도」「겸현(謙玄) 이재(二齋)와 삼재설(三齋說)에 대하여」 발표. 한국전쟁 발발 직후 서울대 예술대학 교수로 복귀하여 미술학부장을 맡았다가, 9월에 부인 진숙경과 딸 석란을 데리고 월북. 평양미술대학 교수 취임.

1951 조선미술가동맹 조선화분과 위원장과 조선건축가동맹 중앙위원 지냄.
1953 평양미술대학 교수를 사퇴하고 과학원 고고학연구소 연구원 취임. 이 무렵 미술사 관련 논문을 다수 발표하는 등 미술사학자로 활약함.
1955 과학원 사퇴.「조선화의 표현형식과 그 취제(取題) 내용에 대하여」발표:
1956 평양미술대학 조선화 강좌장 취임. 벽화고분 현지 조사 및 문헌연구 시작함.
1957 과학원 창립 5주년 기념학술보고회에서「고구려 고분벽화 연구」발표. 조선미술사학의 수준을 높인 논문으로 평가받음. 소련에서 개최된 제6차「세계청년학생축전」에 수묵채색화 〈춤〉을 출품하여 금메달 수상, 조선화의 고전으로 평가받고 있음.
1958 5월,「고구려 고분벽화 연구」(과학원 출판사) 출간.「공화국 창건 10주년 경축 국가미술전람회」에 〈강냉이〉를 출품하여 2등상 수상. 조선미술가동맹 대표단 단원으로 중국 방문. 개인전 개최.「우리 건축의 특색을 어떻게 살릴 것인가」발표.
1959 『조선화 기법』출간.
1960 「사실주의 전통의 비속화를 반대하여」「회화사 부문에서의 방법론상 오류와 사실주의 전통에 대한 왜곡」발표. 사실주의 미술 전통을 수묵화 전통에서 찾으면서 이여성(李如星)이 서양미술의 리얼리즘에서 그 전통을 찾으려는 논지에 반대 견해를 피력함.
1961 「리조 초기의 명화가들 안견, 강희안, 리상좌에 대하여」발표.
1962 평양미술대학 예술학 부교수로 복직.「조선화의 채색법」발표.
1967 생전에『조선미술사』『단원 김홍도』출간. 향년 64세로 작고.

찾아보기

* 편자주가 있는 항목의 페이지는 굵은 활자로 표시했음.

ㄱ

가쓰시카 호쿠사이(葛飾北齋) 153
〈강산무진도(江山無盡圖)〉 215
강신호(姜信鎬) 134, **136**, 137
강진구(姜振九) 135
강희안(姜希顔) 205, **209**
『강희자전(康熙字典)』 **50**, 51-54
「개벽(開闢)」 130
『개자원화전(芥子園畵傳)』 **191**, 192
검려(黔驢) 30, 34
〈검무도(劍舞圖)〉 225
검주(黔州) 34
고람(古藍) → 전기
고려미술원(高麗美術院) 135
고례(古隷) 267, 269
고송유수관도인(古松流水舘道人) →
  이인문
고흐(V. Gogh) 230
고희동(高羲東) 183, 198, 199
「골동설(骨董說)」 188
공주비(孔宙碑) 269
곽휘원(郭暉遠) 175, 176
곽희(郭熙) 203, 205
광개토대왕릉비 261, 267, 269, 270,
  275
광개토왕 호우(壺杅) 266, **267**, 272,
  275
교동(喬洞) 236
구궁간가(九宮間架) 266
구리개 135, 136
『구약(舊約)』 62
구양순(歐陽詢) 200
굴원(屈原) 142
권돈인(權敦仁) 200
「귀거래사(歸去來辭)」 **63**, 142
귀요(M. Guyau) 178
『근역서화징(槿域書畵徵)』 **219**, 241
〈금강산선면(金剛山扇面)〉 232
〈금강산전도〉 232
『금릉집(金陵集)』 213
『금석과안록(金石過眼錄)』 264
긍재(兢齋) → 김득신
『기독(基督)』 62
기운생동(氣韻生動) 220
기원사(祇園寺) 264
길진섭(吉鎭燮) 144, 146, 149, 198

김 니콜라이 96-98
김가진(金嘉鎭) 247
김경연(金敬淵) **262**, 263
김득신(金得臣) 216, 217, 219, 224
김명국(金明國) 209
김복진(金復鎭) 135
김석영(金奭永) 135
김수철(金秀哲) 242
김식(金埴) 26
김온(金溫) 134
김은호(金殷鎬) 135, 198, 199
김익주(金翊冑) 216
김정희(金正喜) 30, 92, 93, 95, 124,
  137, 179, 192, 194, 197, 261, 263,
  264, 266, 267
김종서(金宗瑞) 205
김종태(金鍾泰) 139
김주경(金周經) 198
김중현(金重鉉) 198
김진여(金振汝) 217
김홍도(金弘道) **31**, 124, 184, 209,
  216, 217, 219, 224, 225, 227, 242
김환기(金煥基) **121**, 127, 128

ㄴ

나옹(懶翁) → 이정
나옹조사(懶翁祖師) 256
난시준(亂柴皴) 210
『난정서(蘭亭敍)』 **188**
남계우(南啓宇) 242
『남화경(南華經)』 → 『장자』
낭적사(狼跡寺) 258
내물왕(奈勿王) 272, 273, 275
「노동자 세위리요프」 134
노석도인(老石道人) → 이하응
노수현(盧壽鉉) 198
노시산방(老柿山房) 114-121, 127,
  128
노자(老子) 54, 115, 170
눌인(訥人) → 조광진
눌지왕(訥祇王) 272-275

ㄷ

『단씨설문해자주(段氏說文解字注)』
  50
단원(檀園) → 김홍도

대부벽준(大斧劈皴) 213
대산(垈山) → 홍기문
대혼점(大混點) 212
덕수궁박물관(德壽宮博物館) **205**,
  206, 212, 215, 216, 232
『도덕경(道德經)』 134, 170
『도리언 그레이의 화상(畵像)』 151
도스토예프스키(F. Dostoevskii)
  100, 101
도잠(陶潛) 62, 63, **116**, 142
동경예(東京藝) 266
『동국여지승람(東國輿地勝覽)』 258
동기창(董其昌) **174**, 188
동파(東坡) → 소식
두보(杜甫) 16
둔재(遯齋) → 성세창

ㄹ

로댕(A. Rodin) 62
로랑생(M. Laurencin) 26

ㅁ

마운령비(磨雲嶺碑) 261
마원(馬遠) 203, 210
마힐(摩詰) → 왕유
만호제력(萬毫齊力) 266
말라르메(S. Mallarmé) 145
명암향배(明暗向背) **210**, 213, 215
몰리에르(Moliére) 36
〈몽유도원도(夢遊桃源圖)〉 205
몽인(夢人) → 정학교
묘길상부각(妙吉祥浮刻) 256
무라야마 카이타(村山槐多) **141**, 145
「무릉도원기(武陵桃源記)」 63
무사시노(武藏野) 147
〈무악도(舞樂圖)〉 225
문민(文敏) → 동기창
문자향(文字香) 서권기(書卷氣) **174**,
  175
문혜군(文惠君) 106, 107
뭉크(E. Munch) 145
미불(米芾) **188**, 212
미사흔(未斯欣) 272-275
민병길(閔丙吉) 246
민영환(閔泳煥) 246

ㅂ

박 에리시 98
박명조(朴命祚) 135
박영래(朴榮來) 135
박제상(朴堤上) 273
박팽년(朴彭年) 205
발자크(J. Balzac) 62
백귀제(白鬼祭) 143, 147, 148
백은배(白殷培) 217
백치사(白痴舍) 143, 144, 146, 147, 149
베르헤렌(E. Verhaeren) 145
변상벽(卞相璧) 217
변원규(卞元奎) 241, 242
보들레르(C. Baudelaire) 145
복호(卜好) 272, 273, 275
부작란(不作蘭) 197
북산(北山)→김수철
분례(分隷) 269, 270
비어즐리(A. Beardsley) 145
『빈처(貧妻)』 130
빙허(憑虛)→현진건

ㅅ

『사닌』 134
「사란결(寫蘭訣)」 192
사혁(謝赫)의 화륙법(畵六法) 220
『삼국사기(三國史記)』 273, 275
『삼국유사(三國遺事)』 273, 275
상음(桑陰) 90
서거정(徐巨正) 205
서경예(西京隷) 266
「서도전람회(書道展覽會)」 200, 202
서동진(徐東辰) 135
『서상기(西廂記)』 232
「서화협회전(書畵協會展)」 134
서희(徐熙) 210
석도제(釋道濟) 32
석영(夕影)→안석주
석전(石田)→심주
선부(善夫) 31, 36, 38
「선전(鮮展)」→「조선미술전람회」
〈설경산수도(雪景山水圖)〉 205
성삼문(成三問) 205
성세창(成世昌) 216, 217, 219
세검정(洗劍亭) 255
세잔느(P. Cézanne) 134, 136
세키네 마사오(關根正雄) 145
세키노 다다스(關野貞) 256

〈세한도(歲寒圖)〉 124
셰익스피어(W. Shakespeare) 153
소남(所南)→정사초
소당(小塘)→이재관
소림(小琳)→조석진
소식(蘇軾) 142, 174
소치(小癡)→허유
송석(松石)→이교익
수원(隨園)→원매
『수원시화(隨園詩話)』 130, 173, 175
수월도인(水月道人)→임희지
수태(秀台) 258, 259, 261
수표정(水標町) 241, 244
『수호전(水滸傳)』 232
수화(樹話)→김환기
스즈키(鈴木) 148
승가대사(僧伽大師) 256, 258, 259, 261
승가사(僧伽寺) 255, 258, 261
시관(時觀)→장석표
시중유화(詩中有畵) 174
시화일체(詩畵一體) 174
신윤복(申潤福) 70, 216, 217, 219, 220, 222-225
신위(申緯) 115, 200
신의(申懿) 227
실성왕(實聖王) 273
실제사(實際寺) 264
심사정(沈師正) 209, 212, 213
심영섭(沈英燮) 134
「심우가(尋牛歌)」 26, 30
「심우송(尋牛頌)」→「심우가」
심전(心田)→안중식
심주(沈周) 212
〈씨름도〉 225

ㅇ

아도물(阿堵物) 56
아르치파셰프(M. Artsybashev) 134
아리스토텔레스(Aristoteles) 178
안견(安堅) 203, 205, 222
안변(安邊) 89
안석주(安碩柱) 134, 136
안중식(安中植) 254
안진경(顔眞卿) 200
안창남(安昌男) 98
안평대군(安平大君) 205
양기훈(楊基薰) 217
「양생주(養生主)」 106
양이척화(攘夷斥和) 98

「어떤 노인의 이야기」 149
「어부사(漁父辭)」 142
에머슨(R. Emerson) 129
에바라 고야타(江原小彌太) 62
〈여산폭포도(廬山瀑布圖)〉 212
연담(蓮潭)→김명국
연명(淵明)→도잠
엽압구게(擪壓鉤髻) 266
예기비(禮器碑) 269
예찬(倪瓚) 152, 214
오경석(吳慶錫) 247
오경연(吳慶然) 247
오계(梧溪) 90
오류선생(五柳先生)→도잠
오명현(吳命顯) 217
오봉이년각석(五鳳二年刻石) 267
오세창(吳世昌) 244
오원(吾園)→장승업
옹방강(翁方綱) 64, 266
와일드(O. Wilde) 151, 241
완당(阮堂)→김정희
완원(阮元) 266
왕세정(王世貞) 21
왕우군(王右軍)→왕희지
왕유(王維) 174
왕이보(王夷甫) 56
왕희지(王羲之) 188, 205
용문(龍門)의 석불 18
용천요(龍泉窯) 19
우당(于堂)→윤희구
우미우라 아츠야(海浦篤彌) 248
「우식곡(憂息曲)」 275
우에노(上野) 137, 149
우키요에(浮世繪) 78, 153
운강(雲崗)의 석불 18
운림(雲林)→예찬
원매(袁枚) 129, 131, 175
원장(元章)→미불
위창(葦滄)→오세창
유마힐(維摩詰)의 불이선(不二禪) 197
유송년(劉松年) 210
유융(劉融) 203
유종원(柳宗元) 34
유춘(有春)→이인문
윤희구(尹喜求) 21
은진미륵(恩津彌勒) 256
응물상형(應物象形) 194, 210, 220, 222
〈의송망안도(倚松望雁圖)〉 206

의재필선(意在筆先) 175
이교익(李敎翼) 216, 217, 219
이도영(李道榮) 198
이백(李白) 137
이병규(李昞圭) 198
〈이사마산수도(李司馬山水圖)〉 205
이상범(李象範) 198, 249-254
이상좌(李上佐) 205
이성(李成) 205
이성근(李成根) 217
이순석(李順石) 149
이승만(李承萬) 134, 136
이여성(李如星) 198
이오(李𢢼)의『중수기(重修記)』 258
이왕가박물관(李王家博物館) 216
이응헌(李應憲) 241
이인문(李寅文) 213, 214, 224
이재(彛齋)→ 권돈인
이재관(李在寬) 217, 242
이정(李楨) 195, 206, 208, 209, 213
이종우(李鍾禹) 135, 198
이창현(李昌鉉) 134, 136
이태준(李泰俊) 114, 145, 149
이필(李弼) 203
이하응(李昰應) 98, 115
이한복(李漢福) 198
이한철(李漢喆) 217, 242
인수(仁叟)→ 박팽년
인재(仁齋)→ 강희안
『일사유사(逸士遺事)』 241, 247
일선동조론(日鮮同祖論) 98
일호(一壺)→ 남계우
임당(琳塘)→ 백은배
임연〔임린(林麟)〕 145
〈임진란수군행렬도(壬辰亂水軍行列圖)〉 217
임포(林逋) 15, 16
임희지(林熙之) 229, 234, 236

ㅈ

자앙(子昻)→ 조맹부
자하(紫霞)→ 신위
자하문(紫霞門) 255
장석표(張錫豹) 114, 134
장수왕(長壽王) 272
장승업(張承業) 31, 124, 175, 184, 209, 238-248
장안사(長安寺) 206
장자(莊子) 32, 106

『장자(莊子)』 106
장준량(張駿良) 244
〈적벽도(赤壁圖)〉 204
전기(田琦) 217, 242
정규익(丁奎益) 136
정사초(鄭思肖) 20
정섭(鄭燮) 32, 39, 129, 131
정학교(丁學敎) 242
정현웅(鄭玄雄) 198
조광진(曺匡振) 200
조맹부(趙孟頫) 200, 205
조석진(趙錫晉) 242
『조선고적도보(朝鮮古蹟圖譜)』 206, 216
「조선미술전람회(朝鮮美術展覽會)」 200, 253, 254
조인영(趙寅永) 263
조전비(曹全碑) 269
무어(G. Moore) 153
주답(朱耷) 32
「G선상의 아리아」 97, 148
『진서(晉書)』 234
진흥대왕(眞興大王) 순수관경비(巡狩管境碑) 255, 261, 263

ㅊ

창녕비(昌寧碑) 261
『채근담(菜根譚)』 173
채용신(蔡龍臣) 217
채유(蔡攸) 188
〈청산백운도(靑山白雲圖)〉 204
청전(靑田)→ 이상범
체호프(A. Chekhov) 145, 149
촉지항마인(觸地降魔印) 259
총석(叢石) 89, 90
최북(崔北) 213, 224, 229-234
최우석(崔禹錫) 198
최창순(崔昌順) 133
『최치원(崔致遠)』문집 258, 259
최화수(崔華秀) 135
추사(秋史)→ 김정희
춘곡(春谷)→ 고희동

ㅋ

칸트(I. Kant) 178
칼라일(T. Carlyle) 129

ㅌ

태백(太白)→ 이백

토수(土水)→ 황술조
톨스토이(A. Tolstoi) 36
퇴촌(退村)→ 김식
투르게네프(I. Turgenev) 145

ㅍ

판교(板橋)→ 정섭
팔기도(八技圖) 219
팔대산인(八大山人)→ 주답
페이디아스(Pheidias) 18
폐적조사(廢寂照寺) 철조여래상(鐵造如來像) 256
플라톤(Platon) 178
피마준(披麻皴) 212

ㅎ

하규(夏珪) 210
『학대받은 사람들』 100
〈한강조주도(寒江釣舟圖)〉 206
한예(漢隷) 266
한정래(韓廷來) 217
향린(香隣)→ 이승만
향생필연지간(香生筆硯之間) 202
허유(許維) 242
현동자(玄洞子)→ 안견
현완(懸腕) 266
현재(玄齋)→ 심사정
현재(玄宰)→ 동기창
현진건(玄鎭建) 129, 130, 131
혜원(蕙園)→ 신윤복
호생관(毫生舘)→ 최북
호태왕비(好太王碑)→ 광개토대왕릉비
홍기문(洪起文) 92, 122, 124, 125
홍득순(洪得順) 149
『화선실수필(畵禪室隨筆)』 174
화정(和靖)→ 임포
〈화조도(花鳥圖)〉 232
화중유시(畵中有詩) 174
황룡사(皇龍寺) 장륙상(丈六像) 264
황룡사(皇龍寺) 264
황술조(黃述祚) 137, 139, 141
황초령비(黃草嶺碑) 261
후한비(後漢碑) 269
흥륜사(興輪寺) 264
흥선대원군(興宣大院君)→ 이하응
희원(希園)→ 이한철

어휘풀이 찾아보기

*편자주를 단 것 중 어휘풀이 성격의 항목만을 모은 것임.

ㄱ

가루다 아소비(かるたあそび) 147
가사(假使) 163, 186, 270
가신(家信) 175
가인재자(佳人才子) 209
각고면려(刻苦勉勵) 186
각병연년(却病延年) 189
간경(簡勁) 209, 225, 269
간대로 41
간조증 159
갈필(渴筆) 213
감벽(紺碧) 89
강저(江渚)에 276
갖추갖추 217, 251
개결(慨潔)한 20
거금(距今) 203, 216, 217, 219
거무뭉틀 34, 228
거벽(巨擘) 209
걸원(乞願) 259
격검(擊劍)하는 90
격조(隔阻) 135
경건아일(勁健雅逸) 213
경이원지(敬而遠之) 101, 170
계념(繫念) 244
고경(苦境) 164
고고특절(高古特絶) 175
고동(古銅) 19
고동(古董) 93
고루협애(固陋狹隘) 242
고수공(羔鬚公) 59
고왕금래(古往今來) 42
고피 239
골패(骨牌) 219
곬 53
과약시(果若是) 108
관두(關頭) 125
관현(貫縣) 229
광면(廣面)한 53
광탄(狂誕) 236
광희작약(狂喜雀躍) 267
교문작자(咬文嚼字) 174
구간의문(軀幹衣紋) 224
구경(究竟) 181
구니(拘泥) 232
구와꽃 44
구장(俱長) 212

구중궁궐(九重宮闕) 110
국파군망(國破君亡) 96
굴지(屈指)할 만한 129
귀부석(龜趺石) 267
규수(圭首) 267
극음대취(劇飮大醉) 230
극지(隙地) 236
금슬지기(琴瑟之技) 205
금중(禁中) 244
긍(亘)한 137
기격(氣格) 224
기고(奇古) 232, 234
기명절지병(器皿折枝屛) 238
기보(奇寶) 98
기위(旣爲) 55, 273
기인(碁人) 158, 163
기절장절(奇絶壯絶) 236
기주(嗜酒) 209
긴탁(緊託) 82

ㄴ

나가야(長屋) 143
나변(那邊)에 36
난만(爛漫)하게 44
날이 날시금 117, 120
남작(濫作) 187
납월(臘月) 228
낭자 69
냉회(冷灰) 19
노령(露領) 해삼위(海蔘威) 97
노리카에(乘換) 86, 143
노재(奴才) 273
노홍소청(老紅少靑) 169
뇌락불기(磊落不羈) 224
누경(屢經) 19
누폐(陋弊) 212
느레고자 24
능각(稜角) 262
능라주속(綾羅綢屬) 47

ㄷ

다락같은 24
단비잔갈(斷碑殘碣) 262
단장(斷腸) 23
달인단사(達人端士) 189
담예논도(談藝論道) 189

당국화(唐菊花) 44
대기적(大器的) 229
대담무비(大膽無比) 225
대련(對聯) 93
대롱 89, 251
대방가(大方家) 167, 270
대음(大飮) 137
도롱태 110
도말(塗抹) 21
도수장(屠獸場) 99
도연(陶然)히 199
도용(道容) 258
도학취(道學臭) 219
도호(塗糊) 178
독만권서(讀萬卷書)하고 행만리로(行萬里路)해서 174
동도서말(東塗西抹) 174
두주(斗酒) 148, 206, 250

ㅁ

마장 170
만록총(萬綠叢) 중 일점홍(一點紅) 148
만환(漫漶) 261, 270
매화음(梅花飮) 224
명자(名者)는 실지빈(實之賓) 32
모리심(謀利心) 189
모연(暮煙) 253
모옥(茅屋) 115
모지라지고 84
목멱(木覓) 156
몰자비(沒字碑) 125, 261
묘(猷) 236
무명소졸(無名小卒) 269
무비(無非) 203
무애(無涯) 199
무위지위(無爲之爲) 28
무잡(蕪雜)한 212
무장공자(無腸公子) 23
묵흔(墨痕) 15
문전축객(門前逐客) 101
미구(未久)에 70
미주(美酒) 243

ㅂ

반리(蟠螭) 267

발묵(潑墨) 213, 225, 254
방경고졸(方勁古拙) 266
방립(方笠) 246
방연대물야(龐然大物也) 34
방일(放逸) 199, 244
방일경건(放逸勁健) 213
방첨(方簷) 262
방필일소(放筆一笑) 266
벽사창(碧紗窓) 175
변해(辨解) 178
별조 132
병정화년(丙丁火年) 109
봉두난발(蓬頭亂髮) 85
봉명(奉命) 273
봉욕(逢辱) 42
부육(膚肉) 182
부일(附日) 58
분반(噴飯) 83
불구영생(不求營生) 217
불두(佛頭) 116
불석(不惜) 224, 254
불연(不然)이면 185
붉은 딱지 운동 186
비부(碑趺) 262, 267
비수(碑首) 262, 267
비승비속(非僧非俗) 185
빙설리(氷雪裏) 18

ㅅ

사(邪)로써 215
사갈(蛇蝎) 58
사모(詐謀) 274
사승(史乘) 272
사풍(斜風) 118
산간석경(山間石徑) 205
산다(山茶) 116
삼청(三靑) 244
상금(尙今) 248
상모(相貌) 256, 259
상완(賞玩) 15, 188
상원(相遠) 225
생때같던 87
서기(瑞氣) 239
서회(敍懷) 101
석간주(石間硃) 244
석분음재(惜分陰齋) 64
석유(碩儒) 205
석주(石酒) 250
선교(禪敎) 173

선모심(羨慕心) 133, 248
선미(禪味) 173
선음한(善飮漢) 250
선재(善哉)라 107
선풍속화(善風俗畵) 219
선향(仙鄕) 63
설채(設彩) 244
성동격서(聲東擊西) 159
성상(星霜) 228
세렴(細簾) 110
세우(細雨) 118
소개(疏開) 109
소방(疎放) 209, 239, 243
소산(蕭散)한 152
소우(消憂) 167
소조(蕭條)한 253
소호(少毫)의 용사(容赦)의 여지 없이 208
속소위(俗所謂) 73, 78, 142
수승(數升) 224
수연두옥(數椽斗屋) 234
수유(須臾)에 18
수화(酬和) 125
스키야키 147, 148
승(升) 250
시쳇말 107
시혹(時或) 21, 42
심정(審定) 263
쌍륙(雙陸) 219
쓰리 106, 107, 108
쓰메에리 양복 108

ㅇ

아바레루(あばれる) 141
안두(案頭) 16
암향(暗香) 15
야미쌀 59
야키도리 147
약여(躍如) 262
양류(楊柳) 116
양장(羊腸)처럼 253
양호(羊毫) 21
어별(魚鱉) 42
어병(御屛) 244, 246
여명(黎明)엔 즉기(卽起)하여 쇄소정제(灑掃庭除)하다가 96
여상(如上)한 249
연락(聯絡) 223
연편누독(連篇累牘) 174

연행(燕行) 266
염념불망(念念不忘) 197
염정적(艶情的) 220
영감 그린 종이 111
영모(翎毛) 212, 224, 225, 231, 242, 247
오갑바(おかっぱ) 72, 140
오사모(烏紗帽) 39
오의(奧義) 267
오형(五刑) 274
옥말려 85
완물상지(玩物喪志) 190
완미(婉媚) 220, 223
완서(阮書) 93
완장(阮丈) 247
완적(頑敵) 169
왜국화(倭菊花) 44
외빈(外賓) 106
요량(料量) 178
요외(料外)로 132
용립(聳立)한 269
용혹무괴(容或無怪) 118, 166
우졸(愚拙) 35
울결(鬱結)한 189
웅위기굴(雄偉奇崛) 267
웅혼(雄渾)한 242
원정(園丁) 90
원족(遠足) 255
원후(圓厚) 256
위기(圍碁) 219
위재(偉才) 224
유사지추(有事之秋) 169
유아(幽雅) 234
유요(柳腰) 78
유탕(遊蕩) 223
유하소용(有何所用) 186
은사(隱士) 18
은안백마(銀鞍白馬) 24
은익(銀翼) 98
음기(陰記) 262
의벽(衣襞) 223
의습(衣褶) 256
이야다와(いやたね) 140
일게(一偈) 173
일고(一考)를 촉(促)할 만한 52
일루(一縷) 96
일명(佚名) 121
일별(一瞥)할 108
일사(軼事) 238

일우(一隅) 186
일음수두(一飮數斗) 209
일촌설(一寸舌) 273
일필휘지(一筆揮之) 38
임리(淋漓) 232, 251

ㅈ

자고저(字高低) 125
자과(自誇) 63
자배기 45
자승자박(自繩自縛) 142
자양결구(字樣結構) 272
잔금영석(殘金零石) 267
잠심흔상(潛心欣賞) 189
장배(裝背) 93
장비(葬費) 212
장졸(藏拙) 35
장지(壯紙) 15
장처(長處) 203
재분(才分)있는 183
재승덕박(才勝德薄) 251
재조(才操) 97, 134, 187, 250, 251
전아(典雅) 217, 222
전액(篆額) 262
전후불고(前後不顧) 53
점경(點景) 152, 220
정봉(正鋒) 214
정사(精舍) 259
정치교려(精緻巧麗) 223
정향(丁香) 116
조반석죽(朝飯夕粥) 224, 250
조원(造園) 137
족출(簇出) 224, 242
존유세력(尊儒勢力) 220
주추 110
주파(酒婆) 243
주효(酒肴) 246
준절히 144
중록(重祿) 274
중초막 222
중탁(重濁)한 262
지반(池畔) 236
지속(遲速) 28
지전(贄錢) 224
지혜출이유대위(智慧出而有大僞) 54
직장(直長) 231
진(眞)에 핍(逼)하여 222
진묘(臻妙) 224
진분서화(盡焚書畵) 227

진서(珍書) 98
진세(塵世) 152
진적(眞跡) 93, 213, 241
질소(質素) 225
짱꼴라 144

ㅊ

찬감(饌監) 244
참치(參差) 205
창경(蒼勁) 209
창윤(蒼潤) 212
창일(漲溢) 206, 227, 234
채관(彩管) 26, 242
책사(冊肆) 51, 92, 99
척사(擲柶) 219
천개(天蓋) 256
천랑기청(天朗氣晴) 214
천봉만학(千峯萬壑) 205
천석고황(泉石膏肓) 121
천자영위(天資英偉) 217
천착(舛錯)스런 103, 191
청담(淸談) 42
청수(淸瘦)한 39
체삽(滯澁) 191
초매(超邁) 217
초묵(焦墨) 21
추증(追贈) 274
취초(取招) 57
측상음(廁上吟) 121
측필(側筆) 214
치졸웅혼(稚拙雄渾) 269
칠월국화 44

ㅋ

코보 60

ㅌ

탐승배(探勝輩) 264
터수에 19
통량(統凉)갓 222
통벽(通辟) 242
통음한(痛飮漢) 250
퇴옥파창(退屋破窓) 109
투전(投箋) 219
투호(投壺) 219

ㅍ

파책(波磔) 266
편발(編髮) 69, 70

폐공(廢工) 132
포정(庖丁) 107
표묘(縹緲) 208
표박(漂泊) 241
표일(飄逸) 199, 242
풀방구리 51
피쇄(披灑) 213
필량연정(筆良硯精) 215

ㅎ

하관(何關) 186
하네츠키(羽根突き) 147
하부다이(羽二重) 74
하불실(下不失) 53
한묵(翰墨) 20, 41, 195
한운야학(閑雲野鶴) 63
함(陷)하여 183
해조(諧調) 215
허여(許與) 244
현기(玄機) 173
현황(眩慌) 18
호단(毫端) 21
호도(糊塗) 59
호리(毫厘) 208
호매임리(豪邁淋漓) 213
혹곡혹소(或哭或笑) 230
혼쇄(渾灑) 276
홍유(鴻儒) 267
화류항리(花柳巷裡) 223
화접(畵蝶) 219
화조(花朝)와 월석(月夕)에 116
화판(花瓣) 44
환을 친다 20
황요(黃耀) 155
황한적막(荒寒寂寞) 253
회사(會射) 219
회중(懷中) 244
후지기누(富士絹) 74
흉중의 진탁(塵濁) 174
희(噫)라 228
희떠운 31
희작(戲作) 217
히가미 근성(僻み根性) 68
히사시가미(廂髪) 70, 72

김용준(金瑢俊, 1904-1967)은 경북 선산(善山) 출생의
동양화가이자 미술평론가, 한국미술사학자로,
호는 근원(近園)·매정(楳丁)·선부(善夫)·검려(黔驢)·
우산(牛山)·노시산방주인(老柿山房主人)·벽루산인(碧樓山人)
등이다. 1925년 경성 중앙고등보통학교와 1931년 도쿄미술학교
서양화과를 졸업했으며, 광복 후 1946년부터 서울대학교
동양화과 교수로, 1948년부터는 동국대학교 교수로 재직했다.
1950년 9월 월북해 평양미술대학 교수, 조선미술가동맹
조선화분과 위원장, 과학원 고고학연구소 연구원으로 활동했다.
저서로는 『근원수필』(1948), 『조선미술대요』(1949), 『고구려
고분벽화 연구』(1958) 등이 있으며, 이 외에 다수의 미술관련
논문과 비평문이 있다. 대표적인 회화작품으로는 수묵채색화
〈춤〉(1957)이 있다.

* 세부 약력은 페이지 279-281의 연보를 참조하십시오.

우리 문화예술론의 선구자들
近園 金瑢俊 全集 1
새 近園隨筆
金瑢俊 著

초판1쇄 발행 ──── 2001년 1월 1일
초판6쇄 발행 ──── 2018년 11월 1일
발행인 ──────── 李起雄
발행처 ──────── 열화당
　　　　　　　　경기도 파주시 광인사길 25 파주출판도시
　　　　　　　　전화 031-955-7000 팩스 031-955-7010
　　　　　　　　www.youlhwadang.co.kr yhdp@youlhwadang.co.kr
등록번호 ─────── 제10-74호
등록일자 ─────── 1971년 7월 2일
편집 ────────── 공미경 이수정 조윤형 이일순
북디자인 ─────── 기영내
인쇄·제책 ────── (주)상지사피앤비

ISBN 978-89-301-0017-5 978-89-301-0044-1 (전6권)

Published by Youlhwadang Publishers
© 2001 by Youlhwadang Publishers
Printed in Korea

이 도서의 국립중앙도서관 출판시도서목록(CIP)은
e-CIP 홈페이지(http://www.nl.go.kr/ecip)에서
이용하실 수 있습니다. (CIP제어번호: CIP2009002189)